JN074243

ESG

リスク管理

後藤茂之 著
Goto Shigeyuki

ENVIRONMENT
SOCIAL
GOVERNANCE

中央経済社

はしがき

　時代とともにリスクも変化します。グローバルベースで毎年確認される重要リスクの変遷を10年といった長い時間軸で観察すると，その上位のリスクが大きく変化していることに気づきます[1]。最近では，サイバー攻撃，気候変動，新型コロナ感染症といった新たなリスクが上位を占めています。もちろん，上位に挙げられていなくても，従来のリスクが消滅したわけではありません。例えば金融危機の発生や，ミャンマーでの軍事クーデターやロシアによるウクライナ侵攻などにみられる地政学的リスクは依然として存在します。注意すべきことは，新たに登場したリスクについてわれわれは10年前にどこまで正確に予測しえたかということではないでしょうか。

　社会の変化は，企業の存続意義や事業活動を見直す大きな圧力となります。企業会計では，「継続企業」という概念を仮定し，その活動を永続的に続ける目的で維持されている組織として企業を定義しています。しかし現実には，企業の寿命は人の寿命より短いというデータ[2]が示すように，企業は常に変化に対する生き残りをかけて挑戦を続ける存在といえます。

　これまで企業は，その活動が生み出すキャッシュフローといった財務要素を重視して経営を行ってきました。生産活動では，化石燃料を大量に使用するエネルギー革命により生産性を飛躍的に拡大させてきた結果，直近50年間で世界の人口は2倍にGDPは5倍に拡大しました。しかし，われわれの社会は，持続可能な開発目標（Sustainable Development Goals：SDGs）が提示する解決しなければならない諸問題に直面しています。どのような社会にしていくべきかといった社会的価値観は大きく変化しています。大きな社会の変化の中で，企業は将来予測

1　例えば世界経済フォーラム（World Economic Forum）は毎年有識者からアンケートをとり，トップリスクを公表しているが，10年という長期的時間軸で観察すると時代が認識するリスクの質的な変化を確認することができる。
2　日本の2大調査会社である東京商工リサーチと帝国データバンクによると，それぞれ，23.3年，37.5年と発表している。前者は2020年に倒産した企業のうち起業年のわかる6,591社の平均経営年数で，後者は同社のデータベースに登録されている企業の平均経営年数（いずれも2021年3月時点）。

が困難な状況[3]に直面します。そして，市場メカニズムに十分組み込まれていない非財務要素（Environment, Social, Governance：ESG）にも目を向け，能動的に新たなビジネスモデルを模索し，経営管理を変革してゆくことが期待されています。

　本書の主たるテーマは，ESGに関するリスク管理をきっかけに経営管理の変革を検討することにあります。このテーマを取り上げる理由は，ESG要素を経営に取り込むことが社会的価値観の変化から要請されており，そのことは既存の経営管理を根本的に変えるインパクトを持つと考えるからです。そして企業は，移行社会に向けた生き残りをかけ，ESG要素が生み出す新たな収益機会と損失の可能性に的確に対応していかなければならないからです。

　ESG時代を生き抜くためには，社会的価値と経済的価値の両立を図らなければなりません。企業価値の概念は拡大し，その価値を変動させるリスクの概念も大きく変化します。企業が新たな環境の下で存続していくためには，ESGリスクの特性を把握し，企業価値の致命的下落を防止するリスク管理の強化が急務となっています。

　企業がESG要素を経営管理に取り込むこと（インテグレーション）は，単純にESGリスクを既存のリスク管理体系（Enterprise Risk Management：ERM）に追加することを意味しません。なぜなら，次に掲げるESGリスクの特性が既存の枠組みでの対応を難しくするからです。

① ESG要素による企業価値の変動（＝リスク）は，ビジネスリスクと純粋リスクの両面を持っていること，

② 変化を捕捉する時間軸は長期的となり，既存の短中期計画と新たな長期計画の連動を図っていかなければならないこと，

③ ESG要素（非財務要素）の大半が市場メカニズムに組み込まれていないため，財務要素に関わるリスクのように市場データを活用した定量的アプローチが取り難いこと，

3　今日の社会の予測困難性の特徴を表現するものとしてVUCA（ブーカ）という用語がある。これは，Volatility（変動性），Uncertainty（不確実性），Complexity（複雑性），Ambiguity（曖昧性）といったキーワードの頭文字を取ったものであり，環境が複雑化し，変化が激しく，想定外の事態が多く発生し，将来予測が困難な状態を表している。

④　ESGリスクの捕捉には，まず経営が長期戦略に基づくシナリオ分析を実施する必要があること，
⑤　ESG要素への対応は，社会の変化とともに変わる必要があり，動態的管理を強化しなければならないこと，などが挙げられます。

　ESGリスクの代表的なリスクである気候変動リスクはグローバル社会にとって喫緊の課題と認識されたことから，G20の要請を受けた金融安定理事会[4]（Financial Stability Board：FSB）が，気候関連の情報開示及び金融機関の対応検討のため気候関連財務情報開示タスクフォース（Task Force on Climate-related Financial Disclosures：TCFD）を設置しました。TCFDは，2017年6月に最終報告書を公表しました。TCFDが提示した気候変動関連リスクおよび機会に関する項目の開示の推奨は，企業の気候変動リスクへの取組みを加速させました。特に，TCFDの提示したシナリオ分析の手法が気候変動リスクへのアプローチを大きく前進させたと言えます。

　これまでも企業が危機的事態に直面するたびに企業統治（ガバナンス；Governance：G）のあり様が検証され，強化されてきました。一般にガバナンスは企業を指揮・統制する機能として戦略やリスク管理といった経営機能の上位概念で捉えられます。しかし，本書では，E（環境），S（社会）に関するリスクを経営管理の中に組み込むといった狭義の意味で使用します。このガバナンスが十分でないと，社会的価値観と企業内の価値観に乖離が拡大し，ESリスク発現の温床を創り出すこととなります。このようにESG要素によって引き起こされる企業価値の変動といったリスクをいかに適切に管理するかという課題は，企業の持続的成長にとっての試練といえます。そこで，本書では，ES要素が生み出す収益・損失の可能性（ビジネスリスク）に対していかに適切な戦略とリスク管理を実施するか，ES要素を経営管理の中にいかに組み込んでいくかといったガバナンス（G）リスクについても検討していくこととします。
　伝統的リスクと異なるESリスクを具体的にイメージして論を進めるために，Eの代表事例として気候変動リスクを，Sの代表事例として人的資本リスクを取り上げ，リスク管理の変革について検討します。前者は，外部環境の大きな変化

4　各国の金融関連省庁及び中央銀行からなり，国際金融に関する監督業務を行う機関。

が企業経営に及ぼす事例といえます。そして後者は、企業活動の源泉である人材
をめぐる価値観の大きな変化が企業の発展、雇用環境、多様な働き方を模索する
内部変革に関わる課題といえます。そして、Gリスクへの対応として、ESリス
クの本質を理解し、経営管理をいかに変革していくのか、といった点について考
察していくこととします。

　ESリスクは、社会システム自体の構造変化の中で登場しています。社会の変
化という文脈を意識して、企業自身も能動的に社会的価値と経済的価値の両立を
図っていく必要があります。ESリスクは社会に迅速に伝播するため、各企業は、
社会システムのレジリエンスを意識し、グローバル社会、地域社会、行政、消費
者などの対応の変化に呼応して対応策を検討しなければなりません。しかしなが
ら現時点では、これらのリスクに対する経験知、データ、情報が圧倒的に不足し
ています。そのため、不確実性の高い状況を所与としたリスク管理を進めていか
なければなりません。本書においては、これまでの学術的知見やリスク管理にお
ける経験知を活用しながら論を進めていくこととします。そこで、活用しうる関
連する重要な知見についてはコラムを設けて補足説明することとしました。

　ピーター・M・センゲが『学習する組織』の中で主張したとおり、組織は、変
化の激しい環境下で、さまざまな衝撃に耐え、復元するしなやかさ（レジリエン
ス）を持たなければなりません。そのために、多様な関係者による真の対話を通
じて、複雑な現実を見つめ未来のビジョンを共有することによって、環境変化に
適応し、学習し、自らをデザインして進化し続ける組織となる必要があります。

　企業戦略論において、ポーターのポジショニング理論[5]とバーニーの資源依存
理論（Resource Based View）[6]は、対照的な考え方を提示しています。ポジショ
ニング理論は企業の置かれている外部環境を意識して、どのような戦略的ポジ
ションをとるかを重視する考え方です。一方、資源依存理論は、企業の内部にあ
る資源で他社には模倣が困難な強みを抽出して、それを競争力とする戦略を検討
しようとする考え方です。ESG時代の価値創造においては、両戦略論が提示する

5　企業収益の源泉である優位性を外的要因により分析する手法のこと。
6　企業内部の経営資源に競争優位の源泉を求める分析手法のこと。

視点を総合する必要があります。本書では，気候変動への対応をとりあげることで，地球システムといった外部環境との関係でいかに自らの戦略を位置づけるかについて検討します。また，人的資本経営を検討することで，いかに内部資源に対する発想を転換し戦略に変えていくかについて検討していきたいと考えています。

　本書の第1章では，今後の企業が直面するリスク社会の特徴を整理し，社会の変化に対する企業の対応の意味について考えていきます。企業が産業革命以降発展させてきたエネルギー革命による生産性重視の行動を続けると，気候システムが臨界点を超えることとなります。経済界，産業界全体が脱炭素へ大きく舵を切り，企業活動の構造変革を進めていこうとしています。企業が社会の仕組みの変化や経営へのインパクトを理解するためには，システム・ダイナミクスの知見を踏まえて社会システムの持つレジリエンス機能を理解しなければなりません。また，社会的価値と経済的価値の両立を踏まえた企業価値向上を実現する観点から，改めて経済学と社会学の視点からリスクを整理する必要もあります。これらの検討を通じて，次章以降の企業価値の意味，価値変動（＝リスク）の意味を深める検討へとつなげていきます。

　第2章では，長期的視点から企業価値創造の意味について整理します。伝統的な会計の視点のみでは投資家が求める企業価値に関する情報を十分提供しえないことが認識されています。その観点から，財務情報中心の企業価値管理の枠組みの限界を確認し，非財務情報を経営管理に組み込む必要と企業の開示の重要性について整理します。
　環境（E），社会（S）リスクの構造を理解し，企業活動に関連するシステムの構造的変化をモニタリングする仕組みをリスク管理に導入することの意味について考えます。

　第3章では，環境リスクと企業の責任についてレビューしたうえで，環境リスクの管理強化について検討します。社会の価値観が変化する中で，不確実性の意味も変化します。社会の変化という文脈を意識した場合，企業にとってソーシャルリスクという視点を踏まえた対応が重要となってきます。気候変動リスクを題材にして，環境リスクに対する管理上の課題や対応の視点について検討していき

ます。

　企業が社会的価値と経済的価値を両立させていくためには，社会の変化に伴い高まる不確実性を企業経営に組み込んでいかなければなりません。環境リスクが企業の社会的価値に及ぼす影響を踏まえたリスク管理プロセスの検証を進めていきます。

　環境変化の激しい社会にあって，企業が持続的に成長していくためには，学習する組織の実現が必要となります。第4章では，企業価値創造の直接的な源泉となる人材は，主体的，能動的に反応する資本として捉える必要があります。このような人的資本経営の観点から，戦略面では，人的資本と組織資本，社会・関係資本との関係を踏まえたシナジー効果の発揮を，リスク管理面ではレジリエンス向上の観点から検討を進めます。環境変化が人的資本の戦略，リスク管理両面に与える影響について，デジタル革命がもたらす企業の競争環境の変化を例にとり検証していきます。

　また，人的資本という視点がリスク管理にもたらす大きな変化として，純粋リスクの視点のみでなくビジネスリスクの視点に着目していきます。つまり，伝統的なリスク管理では，これまで組織構成員の行動が原因となり損失のみを発生させる純粋リスクへの対応に主眼が置かれてきました。もちろん，オペレーショナルリスク管理からコンダクトリスク管理へと発展してきましたが，人的資本リスクを企業価値の変動の観点から捉えなおすビジネスリスク管理の検討を試みます。

　ESG時代は過去の傾向が今後も繰り返すことを前提にした静態的リスク管理の枠組みでは十分な成果が期待できません。第5章では，これまで検討してきたESリスクの特徴を踏まえて，動態的リスク管理導入の意義を整理します。そして，現在の財務要素中心のリスク管理に非財務要素を追加し動態的リスク管理へと転換するための対応策について検討します。

　また，企業が継続的に活動を続けるためには，投資家が求めるリスクに見合った適切な期待収益率を確保する企業価値創造を続ける必要があります。リスク管理の目的は，企業価値の変動に着目して，リスク，リターン，資本の関係の中で，破綻を回避して，持続的成長を下支えすることです。市場関係者に非財務要素が浸透していく中で，どのようなモニタリングと対応が必要になるかについても検討していきます。

　第6章では，本書における最終章として，これまでの検討内容を踏まえて，ESG時代における動態的経営管理の構築について総括します。第5章で整理した動態的リスク管理の導入を前提にして，ESG時代に経営管理として活用するための留意点と今後の進化のための課題を提示し，いかに動態的経営管理体系を整備していくかについて検討します。

　移行社会といった流動的環境は，企業が将来を予測し，戦略を策定して強力なコミットメントをしたとしてもその目標達成を保証するものではありません。特に長期的視点に立てばパラダイムシフトにより環境前提が質的に変化することを意識して経営管理を強化する必要があります。本章では，バックキャスティングによるトリガーポイントマネジメントなど不確実性を所与とした管理強化を検討します。

　また，今後ESリスクが時間の経過とともに企業価値へのインパクトを増していくといった動態的環境をどのように管理体系の中に取り込んでいくのかについての思考実験を試みます。

　環境が大きく変化したとき，われわれはこれまで慣れていた世界のものの見方やこれまで使ってきたツールがそのまま通用しないことを経験してきました。

　このことは，われわれの感覚世界の運動法則を説明する古典物理学が，超巨大な宇宙や超微細な素粒子の世界を説明する理論として通用せず，新しい現代物理学を生み出したことと似ています。

　今企業経営にも同じような変化が起きています。これまでの財務要素を中心とする経営管理の世界に，非財務要素を取り入れて，いかに両者を統合的に管理するべきなのかを模索しようとしているからです。このようにESG時代に課せられた経営管理上の課題は，これまでの既存の経営の枠組みの活用範囲を確認し，新たな要素に対応しうる体制やツールを構築することにあります。本書は，企業がESG時代の入口に立ったとの認識の下で日々の業務の中で模索を続ける実務家を念頭において書かれています。また，今後社会に出ていくための学習や研究に励まれている学生にも参考になるよう意識して執筆いたしました。

2023年1月

後藤　茂之

目　次

はしがき

第1章　リスク社会の進展とリスク管理の変化

1　経営環境の変化とリスク管理 ················· 2
　⑴　価値観の変化と企業行動の変化／2
　⑵　ネットワーク社会におけるレジリエンス／10

2　システム思考とレジリエンス ················· 14
　⑴　リスクとシステム思考／14
　⑵　システム・ダイナミクスの知見の応用／16
　⑶　複雑なシステムの不安定性とレジリエンス／22
　⑷　経営環境へのシステム思考とレジリエンス／26
　⑸　システム思考の環境・社会リスクへの活用／28

3　ソーシャルリスクへの対応 ················· 32
　⑴　ソーシャルリスクとシステムのレジリエンス／32
　⑵　ソーシャルリスクへの管理／37

4　経済学，社会学の視点を包摂したリスクへのアプローチ ···· 39
　コラム1　人工的システムへのシステム思考・43
　コラム2　金融システミックリスク分析・46
　コラム3　社会学から見るリスク・51

第2章　企業価値創造と非財務情報の開示

1　無形資産の重要性の拡大 ……………………………………………… 58

(1)　無形資産の会計上の取扱い／58

(2)　ファイナンスにおける取扱い／59

(3)　無形資産と投資価値／61

2　非財務情報の開示 ……………………………………………………… 63

3　価値創造ストーリーと非財務情報 ……………………………… 67

(1)　企業価値の考え方の変化／67

(2)　企業活動の変化／69

(3)　開示に関わる動向／70

(4)　投資家の変化／72

4　非財務情報とソーシャルリスク …………………………………… 74

コラム 4　無形資産の認識と評価・77

コラム 5　経済的価値と社会的価値の総合的アプローチ・79

第3章　環境リスクへの管理強化

1　不確実性の拡大とリスク管理 ……………………………………… 82

2　環境リスクに対する企業責任の拡大 ………………………… 84

3　気候変動リスクの特徴とリスク管理の強化 ……………… 91

(1)　気候変動リスクの特徴／91

(2)　気候変動リスクの分類／99

　(3)　リスク管理プロセスの強化／101

　コラム 6　科学者とリスクマネジャーの対比・108

　コラム 7　技術革新による社会の変化と新たなリスクの登場・110

第4章　社会リスクへの管理強化

1　人材への考え方の変化と企業の戦略的対応 ⋯⋯⋯⋯⋯ 114

　(1)　人的資本への注目の背景／114

　(2)　パーパス論議の意義と人的資本への戦略的アプローチ／122

2　人的資本の評価と分析 ⋯⋯⋯⋯⋯⋯⋯⋯⋯⋯⋯⋯⋯ 126

　(1)　財務的分析と非財務的分析／126

　(2)　プロセスに着目したアプローチ／128

　(3)　競争環境の変化と人的資本戦略の変化／137

3　人的資本リスクの管理 ⋯⋯⋯⋯⋯⋯⋯⋯⋯⋯⋯⋯⋯ 138

　(1)　資源から資本への発想転換／138

　(2)　関連知見のレビュー／142

　(3)　気候変動対応の経験知の垂直・水平的展開／144

　(4)　人的資本リスクへのアプローチ／147

　(5)　人的資本と企業戦略／148

4　シナジー効果とレジリエンス効果 ⋯⋯⋯⋯⋯⋯⋯⋯ 151

　(1)　人的資本と企業価値の向上／151

　(2)　シナジー効果の発揮／151

　(3)　リスク管理とレジリエンスの向上／154

　コラム 8　報酬制度のガバナンス上の活用・157

第5章　動態的リスク管理の導入

1　現代企業が直面するERM上の課題 ……………………… 162

2　ESGに対応するための技術 ……………………………… 166

 (1)　システム思考による洞察力の強化／166

 (2)　洞察力を誘発するオープン型組織の醸成／167

 (3)　開示とステークホルダーとのコミュニケーションの強化／170

3　不確実性を前提にした対応力の強化 …………………… 170

 (1)　ESGリスクへの取扱いの困難性／170

 (2)　確率論的アプローチの転換／171

 (3)　不確実性の分析に関わるデータ品質とモデルガバナンス／172

 (4)　リスク心理への理解とリスク文化の醸成／176

4　動態的リスク管理体系の構築の視点 …………………… 177

第6章　ESG時代における動態的経営管理の構築

1　経営戦略の策定と戦略のパラドックス ………………… 184

2　トリガーポイントマネジメントによる俯瞰 ………… 186

 (1)　時間軸の悲劇のジレンマ／186

 (2)　変化のモニタリング／190

 (3)　システム思考の導入とトリガーポイントマネジメント／191

3　ESGによる企業価値変動の予測 ………………………… 194

 (1)　ESGの取組みと企業価値との関係／194

⑵　価値評価へのアプローチの視点／195

⑶　ESG要素の企業価値への影響に関する実証分析／197

⑷　ESGスコア活用上の留意点／199

4　さらなる分析の必要性 ……………………………………… 200

⑴　自然災害による影響の予測／202

⑵　投資価値の変動の予測／203

5　リスク社会における経営管理変革の意義と今後 ……… 205

⑴　経営管理変革の意義／205

⑵　統合的思考の展開／205

⑶　共通性と固有性への対応／206

⑷　動態的管理体系の構築／207

⑸　多様な資本の活用／208

⑹　開示とステークホルダーとのコミュニケーション／209

⑺　まとめ／210

　コラム 9　ESGスコアについて・212

あとがき・215

索　引・217

第 1 章

リスク社会の進展と
リスク管理の変化

1　経営環境の変化とリスク管理

(1)　価値観の変化と企業行動の変化

　われわれはこれまでの価値観から脱皮し，新しい社会を目指して前進しようとしている。企業は，経営指針として，「何を（What），どのように達成していくか（How）」を示すため，ミッション，ビジョン，バリューを対外的に提示している。しかし，経営環境が大きく変化しようとしている今，改めて「企業の存在理由は何か，どのような事業を行うのか」といったWhyに焦点を当てるパーパス[1]（存在意義）に立ち返って議論する企業が増えている。

　本書の目的は，企業がこの変化の本質をいかに捉え，経営管理の何を変革しなければならないかをテーマにしている。企業にとってこれまでと大きく異なる点は，過去の経済活動の結果が生み出した地球の限界や社会の歪みを強く認識した企業活動が求められる点であろう。国連は，社会が解決しなければならない課題として「持続可能な開発目標（Sustainable Development Goals：SDGs）」を提示した。企業活動についても，株主至上主義が行き詰まり，多様な関係者の利害を踏まえて事業を展開すべきというステークホルダー主義が台頭している。そして，変化する社会的価値を踏まえて，企業活動を再定義し，持続的成長を果たすために，いかなる長期戦略を立てるべきかが問われている。投資家に対しても投資の意思決定にESG[2]要素を組み込む責任投資原則（Principles for Responsible Investment：PRI）が提示された。資金の流れを大きく変え，社会的価値の実現を促す動きも拡大している。これらの動きはそれぞれ関連しあい企業の行動変革を促進していくものと整理される（図表1－1参照）。

1　「パーパス」という言葉が初めて登場したのは，世界最大の資産運用会社である米ブラックロックのラリー・フィンクCEOの2018年頭書簡 "A Sense of Purpose" であるといわれている。
2　ESGは，企業が持続的成長を目指すうえで重視すべき3つの要素，すなわち環境（Environment：E），社会（Social：S），企業統治（Governance：G）の頭文字をとった略語である。

図表 1 - 1　社会の変化➡ビジネスモデルの変革➡持続可能社会への対応

| 社会の価値観の変化 | ➡ | 企業行動の変化，ファイナンスの変化 | ➡ | 社会・経済システムの変化 |

地球・社会・環境・経済・金融の変化➡関係者の価値観や意思決定・行動への影響

＜企業活動にかかわる基盤の変化＞

＜市場関係者の行動変化＞	＜基本インフラの変化＞	＜制度・枠組みの変化＞
・企業統治の変化 ・消費行動の変化 ・投資判断の変化　　など	・地球システムの変化 ・社会構造の変化 ・経済・金融システムの変化 ・技術革新　　など	・グローバル課題の設定（SDGs） ・条約・法令・監督などの変化（パリ協定） ・経済・金融の変化（PRI） ・会計・開示の枠組みの変化（TCFD, 国際サステナビリティ基準審議会（ISSB））　　など

企業活動にかかわる基本要素の変化⇒
パーパス（企業の存在意義），企業倫理の見直し⇔企業価値評価の変化⇔投資判断の変化

企業統治や企業活動の変革⇔社会的価値との整合
⇔資金循環の変化（サステナブルファイナンスの拡大）

経済・金融システムの変化⇔社会・経済システムの変革
⇒持続可能な社会の実現への方向づけ

　企業の存続は，環境変化の中でその対応・解決を続けてきた証として与えられる。常に企業は，「早く変化の兆しを見つけ，十分検討し，的確なタイミングで合理的な対応をとる」必要がある。ただ，現実への対応は，想定外の要素が次々と発生することにより，当初描いていたシナリオは常に修正を余儀なくされる。社会の価値観の変化は時間とともに一定の方向性を持つようになる。企業は，このトレンドを掴み，将来の不確実性に対峙し，対応方針と成果を適時にステークホルダーに開示することが期待されている。これらの状況は**図表 1 - 2**のとおり整理できる。

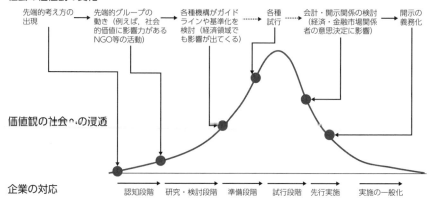

図表1－2　社会の価値観の変化と企業の対応の変化→動的環境のモニタリング

留意点　■重要な変化への企業の対応は，社会における企業の存在意義にかかわるため，早めに検討・準備する必要がある。
　　　　■社会の価値観と企業内の価値観に乖離が拡大すると，ソーシャルリスクの拡大につながる恐れがあるため，社会の価値観の変化をモニタリングすることが重要である。
　　　　■大きな価値観の変化への対応は，ビジネスモデルの変革を要するため，十分な準備期間を使い，合理的な実施を計画する必要がある。

　本書のテーマはESGといった非財務要素への対応におかれている。環境，社会的課題への対応が中長期的な時間軸で企業の経済的価値に影響を及ぼしていくものと考えられ，ESGリスクは企業が持続可能な成長を図るために積極的にテイクしていくべき新たなビジネスリスクといえる。リスクマネジャーは，企業が機会（Opportunity）を追求する中で生じるダウンサイドリスクを積極的に検証していくと同時に，ESGリスクによるマイナスの局面への対応とその中からビジネス機会をも見出していかなければならない。

　環境，社会に関わる課題への関心は，社会責任投資（Social Responsibility Investment：SRI）という新しい動きが投資の世界で起こった1920年代に遡る。この価値観はその後PRIに発展し，SDGsという形で広く社会で共有されたこととなる。このように新たな価値観は長い時間をかけ紆余曲折を経てようやく今日の社会に浸透してくる。社会変革のためには，この新たな価値観が幅広く共有され，関係者の行動を変えていかなければならない。例えばこれまでのESG投資に関連する動きとEの代表である脱炭素化社会への移行に至る動きをイノベーショ

ンの普及理論[3]にあてはめてみたい。社会が持続的に発展していくために解決しなければならない諸課題は，その起源を異にするわけであるが，ここでは，責任投資という流れと気候変動への対応という流れを軸に，これまでの関連する動きを整理する。ESGに関心が高まってきたこれまでの流れは，**図表1－3**で示したように観察される。今日，企業が社会的価値と経済的価値をいかに両立させるべきかに腐心し，経営管理の強化を検討する背景となっている。そして，ESG投資を重視する投資家は，企業の価値創造モデルが持続的に機能することによって，中長期的視点で非財務要素が財務パフォーマンスに転換されるという価値観の共有が企業経営者と投資家の間の建設的対話を促進させることとなる。

　企業は社会システムの中の1つの機能である。実際，社会と企業の関係は，時代とともに変化してきた。過去にも，社会の価値観の変化，企業の社会的責任への影響，企業倫理の変革といった流れが観察される[4]。許容できる自由の限度を決めることが倫理学の課題である。新たな課題やリスクが登場した場合，倫理面とリスク管理面の双方からの検討が重要となっている。社会的価値と経済的価値の両立を図るCSV（Creating Shared Value：共有価値の創造）[5]の考え方が提示されているように，現代企業は企業の社会的価値や倫理的側面，社会的責任を踏まえた戦略の遂行が不可欠と考えられる[6]。ここで，社会的価値とは，例えば，温室効果ガス（Greenhouse Gas：GHG）排出の削減，労働環境の改善，ESGを意識したサプライチェーンの改善などといった社会リスクの低減や，再生可能エネル

3　エベレット・M・ロジャーズが1962年に『イノベーション普及学』の中で提唱した理論。最初にイノベーター（革新者）に採用され，初期採用者，前期追随者，後期追随者へと浸透し，最後にラガードと呼ばれる，新たな価値観が伝統的，文化的なレベルまで普及しないと採用しない最も保守的な層へと浸透していくとする考え方をいう。

4　日本における企業倫理に関する研究や取組みは，米国におけるこの分野の学問的，実務的な展開の影響を大きく受けている，という。米国における企業倫理学は，1960年代に企業倫理が扱う社会的諸課題（大都市の大気汚染の深刻化，合成化学物質の危険性をめぐる自然環境の保護，消費者問題など）が現れ，1970年代に独立した学問分野として登場し，1980年代に確立，展開していった（鈴木由紀子「アメリカの企業倫理」佐久間信夫，水尾順一編著『コーポレート・ガバナンスと企業倫理の国際比較』（2010年，ミネルヴァ書房）第4章，P.60）。

5　マイケル・ポーターとマーク・クレーマーが2011年に『ハーバード・ビジネス・レビュー』誌において提唱した概念で，企業が社会のニーズや問題に目を向け，それに取り組むことで社会的な価値と経済的価値をともに創造しようとする経営をいう。

6　詳しくは，後藤茂之『リスク社会の企業倫理』（2021年，中央経済社）第Ⅱ章2（6）（P.80〜82）を参照いただきたい。

（図表1-3） 社会の価値観の変化⇒企業のパーパスや投資家の行動への影響⇒企業価値の変化

革新者		初期採用者		前期追随者	
1920年代	SRIの登場	1992年	国連環境計画が主導，地球サミットで国連気候変動枠組条約（UNFCCC）採択	2013年	IPCC第5次評価報告書
1970年代	ドミニ400ソーシャルインデックス	1992年	国連環境計画（UNEP）「環境と持続可能な開発に関する銀行声明」発表（後に「銀行」声明から「金融機関」声明へと改称）	2013年	IIRC国際統合報告フレームワーク公表
1979年	世界気象機関（WHO）の第1回世界気象会議で温暖化への懸念表明			2014年	国連SDGs案の提案
1988年	IPCCの設立	1995年	国連気候変動枠組条約締約国会議（COP）開催	2015年	COP21パリ協定採択
		1995年	UNEP「環境と持続可能な開発に関する保険声明」の発表	2015年	PRIへの署名機関の資産運用残高が世界の総資産運用残高の50％を超えた
		1999年	国連グローバルコンパクト設立	2015年	FSBがTCFDを設立
		2000年	国連ミレニアムサミット，ミレニアム開発目標	2017年	クライメイト・アクション100+発足
		2003年	採択	2021年	GFANZ設立
				2021年	COP26開催
		2003年	金融機関声明と保険声明が統合し，国連環境計画・金融イニシアティブ(UNEPFI)が誕生	2021年	IFRS財団　ISSB設立を表明
				2021年	IPCC第6次　第1作業部会報告書
		2006年	国連PRI発足	2022年	IPCC第6次　第2，3作業部会報告書

社会の価値観の変化と企業活動，投資の変化を動態的に捉えていくと，企業価値評価の考え方も時間の経過とともに変化していることがわかる。当然企業にとっての重要要素（マテリアリティ）も変化し，長い時間軸で定常状態に達するものと考えられる（下図参照）。

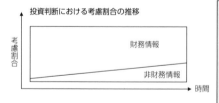

今後は，企業価値の概念も動態的に変化するものと考えられる。価値へ重要な影響を及ぼす情報についても変化し，開示の重要性の概念も，時点時点で変化していくものと考えられる。したがって，現時点におけるステークホルダーにとっての重要性論議，例えば，投資判断に利用される非財務情報と利用されない非財務情報の併存の問題（ダブルマテリアリティ）も，時間の経過に伴いかつての非財務情報が財務情報化する動き（ダイナミックマテリアリティ）も含め，長期的に変化しつつある定常状態に達するものと想定することが可能であろう。

現在の非財務情報が最終的に投資判断の際にどの程度考慮されることになるのかを，現段階で判断することは難しい。また，非財務要素が消費活動，投資活動を通じて，今後の市場メカニズムにどのように浸透していくか，その割合やそのスピードについても現時点では不明である。ただ，企業経営にとって重要な点は，このような動態的要素を経営管理に組み込んでいく必要があるという点であろう。

ギーの促進，女性活躍支援，マイクロファイナンスなどの貧困層への支援などの社会的インパクトの創出を指す。企業に対して，経済価値に関わる情報だけでなく，社会的価値に対して企業がいかに向き合い対応しているのかといった非財務要素に関する情報開示への要求が高まっている。

　社会的価値観と企業内の価値観との間に乖離が生じると，それが温床となり様々なリスクに発展していくことが懸念される。非財務要素への関心の高まりは，企業と直接，間接に関わりを持つ利害関係者（ステークホルダー）の拡大をも意味している[7]。

　ESG要素を非財務要素と総称することが多い。同時に，ESGへの取組みが中長期の企業の成長との関連が強いという考え方から，サステナビリティの概念として取り扱われることも多い。ESGの中身は，環境（E），社会（S）というカテゴリーに属する個別要素と，これらの要素を含む企業課題に対していかに組織を指揮・統制するかに関する能力（G）からなっている。経営環境変化が大きい時代には，今後の環境変化や社会の価値観の変化に対応できない状況も生じうる。したがって，企業統治の問題は企業と社会の関係，社会における企業の存在意義といった根底に関わる課題につながっていく問題といえよう。他方，ESに関する課題への具体的な対応は，個々の要素が有する固有性に着目した対応を必要とする。

　書物『自然資本の経済[8]』に，今後のESG時代における企業の対応について留意すべきヒントがあるので，要約し紹介しておきたい。
　「博物学者なら「自然は妥協することなく最適化する」ということを誰でも知っている。ペリカンは900万年の開発期間を経て，いまや完成の域に近づいているのであり，カモメとカラスの妥協で生まれた種ではない。それは可能な限り最も優れたペリカンなのである。しかし，ペリカンの最適化は，他の環境から孤立して行われるわけではない。ペリカンは生態系のなかに存在し，生態系の各部

7　コーポレート・ガバナンスの考え方は，株主（シェアーホルダー）至上主義から株主以外のステークホルダーを意識するステークホルダー主義へと移ってきている。
8　ポール・ホーケン，エイモリ・B・ロビンズ，L・ハンター・ロビンズ『自然資本の経済─「成長の限界」を突破する新産業革命』（佐和隆光監訳，小幡すぎ子訳，2001年，日本経済新聞社）P.189〜192。

8

分もまたペリカンと共生進化しながら最適化されていく。ペリカンや生態系で起きた変化が，システム全体に広範囲な影響を及ぼすこともある。そうした要素の全てが最適化の方向に共生進化していくからである。」

　製品は設計を終えて作りはじめる前の段階において，そのライフサイクルの経済コストと環境コストの80〜90％が確定しているといわれる。それゆえ，優れた技術を組み込んだ設計を行うことによりシステム全体を最適化することで様々な課題の解決や効率化を図る必要がある。企業のリスク管理も同様である。ESGリスクは伝統的リスクと違って財務要素への影響が明らかではないため，最初の「リスクの特定・評価」の過程で，ESGリスクが自らのビジネスモデルにどのようなインパクトを与えるのかを検討し，主体的にデザインする必要がある。

　われわれは，これまでの経済発展を牽引してきた企業モデル（化石燃料を使った生産性の拡大という基本構造）を変革しなければならないことを，地球システムの限界を突き付けられることによって認識した。環境に対するレジリエンスを維持するための対策を講じるためには，経済活動の大きなウエイトを占める企業活動の変革なくして達成しえない。そのため，各企業はビジネスモデルの変革に取り組んでいく必要がある。また，企業活動を維持する元手を提供する投資家の行動変容も必要となる。これが，ESG投資[9]が浸透してきている背景となっている。国連が提唱したPRIは，投資行動にESGを組み込むことを要請している。ESG投資の拡大と企業活動の変革は表裏一体となって，社会の持続的開発を実現していくこととなる。

　しかし，ESG要素が投資の意思決定に常態として組み込まれるまでに至っていない。つまり，現在の市場価格がESG要素を十分には反映していないステージでは，企業も投資家も意識的な行動変容が必要である。そして両者をスムーズに連

9　ESG投資の手法として，グローバルベースでみると，ネガティブ・スクリーニングが多く，日本ではエンゲージメント，議決権行使による手法が多い。最近の傾向としては，グローバルでも日本でも2位につけているESGインテグレーションによる投資が大きくなっている。これは，財務分析などの従来の投資分析方法に加えて，ESGなどの非財務情報を含めて分析することで，年金基金などの長期投資家が将来のリスクを考慮して積極的に非財務情報を活用していく投資手法である（湯山智教編著『ESG投資とパフォーマンス—SDGs・持続可能な社会に向けた投資はどうあるべきか』（2020年，金融財政事情研究会）P.6）。

携させるための経済的インセンティブとして，ESG対応と投資パフォーマンスとの中長期的連動が必要となる。その究極の姿は，財務情報に基づくリスク・リターン指標の分析の中に，ESG情報を組み込むことが常態になることである。ただ，本書が取り上げる主たるテーマは，この過渡期において，企業はいかに経営管理，中長期戦略とリスク管理を強化していくかという点にある。

　今企業では，パーパスの議論が活発である。パーパスとは，社会の中でなぜこの会社が存在する意義があるのか，どのような価値を社会に提供できるのか，といった企業存続の根本的な意義を言語化したものであり，「存在意義」といった意味で使われている。ESG活動を通じた社会的価値の向上は，幅広いステークホルダーとの関係向上，周囲との関係改善による情報の非対称性の低下，社会的価値に反する行動に導くリスクの低減へとつながることが期待される。これらの要因から，企業には，社会関係資本の拡大による経済的価値へのシナジー効果の発揮，コンダクトリスク，オペレーショナルリスク発現の低減といったように，ビジネスの機会，純粋リスク[10]の低減効果が期待できる。つまり，中長期的に経済的価値向上への期待とリスク低減を通じたリスクプレミアム（資本コスト）の低下が期待できる。要は，この関係をどのように確認するかということとなる。ESG要素が投資の意思決定の中に完全に浸透された世界であれば，金融市場の価値評価の中に反映されるので，現在の財務情報ベースのリスク・リターン，資本の関係と同様に企業価値を評価できる。しかし，浸透の過渡期においては，その評価，意思決定，現実の対応が課題といえる。

　将来に対する期待値を描くことが困難な現状の中で，どのような判断基準を置くことができるのであろうか。年金積立金管理運用独立行政法人（Government Pension Investment Fund：GPIF）が2017年にESG指数を公募した際のプレスリリース内容は，「ESG効果により，中長期的にリスク低減効果や超過収益の獲得が期待される指数であり，かつ過去のパフォーマンスやバックテストの結果がおおむねそれを裏付けるものであること」を必要要件としている[11]，というもので

10　例えば事故や災害リスクのように損失のみを発生させるリスクのことを「純粋リスク」と呼ぶ。これに対し，例えば株式投資のように利益・損失両方の発生の可能性があるリスクのことを，「ビジネスリスク（投機的リスク）」と呼び区別する。

ある。企業価値評価において，短期的な視点と中長期的視点をいかにバランスさせていくかが各企業にとって現実的な課題となってきている。この問題は，**第6章3**で改めて検討したい。

⑵　ネットワーク社会におけるレジリエンス

　自然災害や感染症などのリスクが社会システムやネットワークにいかに打撃を与えたかを想像してみたい。社会システムに大きなインパクトが加わり，われわれの生活や企業活動に関係するネットワークが寸断されると，通常の機能を発揮できなくなるといった事態が生じる。ネットワークを構成する関連する複数のシステムの存在やその中に組み込まれた重要な要素間の相互作用も変化する。そのため，リスクへの対応には「システム思考」が重要となる。

　科学技術の発達によってわれわれは様々な不可能を可能にしてきた。と同時に，複雑なシステム自身が持つ不確実性による事故も多く経験し，その失敗から多くを学んできた[12]。

　今日われわれは，多くの複雑なシステムに囲まれて生活している。「複雑なシステム」とは，組織社会学者であるC・ペローが直線的なシステムと区別する意味で使った用語である。先端技術では，要素と要素が網の目のように複雑なつながりを持っている。しかも，それらの間の結びつきが強いという特徴がある。ここで，直線的なシステム（Liner system）であれば，これらの要素がある手順に

11　湯山智教は，GPIFがESG投資のために選択したESG指数とベンチマークとを比較したESG活動報告に基づきコメントしている。要約すると，次のとおりである。
　　「GPIFが採用した5つのESGインデックスについてのこれまでのパフォーマンスをみると，市場平均を上回っているものもあれば，下回っているものもあり，必ずしも一概にいえないが，少なくとも大幅に下回っているわけではない。また，ESG指標の1つであるMSCI ACWI ESG Leaders Indexについて，その親インデックスであるMSCI ACWIとのパフォーマンスを比較すると，ややESG指標のほうが勝っているように思われるが，統計的に5％有意（確率的に偶然とは考えにくく，意味があると考えられる）水準でも差がでるレベルまではいっていないと思われる。」（湯山智教・前掲注9）P.31～34。
12　先端技術における事故という失敗（航空機事故，原発事故，スペースシャトル・チャレンジャーの事故など）の後の徹底調査や検証から得られた知見をいかに改善につなげてきたかについては，寿楽浩太『科学技術の失敗から学ぶということ─リスクとレジリエンスの時代に向けて』（2020年，オーム社）が参考になる。

　従ってつながっているので，もし不具合が起こった場合には，そこで作業をとめれば，取り返しのつかない事態が直ちに起こるということはない。しかし，過去の航空機や原子力発電所の事故による検証で明らかなように，それぞれの要素が複雑に強く結びついているため，ある出来事が思いもよらない別の出来事を引き起こしていくといった事態に陥る。

　このようなシステムを複雑なシステム（Complex system）と呼んでいる。複雑なシステムでは，次のような例が確認される。原因と結果は，離れた時間と空間に存在している。問題への解決策が問題を悪化させることがある。システムの一部を押し込もうとすると，別の一部で跳ね上がりが起こる。このような事態において適切な対応策を検討するためには，システム全体の構造と各パーツ間の相互作用を理解する必要がある。この場合には，不幸な偶然の連鎖を予めすべて予期して防止策を講じることはほとんど不可能といえる。換言すれば，事故は完全には防止しきれない，ということになる。そのうえで，ペローは，その技術が事故を起こした結果が社会にとって受け入れられないほど破局的なものか，我慢して甘受できるものか，他に代替手段があるか，などの観点から，その技術を用いてよいか否かを決めるべきであると，主張している。つまり，科学による予測と社会による判断の必要性を指摘した。

　ペローが提示するシステムが抱える問題点を踏まえて，防御との関係で検討したのが心理学者で安全研究者のJ・リーズンである。彼は，複雑で近代的な産業は，安全対策を重ねていくことで，システムに対する防護を強めていく。このような深層防護により平穏な無事を実現しようとした。効果が得られるのも事実ではあるが，この平穏無事の中に潜む危険が同時に進行しており，幾重にも防護を積み上げても同じ防護をむやみに講じるだけでは，1つの弱点から全部の防護が破られる危険があると指摘する。つまり，きっかけはヒューマンエラーであったとしても突如組織事故につながっていく可能性があるため，多重防護に対する慢心を生む組織文化に警鐘を鳴らした。このような組織事故の発生は，防護をスイスチーズにたとえ，重なるチーズのそれぞれの穴が通ってしまうような状況を「スイスチーズモデル」と呼んだ。そして，何重にも防護が破られたとしても，最後の1つの防護さえ破られなければ損害の発生には至らないといった点の重要さも同時に指摘し，むやみに防護を重ねてシステムを複雑化するのではなく，効果的な対策を提言した。

　次にシステムの持つ動態的な特徴について考えてみたい。工学の分野にレジリエンス・エンジニアリングという用語があるが，物理学，生態学，心理学などで用いられたレジリエンスの考え方を工学の世界に応用して安全性を高めていきたいとする考え方である。この分野では，失敗事例の研究ばかりでなく，人間の臨機応変な対応によって危機を救った成功事例を研究する。なぜそのような行動がとれたのかについての知見を組織対応に応用しようとするアプローチとなる。

　安全をある理想の状態の維持と考えると，想定どおり振る舞うことを要求され，理想の状態からの逸脱を検証して正常な状態に戻すことに集中しようとする。このため，逆に新たな工夫や柔軟な対応といった自発性や臨機応変な対応力が重視されないというデメリットが指摘されている。これらの点を考慮するならば，システムのレジリエンスを高めるためには，まずシステムの持つ複雑性や潜在的原因に対する不確実性の構造を理解する必要がある。そして，現状の対応を万全とは考えず，常に想定外に向き合い，新たな考え方や臨機応変な対応を含めた柔軟性に配意することが重要である。

　リスク管理においては，課題が持つ不確実性への対応が必要となる。解決しようとしている課題がシステムの中でどのような形で存在しているのか，ペローのいう直線的なシステムのように関連する要素が因果関係として連続した関係でつながっているのか，あるいは，各要素の進行が一定のパターンで予測することができないランダム性を持つ複雑なシステムなのかを区別しなければならない。複雑なシステムの場合，予測困難な事態の進行を踏まえて柔軟で臨機応変な対応が必要とされる。システムの類型に分けて対応の特徴を整理すると**図表１－４**のとおりである。

図表1－4 　不確実性の類型と対応上の留意点

類　型	意思決定上の特徴	不確実性への対応上の留意点	判断上のリスクへの対処
類型1	特定のプロジェクトに関する経験が豊富で将来を計数的に落とし込むことが可能なケース。想定可能なシナリオをデシジョン・トゥリーとして描くことができる。	不利なシナリオに陥る可能性（リスクファクター）を回避したり，是正するためのリスク管理計画を立案する。	経験知に基づくヒューリスティクスが現実の課題と合致しない場合に生ずる判断上のリスクに留意する。
類型2	一定デシジョン・トゥリーを描くことが可能であるが，類型1ほど将来のシナリオが明確に推定できないケース。	現時点で情報が不足している部分があり，確定判断をするためには情報が不足している。	確定判断に足る情報収集までの間，暫定的対処をし，確定判断は先送りすると共に，戦略機会は一定確保する（リアル・オプション的アプローチをとった意思決定）。
類型3	将来起こりうるシナリオを数本に特定することはできないが，多数のシナリオを想定することができる場合，集合的にポートフォリオとして捉え，リスク・リターンを推測することができるケース。	確率分布に基づきリスク量を計測できるため，例えば，VaR（バリュー・アット・リスク）で，リスク・リミット，ロスカット・ルールを設定し，リスクポートフォリオのリスク・リターンを管理する。	モデルに介在する単純化バイアスの存在を意識し，モデルの限界を理解したうえで，モデルのバックテストを実施し，リスク・リターンの変化やモデルの説明力を定期的に検証する。また，モデルで説明できない不確実性に対し，ストレスシナリオを推定し，有事に備えストレスバッファを確保したり，コンティンジェンシープランを策定する。
類型4	類型3のように将来のシナリオを多数想定するだけの情報はないが，過去に経験した類似事例から連想し，機会と脅威のバランスを判断するケース。	不確実性の度合いを判断し，戦略の達成可能性と予期せぬ事態が発生した場合の戦略変更の対策を予め検討し，そのインパクトを測る。	類似事例選択におけるバイアスや類似事例と現実の間のギャップに配慮して機会と脅威の評価を行う必要がある。
類型5	まったく経験や類似事例が想定されず脅威を推測する手段がないケース。	戦略性と不確実性を天秤にかけて，回避か挑戦かを判断することもできないので取組みをあきらめる。	戦略的思考に過度に押される形で合理的な判断を歪められないことに留意する。

（出典）後藤茂之『ERMは進化する』（2019年，中央経済社）P.204に一部補足を加えた

　企業は長年の経験の積み重ねの中で，経営課題を財務情報に反映させる形で捉え，各指標間の関係をできるだけ直線的システムとして整理することで，経営の直観性と透明性を高め，効率と効果を向上させてきたともいえる。しかし今後ESGという非財務情報が新たに経営管理の対象として入ってくることによって，

企業内の意思決定システムへ影響を及ぼすこととなる。これまで比較的直線的な特徴の下で管理可能であった内部管理システムでは外部の複雑なシステムへの対応ができない恐れがある。

2　システム思考とレジリエンス

(1)　リスクとシステム思考

　「未知の未知」という概念は，心理学者のジョセフ・ルフトとハリントン・インガムによる1955年の論文[13]に出てくる。また，同論文の中で心理学の概念である「ジョハリの窓」についても説明されている。

　これは不確実な対象に対するわれわれの認知は，ジョンとハリーといった2人の視点（窓）から見える世界で比喩的に説明されている。個人の認知の限界と知識の交流によりその限界に気づくことの大切さを指摘する。したがって，リスクは，既知リスク，未知リスクを区別して，その不確実性の度合いの違いを踏まえ対応される必要がある。つまり，新たなリスクに対応する際，常に未知リスクをよく理解するためには，異なる知見との交流が重要となる。この関係を整理すると図表1－5のとおりである。

図表1－5　ジョハリの窓と既知リスク，未知リスク

他の人（ハリー）

		知っている	知らない
あなた（ジョン）	知っている	公開領域（ほとんどの人にとって周知となっている既知リスク）	隠された領域（あなたにとっては既知リスクであるが他の人にとっては未知リスク）
	知らない	盲目的領域（他の人にとっては既知リスクであるがあなたにとっては未知リスク）	神秘的領域（すべての人にとって未知リスク）

---

13 J. Luft and H. Ingham, "The Johari Window, a Graphic Model of Interpersonal Awareness," Proceedings of the Western Traning Laboratory in Group Development（1955）

　リスク管理では，リスクの存在は承知しているが，その特徴（発生頻度やタイミング，損害強度など，さらにこれらの要素の変化）が十分把握できていないリスクのことを「未知の既知リスク」と呼んでいる。最近では，われわれに想定外の影響を及ぼすリスクの特性について，「ブラックスワン（Black Swan）[14]」とか，「灰色のサイ（Gray Rhino）[15]」という名称を使い警鐘が鳴らされている。

　前者は，リスクの発生頻度は小さいがそのタイミングが予見できないため，発生した場合の被害が甚大となり，企業に不測の混乱を招くようなリスクである。金融危機などがこの例となる。

　後者は，将来重大な問題を引き起こす可能性が高いとその存在には気づいているが，すぐに危害を加えないので見て見ぬふりをして放置して（軽視して）しまいがちなリスクのことをサイが突然暴れ出してしまうたとえとして表現している。インフレや少子高齢化などがこの例となる。

　社会の構造が複雑になり，リスクの特性も単純ではなくなっている。同時に，社会の発展とともにわれわれの周りのリスクはますます増加しているため，認識していることが，適切に処置していることと同義ではないことを警告した用語といえる。

　一筋縄ではいかない問題を解決しようとする際には，正しい考え方ばかりではなく「違う」考え方をする人々と協力し合うことが欠かせない。複雑な物事を考えるときは，一歩後ろに下がって，それまでとは違う新たな視点からものを見る必要（認知的多様性[16]）がある[17]，と指摘されるとおりである。これは，部分にズームインする代わりにズームアウトし，全体を見て理解する必要性につながる。問題が複雑になると特定の少数の専門家ではカバーしきれない知識が必要となる。画一的な集団では認知的多様性の欠如が起こり，盲点ができてしまうためである。

14　1697年に黒い白鳥が発見され，鳥類学者の常識が大きく崩れた出来事に由来している。災害の大きさと頻度との間には，ベキ乗則（累乗）の関係がある。つまり，災害の規模が大きくなるとその頻度は急激に小さくなる関係である。このように頻度が極めて小さいが一度発生すると想定外の損害となる事象を指している。

15　2013年のダボス会議で米国の作家で政策アナリストであるミッシェル・ワッカーが提起した。

16　認知的多様性とは，ものの見方や考え方の違いのことであり，これを満たすことは，集合知を発揮することを意味する。集合知は多様な人々がそれぞれの知識を持ち寄ることで生まれる。

17　マシュー・サイド『多様性の科学』（トランネット社訳，2021年，ディスカヴァー・トゥエンティワン社）P.26。

企業として，複雑化し不確実性が増した課題に対処するためには，多角的な視点を確保し盲点を小さくする努力が必要となる。

　未知の現象の全体像を把握するためのアプローチとして，システム思考を重視するのが有用である。ドネラ・H・メドウズは，システム思考について次のとおり説明している。
　「システムとは，何かを達成するように一貫性を持って組織されている，相互につながっている一連の構成要素であるシステムの構造とは，互いに連動しているストック，フロー，フィードバック・ループを箱と矢印で表現したものである。システム思考は，出来事と，その結果としての挙動との関係をシステム構造とのつながりで理解しようとする。」[18]

(2)　システム・ダイナミクスの知見の応用

　システムは基本的に不安定で，均衡から離れようとする仕組みがある。均衡から離れようとした場合，小さな差異や効果が，自己組織化し，成長への力となり他と大きな差をもたらすことがある。このような動きのことを，「自己強化型ループ」と呼ぶ。しかし，このループは永続するわけではなく，限界を持っている。システムは，限界に直面したとき短期的もしくは長期的にその限界を回避できるやり方を見つけるかもしれないが，最終的にはある種の適応が起こる。システムがその制約に合わせるか，制約がシステムに合わせるか，または互いが互いに合わせたりする様子が観察される。この制約として機能するのが，「バランス型ループ」である。これは，何らかのやり方で，アウトフローを強めるか，インフローを弱めることによって，成長を推進していた自己強化型ループの支配から離脱させようとする動きである。

　ダイナミックなシステムに関する研究は，何が起こるかを予測するためのものではなく，数多くの原動力となる要因が様々なやり方で展開される場合に，何が起こりうるかを模索するためのものである。それゆえ，システムの持つ特性を理

---

[18]　ドネラ・H・メドウズ『世界はシステムで動く—いま起きていることの本質をつかむ考え方』（枝廣淳子訳，小田理一郎解説，2015年，英治出版）P.32, 144, 145。

解し，適切に対処するために有用な知見となる。

　システム思考の有効性を説明する際に例示されることの多い人口の挙動の描写
を紹介しシステム思考の理解を深めておきたい。人口（ストック）の変化は，フ
ロー（出生率，死亡率）のフィードバック・ループによって説明することができ
る。フローとストックの関係は，出生率と死亡率という，原動力となる変数に
よって決まってくる。自己強化型とバランス型のループをひとつずつ持ったシン
プルなシステムの場合，自己強化型ループがバランス型ループよりも支配的であ
れば，幾何級数的に人口は増加するが，バランス型が自己強化型よりも支配的で
あれば，衰退していく。2つのループの強さが同じであれば，横ばいになる。こ
のように，2つのループの相対的な強さが時間の経過とともに変わる場合には，
これらのことを次から次へと繰り返すことになる。そして，このような理解のも
とで作ったモデルが，実際の帰結を説明できているならば，このモデルは現実を
よく代表しているものと考えられる。リスク管理でもモデルを使った将来予測が
行われている。モデルの有用性の要素を先ほどの人口の例を使って説明すると次
のとおりである。
　①　原動力となっている要因は，そのように展開しうるか？（人口のシステム
　　　の挙動について考えれば，出生率と死亡率は，どのようになりそうか？）
　②　もしそうだとしたら，システムはどのように反応するだろうか？（出生率
　　　と死亡率は，こうだろうと私たちが考えているような形で，人口のストック
　　　の挙動をつくり出すだろうか？）
　③　原動力となる要素を動かしているのは何だろうか？（何が出生率に影響を
　　　与えるのか？　何が死亡率に影響を与えるのか？）

　永遠に成長し続けられる物理的なシステムは現実には存在しない。世の中の仕
組みをフローとストックの変化の関係で捉え，その全体の構造を理解しようとす
るシステム・ダイナミクスの研究が1950年代から社会科学分野で展開されてきた。
その目的は，ビジネスの成長や衰退，景気や在庫の循環，問題解決の成否など，
ビジネスで起こる様々な現象について，その底流を流れるパターンやそのパター
ンを形作る構造をシステム的に捉えることによって，ビジネスを成功させるため
の洞察力を高めていこうとした。
　例えば，大流行している新製品があったとしても，最終的には市場が飽和する

ように何らかの制約にぶつかることになる。また，工場設備やインフラなどの物理的な財務資本，労働力や市場，マネジメントなども時間が経過すると何らかの制約に遭遇する。その結果，成長が制約される。このような関係は様々な事象に共通のものである。例えば，ウイルスの感染にも応用できる。感染しやすい人々が感染してしまう状況に至り，集団免疫が形成される。しかし，ウイルスの変種の発生やワクチンの導入などの出来事によって状況は変化する。このような様々な現象をシステム思考が，その成長を促進する自己強化型ループと最終的に成長を制約することになるバランス型ループの形成といった動態的関係として理解できるからである。

　企業の競争力に大きな影響を及ぼすイノベーションに応用すると，クリステンセンの「イノベーションのジレンマ」[19]の概念を理解するのに役立つ。クリステンセンは，イノベーションを「持続的イノベーション」と「破壊的イノベーション」に分ける。これまで，イノベーションに対して，先頭に立つか（リーダーシップをとるか），それとも追随者でいくか，という議論があった。クリステンセンは分析の結果，破壊的イノベーションについては，リーダーシップをとらなければ優位はとれない，と説明する。

　持続的イノベーションとは性能の向上を伴い，常に主流市場の顧客を満足させる技術開発である。図表1-6で示すように，持続的イノベーションが繰り返されると，技術の性能向上が市場のニーズを追い越す場合がある。その傾向が長く続くと，技術の性能と市場ニーズとの間に，大きなギャップが生まれる。そうすると，性能が低くても構わないので，価格の安い技術を求める層が現れる。この下位市場に根づいた技術が，改良を経て，やがて下位市場が求めるニーズを追い越すことになる。さらに改良が続くと，上位市場をも満足させる技術に発展する。ここに至り，既存の技術が破壊的技術に変身する。このような技術革新を破壊的イノベーションと呼ぶ。

　技術が一定のレベルに達し，その用途における顧客ニーズを一定満たしている状態にある製品においては，クリステンセンが指摘するような事態は起こりうる可能性がある。例えば，自動車，テレビを中心とする家電製品，携帯電話等においては，先頭を走る製品と比較すると，品質は低いが，機能を絞りシンプルにし

19　クレイトン・クリステンセン『イノベーションのジレンマ―技術革新が巨大企業を滅ぼすとき』（2001年，翔泳社）。

た製品は，単なる価格の安さだけではなく，既存メーカーの脅威となる可能性を秘めている。つまり，その背景に新しいバリューネットワークが構築される可能性があるためである。このように技術開発競争の世界の理解もシステム・ダイナミクスの知見が参考になる。

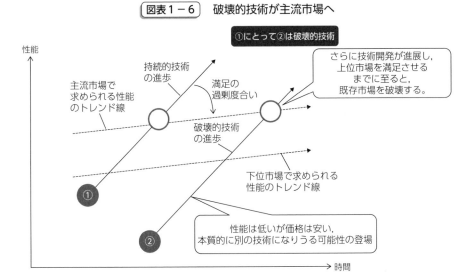

図表1－6　破壊的技術が主流市場へ

(出典)　クレイトン・クリステンセン『増補改訂版　イノベーションのジレンマ』（玉田俊平監修，伊豆原弓訳，2001年，翔泳社）を参考に著者作成

　1960年代に入ると，システム・ダイナミクスはビジネスの枠組みを超えて，社会問題，経済問題，地球環境問題などの課題に取り組むようになっていった[20]。人工的に作られたシステムにもこの知見は応用できる。非常に複雑で高度な技術を組み込んだシステムの例として送電線網がある。**コラム1**（43頁）を参照いただきたい。

20　人口や経済の幾何級数的成長がそのまま続けば，21世紀半ばまでに食料，資源，環境汚染問題などが次々と現れ，その対応に追われ，成長は反転して崩壊を迎える危険について警告したローマクラブによって発表された「成長の限界」もシステム・ダイナミクスの知見が貢献している。

　企業の経営管理においてもシステム論の知見が様々な形で応用されている。例えば，企業活動の記録である会計システムも，システム論的に**図表1－7**のように可視化して理解すると，企業活動に伴うキャッシュの創造をシステム的に捉えることができる。

図表1－7 会計とキャッシュフロー

■会計記録の目的とキャッシュの動きの時間的乖離

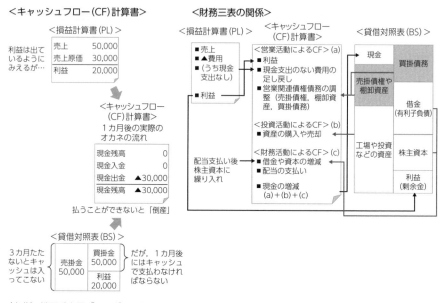

（出典）松田千恵子『コーポレート・ファイナンス実務の教科書』（2016年，日本実業出版社）P.27,28

　リスク管理は，企業が抱える事業が生み出すイン，アウトのキャッシュフローの流量の変化として捉え，各種事業のフローが一定期間の流量の変化を資本というストックで十分賄っているのか否かという視点で管理しているものと考えることができる。そして，リスク評価に関わる各種モデルは，キャッシュフローの変化とその要因との関係を物理的に可視化し，単純化し，モデル化しているものとみなすことができる。換言すれば，企業の生み出す将来キャッシュフローの拡大（＝企業価値の創造）を1つのシステムとして捉えて，その特徴を組み込みモデル化しているといえる。

　同様に，経済モデルはキャッシュの流れ（フロー）と資本や労働といったストックとの関係で捉えることで作られたモデルである。また気候システムも，地球と物理的循環の仕組みをフローとストックの関係で整理したものといえる。フローとストックの関係を，ストックが持つフローを受け入れる能力（例えば，涵養力，保管能力，復元力などと表現される許容力），すなわち閾値を含めて理解することができる。例えば，フローがストックの持つ能力の範囲内で安定的に流れている状態と，ストックの閾値を超えて溢れ出す状態を区別して理解することができるようになる。この理解が，閾値を超える有事を想定した対策を検討するきっかけとなる。このように，様々な領域でシステム思考は応用されている。

　また，自然災害の構造もシステム思考で捉えることが可能である。地球温暖化の進展によって自然災害の激甚化が指摘されている。その中でも広域に災害を引き起こす洪水のメカニズムをタンクモデルで説明し，流域雨量指数が計測されている。これもシステム論の考え方を応用したものといえる。国土交通省，気象庁のホームページ[21]で説明されている流域雨量指数について要約すると次のとおりである。
　「流域雨量指数そのものは相対的な洪水危険度を示した指標であるが，流域雨量指数を洪水警報等の基準値と比較することで洪水災害発生の危険度（重大な洪水災害が発生するおそれがあるかどうかなど）を判断することができる。これは，全国の約20,000河川を対象に，河川流域を1km四方の格子（メッシュ）に分けて，降った雨水が，地表面や地中を通って時間をかけて河川に流れ出し，さらに河川に沿って流れ下る量を，タンクモデルや運動方程式を用いて数値化したものである。
　「タンクモデル」とは，雨が降ると，雨水は地中に染み込んだり，地表面を流れたりして，川に流れ込む。流域雨量指数の流出過程の計算には，降った雨が河川に流出する様子を孔の開いたタンクを用いてモデル化したものである。タンクモデルは，複数に連ねたタンクによって，雨水の地中への浸透や河川への流出の様子を模式化したものである（概要は，**図表１－８**を参照）。」

21　気象庁，流域雨量指数（jma.go.jp）

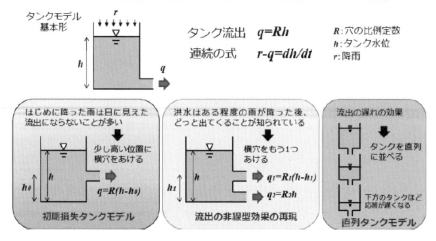

図表1−8　降水の流出を表現するタンクモデル

このモデルでは，タンクを使って，降水量の挙動から河川流出変化の遅れを表現できる
水位や流出量といった非線形で現象をモデル化したもの（下図のイメージを参照）。

なお，横穴の位置と大きさは，地形や地質によって変化する。

(3)　複雑なシステムの不安定性とレジリエンス

　社会，政治，経済，技術，環境など，われわれの生活や企業の活動を取り巻く
複雑に影響し合っている様々なシステムは，日々予期せぬ事態を引き起こす。シ
ステム間の相互依存性や不安定性が関係している。個々のシステムを理解しただ
けでは，それらが絡み合って生まれる事態を正確に理解することはできないので，
システム全体を俯瞰する必要がある。

　ハリケーン・カトリーナにより引き起こされた事例は，エネルギーシステム，
気候システム，農業システム，国際貿易システムなどが連動したものと考えられ
ている。

　2005年8月，破壊的なハリケーンの接近に備え，テキサスからルイジアナにか
けてメキシコ湾岸に点在する2,900あまりの石油採掘施設は作業員を避難させ，
操業を一時停止した。この地域の石油生産の95％が数カ月にわたって途絶えた。
ハリケーンの余波として，アメリカではガソリン価格が急騰し，地域によっては
1ガロン当たりの価格が連日40％も上昇する。ガソリン価格の急騰を受け，代替
燃料エタノールの主原料となるトウモロコシに割安感が出たため，アメリカでは

エタノール生産への投資がさかんになった。農家は政府の奨励策に従い，食用トウモロコシからエタノール生産に適した非食用トウモロコシへと生産をシフトした。2007年には，連邦議会がバイオ燃料の生産を5倍にまで引き上げる数値目標を盛り込んだ法案を可決した。このバイオ原料の40％以上がトウモロコシとされた。カトリーナ襲来以来，アメリカのトウモロコシ生産の多くがエタノール向けに切り替えられた結果，トウモロコシ価格が原油価格と密接に連動するようになった。

　システム思考に基づくならば，破綻するシステムと回復するシステムの存在に気づく。システムがいかにして脆弱になり破綻するのかを理解することが重要である。すなわち，システム内で相互に接続されたサブシステムがフィードバック・ループを形成し，レジリエンスを高めたり，損なわせたりするからである。企業を取り巻くシステムはいくつものシステムが絡み合わさってできる複雑な構造になっている。それゆえあらゆる環境にふさわしい単純な処方箋は存在しない。現実に時間の経過と共に様相は常に変化している。システムは脆弱性が極まると適応能力を失う。たとえ頑強なシステムであっても，このような状況に至ると，想定された混乱には対処できるが，想定外の困難には耐えられない。

　事態の混乱を予知し，破壊されたら自律回復し，激変する状況において基本的な目的を見失うことなく体勢を立て直す能力を備えたシステムにはどのような特徴があるのか。このような観点から，変化に直面した際の継続性と回復というシステムの持つ能力，すなわち「レジリエンス」という概念が意識されることとなる。

　アンドリュー・ゾッリ，アン・マリー・ヒーリーは，「レジリエントなシステムは突然の変化や決定的な閾値への接近を感知する信頼性の高いフィードバックのメカニズムを備えている」と指摘し，「われわれの生活は，社会の中に組み込まれた多くの手段や技術によって支えられており…網の目のように張りめぐらされたセンサーが発信するフィードバック・データは，システムのパフォーマンスを管理し，レジリエンスを高める強力な手段となる。」[22] と説明する。

22　アンドリュー・ゾッリ，アン・マリー・ヒーリー『レジリエンス　復活力—あらゆるシステムの破綻と回復を分けるものは何か』（須川綾子訳，2013年，ダイヤモンド社）P.13。

　レジリエンスという用語は，工学，生態学，システム科学など，それぞれの領域によって様々に定義されている。一般には，「変動のある環境の中で，システムが生き残り，持続する能力の程度」という意味に使われ，外部環境の変化に対する適応力や復元力の強さや大きさといった強靱性のことを表現する用語である。したがって，復活力といったように訳し，逆境状況において適応する状態と理解されることが多い。しかし，逆境の意味や適応の意味はケースによって異なっており，それを標準化することを難しくしている。また，適応プロセスを指す場合もあれば，その能力を指す場合もあり，この点も混乱を招きやすいといわれている。

　リスク管理の世界では，リスクに影響を与える3要素の1つとして考えられてきた。例えば，企業価値の変動（＝リスク）を評価しようとすると，価値変動の原因となる危険（ハザード）の強度，それに影響を受ける自社のポートフォリオの大きさ（エクスポージャー），それに対する企業の耐性（レジリエンス）といったリスクの3要素を検証する必要がある（図表1－9参照）。

図表1－9　リスクの3要素

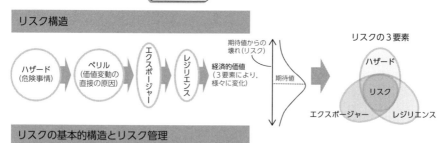

- 企業は最も避けたい事態（＝エンドポイント，例えば存続を危うくする企業価値の変動）の程度を貨幣価値で表現して管理の対象としようとする（経済的価値の変動をリスクと呼ぶ）。
- 経済的価値は，ハザード，ペリル，エクスポージャー，レジリエンスが常に，時間，環境，企業の対応などの要素によって変動する。そして，このリスクを合理的に管理しようとして，その変動を確率分布に描き，リスクを計量化した管理を試みる（定量的アプローチ）。また，計量化が困難なリスクについては，特定のシナリオを想定することにより，その影響を把握して管理しようとする（定性的アプローチ）。

国連防災機関（United Nations Office for Disaster Risk Reduction：UNDRR[23]）

23　2009年時点では，国連国際防災戦略事務局（United Nations International Strategy for Disaster Reduction 2009：UNISDR）と称していた。

は，レジリエンスを，「ハザードにさらされているシステム，コミュニティ，社会が，リスク管理を通じた本質的な基本構造と機能の維持，回復を含め，適切なタイミングかつ効率的な方法で，ハザードの影響に抵抗し，吸収し，対応し，転換し，回復する能力」と定義している。

この定義では，レジリエンスをシステム概念と結びつけ，システムが同一の機能，構成，フィードバック機構を維持するために変化する能力として捉えている。システムがレジリエントか否かを把握するための項目としては，多様性，モジュール性，密接なフィードバックが指摘されている。ここで，多様性とは，同質性の高い要素，部分だけではなく，いろいろな種類からシステムが構成されているかどうかの視点である。モジュール性とは，各部分が互いに自律性を持ちながら結合されているか否かといった視点である。密接なフィードバックとは，システムのある部分に起こる変化を，他の部分が感じて反応する速さと強さのことをいう。

人類学を中心に置きながら多様な研究者が参加してまとめられた書物『レジリエンス人類史』の序の中で，稲村哲也は，レジリエンスの持つ意味について執筆者と論議した内容を紹介している。そして，多様な分野が共有できるように，そして，人類がこれまで様々な危機に直面しながら生きぬいてきた人類史の視点から，人の共感力や適応力を意識して「危機を生きぬく知」と緩く定義したと説明している。レジリエンスの多様性を知るうえで多くの示唆があるので，以下要約抜粋しておきたい。

「（レジリエンスの意味は）個，集団，人類全体，地球など，主体によって異なること。客体，すなわち私たちが直面する危機，逆境の種類によって様相が異なること。レジリエンスはダイナミック（動的）であること，そのため時間軸の考察が重要であること。そして，ヒトの特性のうち，認知能力，とりわけ共感力に着目すべきこと。柔軟性，多様性などが重要な要素である。」[24]

24　稲村哲也「「希望の未来」を求めるために過去に学び今を考える」稲村哲也，山極壽一，清水展，阿部健一編『レジリエンス人類史』（2022年，京都大学学術出版会）序，P.4，5を参考にした。

⑷　経営環境へのシステム思考とレジリエンス

　複雑性と脆弱性が増幅している現代社会においては，差し迫った難題のほとんどは，技術，生態学，金融，社会といった多様なシステムと人間が絡み合う場所で発生していることがわかる。つまり，人的システムと非人的システムが連動する中で，各システムの動作が，複雑なフィードバック・ループの内部で各システムの動作が相互に影響を与え合っているといわれる。アンドリュー・ゾッリとアン・マリー・ヒーリーは，各システムには，固有の構造があると同時に固有のスピードを持っているため，レジリエンスを向上させるためには，システムの持つ固有の時間軸にも関心を払う必要があると次のとおり説明している。「システムのある側面に関心を向けたとき，それよりも速く変化する側面と緩やかに変化する側面があることを念頭におくとともに，関心領域よりも局所的な要素と包括的な要素を並行して検証しなければならない。…混乱を増幅するのは，独自のスピードをもった多様なシステムが合成されて生じる破壊力である。このような相互作用を考慮しない限り，システムを改良する試みが長期間にわたって成功することはない。」[25]

　またゾッリとヒーリーは，持続性の高いダイナミックなシステムにはレジリエンスが寄与しており，その代表的な例が地球上の生態系である，と指摘する。しかしレジリエンスを機能させるために生命システムは混沌として複雑であり，完全に効率的とはいえない状態で機能している。それは恒常的にダイナミックな不均衡状態にあると説明する。そして，全てのシステムがまったく同じ過程をたどるわけではないが，様々な事象の変化を理解するために，生態系システムが持つ

---

[25]　アンドリュー・ゾッリ，アン・マリー・ヒーリー・前掲注22，P.24。同書は，システムの持つスピードの違いについて次の例示もしている。
　「（グローバル化は，）全体像が把握できないほど広大で相互接続されたシステムの網を世界じゅうに張りめぐらせ，遠く離れたありとあらゆる事象に潜在的な依存関係をもたらすからだ。グローバル化はしばしば，一つの変数（例えば，資源の獲得や消費）のみを最適化し，それに付随する環境フィードバックを一時的に遅延させたり，覆い隠したりする。また，グローバル化は，時間軸が極端に異なる様々なシステムを結びつける―1000分の1秒で成立する金融取引，数年をかけて進化する社会規範，1000年単位で変化する生態学的プロセス。このような相互作用が深まるにつれ，混乱の原因と速度と結果がそれぞれ増幅し，現実に混乱が到来したとき，個人の生活，コミュニティ，組織，環境が感じる痛みも増幅するのである。」（同書）P.27，28。

適応サイクルを下地としてレジリエンスを理解することは有用であるとして，生態学者のＣ・Ｓ・ホリングの「適応サイクル」を紹介している。引用すると次のとおりである。

「このサイクルは，4つの局面に区分され，まず急速な「成長」から始まる。資源が集まって相互作用し，生まれたばかりの森のように構成要素が積み重なってゆく。ついで「維持」の局面に移行する。成熟が進んだ森のように，だんだんと効率よく資源をため込み利用できるようになるが，次第にレジリエンスの低下も進む。つぎは「放出」の局面だ。主に混乱や破壊をきっかけとして資源が消散し，最後に「再構築」にいたり，また新たなサイクルが始まるのである。」[26]

　これらの知見を気候変動問題に応用して考えてみたい。気候変動問題は，気候システムと社会，経済システムとが複雑に影響し合ったシステム問題と捉えることができる。もしわれわれがこれまでのやり方で経済成長を続ければ，経済発展の陰で，地球システムのレジリエンスは低下し限界に近づくことを意味し，温暖化の進展によって生活環境としての地球の限界を意識せざるをえない状況となる。これまでの気候変動に関する政府間パネル（Intergovernmental Panel on Climate Change：IPCC）の努力により，温暖化のメカニズムが明らかにされてきた結果，グローバルなコンセンサスとしてパリ協定が温暖化の緩和策として目標化されたこととなる（図表1-10参照）。

　2021年11月の国連気候変動枠組み条約締約国会議（Conference of the Parties COP）26開催の直前に公表された国連環境計画（United Nations Environment Programme：UNEP）のギャップ・レポートが，現時点までの各国の取組みの不十分さ（2100年に2.7℃の上昇の予測）を指摘し，1.5℃目標に向けて格段の取組み強化の合意を引き出した。結果，気候変動問題への対応は，第1ステージから，明らかに要求レベルの高い第2ステージへ移ることとなった。また，2050年までにネットゼロを達成するために，移行社会に向けての迅速な変化を先導するためにも，投融資の流れを変え，サステナブルファイナンスを進展させること，資金調達とGHG排出量との関係を踏まえた金融機関のエンゲージメントの強化によって投融資先企業のビジネスモデルの変革を促進させることが要請された。

26　アンドリュー・ゾッリ，アン・マリー・ヒーリー・前掲注22，P.25，26。

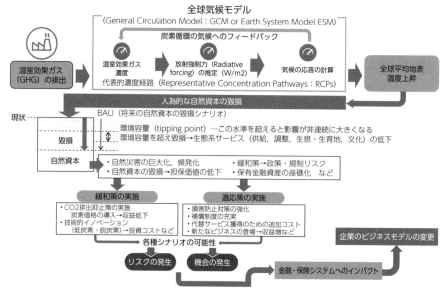

図表1−10 人為起源の気候システムの変化⇒地球温暖化による社会・経済基盤へのインパクト

（出典）後藤茂之編著『気候変動リスクへの実務対応』（2020年，中央経済社）P.28を編集

　地球温暖化に関わる経済への影響は，システム・ダイナミクスの視点から鳥瞰すると，IPCCが長年かかって解明した温暖化メカニズムを前提にしている。そして，温暖化を緩和するための脱炭素対策を炭素税に代表されるカーボンプライシングを通じて，気候システム，マクロ経済モデル，エネルギー需給モデル間の相互作用を働かせた統合モデルを前提に対策を打つ構造を創り出している（**第3章3**を参照）。つまり，企業の立場からすれば，これらの外部システムの変化によるインパクトを踏まえて企業のビジネスモデルの変革や長期戦略の検討をしなければならない。

(5) システム思考の環境・社会リスクへの活用

　複雑に見えるシステムの構造も，特定の基本パターン（「システム原型」または「一般的構造」と呼ばれる）が繰り返し起こっているものと整理することができる。このように見ることによって，複雑なシステムをシステム原型によって単

純化して理解し，成長の限界の構造を自己強化型ループとバランス型ループの関係から整理して課題への対応において重要な領域（レバレッジのある場所）を見つけやすくすることができる。

　もちろん実際には簡単なアプローチではない。アンドリュー・ゾッリとアン・マリー・ヒーリーが山林というシステムを収益性とリスクへ備えるためのレジリエンスの観点から描写している内容は参考になる。以下要約して紹介しておきたい。

「山林における収益性と，その収益性を最も大きく損ねる森林火災リスク防止との関連について，植林方法についての試行錯誤の様子を描写している。収益性を重視しようとすると苗木を狭い間隔で植えて密生させることになる。しかしこれでは，わずかに火の粉が舞っただけで全焼するリスクがある。リスクとリターンのバランスを保つために，苗木を狭い間隔で植えて密生させ，随所に林道を通す方法により，全体をいくつかの区画に隔てて，ある場所で火災が起きてもそれが全体に燃え広がるのを食い止めてくれるといった最適なデザインを描こうとする，と説明する。しかしながら，この方法は，予期される危険（森林火災）に対してはレジリエントだが，異国生まれの小さな害虫が輸入積荷に隠れて密航し長靴にしがみついて林道を歩く人について侵入し森を荒らすといった予期せぬ脅威（外来害虫）には，脆弱であるという複雑性を指摘する。」[27]

　このようなシステム思考を企業価値に関連づけて，著者なりに単純化して図式化してみたい。企業がある施策を実施し，企業価値に貢献していたとする。しかし時間が経過すると，成長を減速させる何らかの制約要因が発生する。この要因は，成長の自己強化ループを減速させる動きとなってバランス型ループを構成する。このように企業の成長を2つのループの相互作用として捉える。これは，自己強化ループに属する特定の要素を説明変数とする単純な線形モデルではなく，自己強化ループと制約条件の介在によるバランス型ループとの間の相互作用のシステムで説明する非線形モデルといえる（**図表1－11参照**）。

27　アンドリュー・ゾッリ，アン・マリー・ヒーリー・前掲注22，P.33～36。

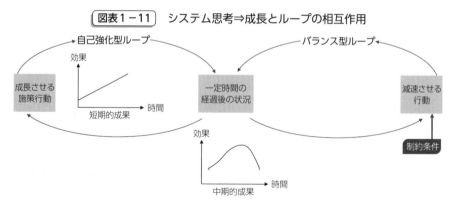

図表1−11 システム思考⇒成長とループの相互作用

【留意点】
■ 社会・経済の仕組みは単純ではない。複数のシステムの相互作用が繰り返されている動態的状況である。
■ 様々な制約条件は常に発生し，バランス型ループを形成する。
■ 持続的成長を目指すためには，成長の限界を自己強化型ループ，バランス型ループの相互作用として鳥瞰する中で，減速させている制約条件を洗い出す必要がある。
■ 長期的視点で考えるなら，短期的な対処療法では解決しない。根本的対応のためには，バランス型ループを形成した制約条件を抽出し，それを弱めたり，取り除く必要がある。
■ 現実の世界は，この動きの繰り返しである。常に発現の遅れやタイムラグの存在で変化に気付くのに遅れ，ゆでガエル現象が生ずる。小さな変化を見過ごすことなく，システム全体の視点から考えていく必要がある。

　成長の限界に対する課題に対して，単純に自己強化をより強くしようとしては，抵抗をさらに強めることになるかもしれず解決につながらないかもしれない。原因に対して的を絞った効果的な行動をとるためには，システム全体の根底にある構造を理解し，問題を生ぜしめている最も重要な相互作用を抽出し，制約条件を弱めたり，取り除くことによってより的確な解決に導くことが重要である。長期の企業価値について検討する場合にも，組織行動の結果生み出されるキャッシュフローのダイナミックな変化と捉え，その外部変化と企業の対応という要素間の相互関係を考察する必要がある。このようなシステム思考に立つと，企業活動の競争力といった企業独自のコンピタンスをより的確に理解することにつながり，企業というシステムの中に内蔵されたコンピタンスを発揮させ，企業が持っている競争優位に着目した自己の競争力の強化，組織の成長を促すことも可能であろう。
　またシステムに内在するビジネスモデルの成長に制限を加える様々な要素に

よってキャッシュフロー創出力は減速する。企業価値のシステムをネガティブなループに陥らせている制約条件を見つけ出し，企業戦略論の知見を踏まえた分析を加えることによって，キャッシュフロー拡大への復元力を高めるための検討が重要となろう。例えばマイケル・E・ポーターのポジショニング理論に基づきキャッシュフローに影響を及ぼす外的要因を5つの脅威（5 Forces）の変化という形で確認することも有効であろう。

　そして，内的構造への理解のため，ジェイ・B・バーニーの資源依存理論の観点から，活用できる自社の資源の強みがどのように機能して，当初の想定どおり機能しているのかを確認することも有用である。このように，キャッシュフロー低下傾向に影響を及ぼしたと考えられる外的要因と自社の資源投入のミスマッチの可能性を洗い出し，ネガティブループに導いた制約条件に対して対策を打ち，本来のシステムが持つレジリエンスを機能させることが重要となる（**図表1－12参照**）。

　ここで，気候変動のシナリオ分析の意味について考えてみたい。企業は，今日の社会が直面している地球環境に関わるシステムのレジリエンスを危うくする温

図表1－12 長期企業価値の変化をシステム・ダイナミクスの視点から捉えた長期戦略とリスク管理

システム・ダイナミクスから見た長期的な企業価値の変化（＝ビジネスリスク）のシナリオ

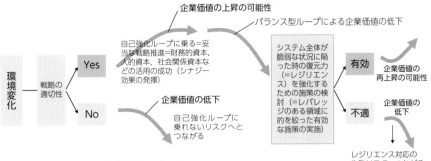

暖化を社会における企業活動の制約要因として強く意識して行動することが要請されている。企業は社会システムの中で存続しなければならず，社会的価値と経済的価値の両立を踏まえた長期戦略の検討が必要である。このように社会的価値に基づく制約条件を踏まえて企業価値の変化を予測し，対応策を検討することがシナリオ分析の前提となる。今日企業が進めている気候変動リスクのシナリオ分析の構造をイメージ図で示すと**図表１－13**のとおり整理される。

3　ソーシャルリスクへの対応

---

(1)　ソーシャルリスクとシステムのレジリエンス

　ESGリスクは社会システムの構造変化の中から登場した。ESGリスクへの企業の対応の失敗は，社会的問題に発展する可能性がある。つまり，リスクは社会，経済へ連鎖的に伝播し，広範で多大な影響をもたらすこととなろう。それゆえ，企業はESGリスクに対して「社会という文脈」を意識した対応が必要となる。また，最近のデジタル化，人の移動のグローバル化の進展した環境の中では，これらのリスクはシステミックリスクに発展していく危険もある。**図表１－14**で示したとおり，伝統的なリスクに加え，新たなリスクが社会へと急速に拡散しその影響が集中化し拡大しシステミックリスク化していく可能性は高まっている。

　日常生活や企業活動に広範な脅威を及ぼす災厄について考えてみたい。例えば，自然災害の典型である台風や洪水，地震を考えた場合，巨大な影響は，その災害が発生した地域の都市化や工業化などの要素が密接に関与していることがわかる。また，感染症によるパンデミックもグローバル化に伴う人の地域間移動や都市生活や企業活動の密集性といった社会的ネットワークの発達と無関係ではないことが明らかである。この意味からも，新たなリスクは，社会的ネットワークを通じてシステミックリスク性とソーシャルリスク性を有している。ソーシャルリスクへの対応を検討する際には，社会システムといった巨大で複雑なシステムの特徴を理解する必要がある。

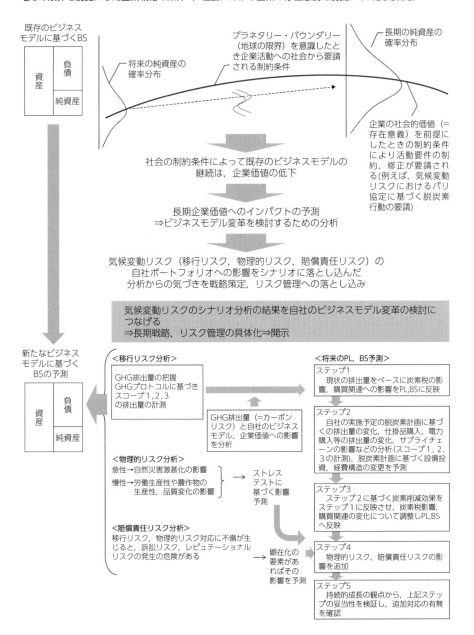

図表1－13　気候変動リスクのシナリオ分析の構造

地球の限界を前提にした企業戦略の条件（＝社会における企業の存在意義を前提にした長期戦略）

図表1-14　システミックリスクへの発展の危険性

社会的問題とされるリスクは，以前は自然災害や金融危機といった現象に代表されたが，最近は，デジタル化，人の移動のグローバル化により，現象の拡散と集中化が同時に進展している。

⊕ 危機現象	⊶ 共通の要素	✖ 集中リスク化	⚠ 巨大な影響
・自然災害	・台風の発生	・財・人の集積した場所を直撃	・財の毀損 ・操業停止
・金融危機	・サブプライムローン取引	・証券化により金融システムに拡散	・金融システムの不全が連鎖するリスクの発生
・サイバーリスク	・クラウドサービスへのサイバーアタック	・取引のデジタル化によりネットワークの拡散	・取引不全，レピュテーショナルリスクの誘発
・気候変動	・炭素税の導入 ・(移行リスク)	・エネルギー関連価値の上昇が拡散	・座礁資産化，自然災害の激甚化による金融システム，保険システムへの悪影響
・感染リスク	・新型コロナウィルスの発生	・人の移動のグローバル化とリスク心理により拡散・巨大化	・人の移動制限 ・イベント等の中止，実体経済への影響

「サイバーリスク」，「気候変動リスク」，「感染リスク」は，これまで企業経営が経験してこなかった，ソーシャルリスクであり，システミックリスクといえる。社会と企業の関係が変化する中で，長期的視点でソーシャルリスクへの対応を強化する必要がある。

(出典) 後藤茂之『リスク社会の企業倫理』(2021年，中央経済社) P.181に一部補足説明を加えた

　システムは，自ら構造化し，新しい構造をつくり出し，学び，多様化し，複雑化する能力，すなわち自己組織化の特性を持っている。人間の免疫システムを考えるとわかりやすい。人間は，これまで出会ったことのないある種の損傷に対して，新しい反応を構築する力を持つ免疫システムを作り出す。このように，自己組織化の能力は，システムのレジリエンスにとって最も強力な能力といえる。

　玉置久，藤井信忠，鳩野逸生は，レジリエンスをレジスタンスとリカバリを組み合わせたものと定義し，レジリエンスに共通するレジリエンス戦略について整理している[28]。参考になるので，抜粋して以下紹介する。

　レジリエンスの構成機能は次のとおり。
　レジスタンス：システムが外界の擾乱に対してその機能を維持すること
　リカバリ：システムが機能の一部を失った際にその障害から回復する能力のこと

28　玉置久，藤井信忠，鳩野逸生「システムとレジリエンス」P.20,『システム制御情報学会誌』Vol.60, No.1, PP.18-23, 2016。

共通するレジリエンス戦略は次のとおり。

冗長性：一部の機能不全に代替する部分を有すること

多様性：未知の脅威に対して多様な要素のどれかが生き残り，回復を可能にすること

再生：システムの古くなった要素を新たに作り直すこと

危機対応：想定外の事態が起きた場合のその状況を把握し，適切な対応をとること

　さて，このようにシステムのレジリエンスを捉えてみると，リスク管理の実務において改めて気づかされることがある。今後企業が自身のシステムより格段に大きな社会システムの変化をもその管理の対象としていかなければならない。その際，大きなシステムでは小さなほころびの蓄積がその後の大きな危険へと発展していくことに留意しなければならない。これはレジリエンスの高い頑強なシステムであればあるほど日常的な小さな混乱についてうまく対処できていることからしばしば潜在的な脆弱性に気づかないケースが起こりうることと無関係ではない。

　システムの持つ限界点を超えるまでは，ある範囲内の混乱はシステムが稼働することによって吸収してくれる。その安心感がいつしか決定的な閾値を超えたときの対応能力の補強を遅らせることになる。社会の中で存在意義を確認しつつ生き残っていく企業の戦略，リスク管理を考えるなら，このシステムが持つレジリエンスの状況の変化に着目したモニタリングが必要になる。同時に，企業のビジネスモデルとの接点が大きいシステムの破綻が企業活動に及ぼす影響に注意を払わなければならない。システムの変化は互いに関係なさそうな無数の小さなほころびが人知れず積み重なった結果であることも多い。全体像を把握しないままに局地的対応を繰り返していると思わぬ落とし穴にはまってしまう危険をはらんでいる。ソーシャルリスクへの対応を意識した場合，企業が身を置く外部環境といったシステムとそのシステムに影響を受けつつ共栄共存を図ろうとする企業内のシステムの相互連関，つまりシステム・ダイナミクスの視点も管理に加える必要がある。

　企業のこれまで経験したソーシャルリスクについて考えてみたい。システム自体は一定のレジリエンスを持っている。そしてシステムはヒエラルキーを持って

いる。ヒエラルキーとはシステムとサブシステムの配置のことである。ヒエラルキーは，最も低いレベルから高いレベルへと発展し，部分から全体へといった形で構成される。もしサブシステムが自らの面倒をおおむね見ることができ，自らを調整，維持できて，より大きなシステムのニーズに応えることができれば，また一方でより大きなシステムがそのサブシステムの機能を調整し向上させるならば，安定した，レジリエンスのある効率的な構造が生まれる。それゆえ，システムのレジリエンスを検証する際，部分ではなくシステム全体の健全性を把握しなければならない。

　全体像を見つつ管理する手法として例えば，金融業において発達したポートフォリオ管理がある。これは，簡単にいえば，個々の投資銘柄のリスク・リターンに基づく判断を下すのではなく，金融資産全体のポートフォリオとして管理するものである。このように相関性のある事象を統合的に管理することによって，本来ならば非線形で複雑な依存関係が単純化される利点がある。

　さらに統合リスク量を把握することによって，システム全体のリスクを明らかにすることが可能になる。しかし，通常統合リスク管理では，金融危機などの有事のシステミックリスクを反映しておらず平時のリスク管理には有効であるが，有事には機能しないケースがある。それゆえ平時の統合リスク管理と並行して，有事のリスク管理に備えるべくストレステストを実施し別途対応策を策定しておくという実務が定着した。

　金融危機は，金融システムのダイナミズムを監視できず，危機の到来を感知し，適切で包括的な処置を施し，補完機能を発揮するフィードバックができなかったために発生した。金融危機を教訓として，新たなレジリエントな仕組みも種々検討された[29]。

　金融システミックリスクに対するレジリエンスの向上のため，金融監督当局はグローバルでの検討を進め新たに多くの規制を導入し，二度と同様の事態を生じしめないよう対策を打ってきた。その中で，これまでとは異なる視点でのシステミックリスクに関する構造論議も進められている。この点については，**コラム２**（46頁参照）を参照いただきたい。

29　金融機関に対するガバナンス強化，リスク文化の醸成といった基本的な枠組みの強化に加え，ストレステストの強化や証拠金規制の導入，個々の金融機関に有事に備えたカウンターシクリカルな資本の蓄積を求める規制なども導入された。

(2)　ソーシャルリスクへの管理

　亀井利明は，ソーシャルリスク・マネジメントを次のとおり説明している。「自然的，社会的環境の変化により，リスクが社会化し，多様化，巨大化，国際化してきたことへの対応である。すなわち，ソーシャル・リスクマネジメントは社会化したリスクの合理的処理で，いろいろな経済主体の相互協力によって社会化したリスクを克服しようとするシステムである。」[30]

　リスク管理自体の定義は論者によって様々である。その発祥の地である米国では，「リスク管理は，組織に与える偶発的事業損失（Accidental and business losses）の不利益な影響を最小化するための決定を行うプロセスである」[31]と説明されている。

　リスク管理と危機管理の関係について，亀井利明は次のとおり説明している。「リスクや危機に適切に対応し，合理的に処理して，その被害や損害を最小限に押さえ，もって個人や組織のサバイバルをはかるための対策，政策，科学である。」[32]

　リスク管理プロセスは，リスクの特定・評価からスタートするPDCAサイクルである。企業のリスク管理の歴史は，その対象となるリスク拡大の歴史といえる。1930年代は保険をいかに効果的に使うのかといった点に主眼があった。つまり，保険が対象とする純粋リスク（価値の下振れのみの可能性）が主たる管理の対象であった。しかし，1950年代頃から投機的リスク（価値の上振れ，下振れ両面の可能性）の影響が意識されるようになり，1970年代以降は，純粋リスク，投機的リスクを対象とする管理に移行した。さらに1990年代以降は，企業の社会的責任や環境への配慮の必要性の増大，多発する不祥事への対応などを含む形で，リスク管理の対象範囲は拡大してきた。

　このような変化と並行して，当初経営管理は，企業の一部署の機能と捉えられていた。しかし，社会の変化や企業が引き起こした事件の社会への影響の大きさ

30　亀井利明原著，上田和勇編著『リスクマネジメントの本質』（2017年，同文舘出版）P.140。
31　G.L.Head,S.Hornは，Essentials of Risk Management,3rd ed., American Institute for Chartered Property Underwriters/ Insurance Institute of America, 1997, pp.4-5
32　亀井利明，上田和勇・前掲注30，P.3。

などから，企業が積極的にリスク管理機能を強化し経営管理体系の中核に据える
ようになり，今日の統合的リスク管理（Enterprise Risk Management：ERM）
として発展してゆくこととなる。時代の変化に伴いERMの概念も変化してきた。
COSO[33]がERMフレームワークを公表しているが，同フレームワークは，リス
ク管理の失敗事例を教訓にその枠組みの補強が行われ，ベストプラクティスを取
り込み何度か改定されている。

　今日のERMは，リスクをリターンの源泉と捉える。そして，リスクを適切に
選択して積極的にテイクすることにより，企業価値を向上させるための経営管理
の手段としている。そして，リスク，リターン，資本を計量化し，これらを経営
管理指標に追加し，他の財務指標と一体化して管理しようとしている。
　現在の経営管理には，企業価値の変化に対して事前にその価値の変動の要因と
なる要素を特定，評価し，企業破綻のような大事にいたるのを回避し，企業の継
続を維持できるように事前にリスクを処理し，その実効性をモニタリングし，必
要なら改善策を打つという仕組みがERMの中に構築されている。環境変化に伴
い新たなリスクが発生する状況は，エマージングリスクのモニタリングを通じて
経営管理に取り込まれ，そのインパクトについて，ストレステストなどの手法で
分析し，必要なら戦略の修正やリスク管理の強化が実施されるといった枠組みで
ある。その意味では，リスク管理機能は，環境変化に伴う新たなリスクに対する
自己組織化の機能を制度化している。ただポイントは，そのスピードが十分迅速
で実効性を伴っているかという点にある。リスク管理強化の主眼は，今後企業が
直面する変化を先取りして自己組織化をスピードアップさせることにある。

　さて，今日の社会・経済では，地球環境が変化し，技術革新が進展し，感染症
などの新たなリスクが登場するなど，予測を超える事態も多く発生している。こ
のような変化の中で，企業価値に影響を及ぼす要素は財務情報で十分カバーしき

33　米国トレッドウェイ委員会組織委員会（The Committee of Sponsoring Organizations of the
　Treadway Commission：COSO）は，リスク管理についてのより深い理解と定義の研究に着手
　し，2004年9月に全社的リスクマネジメント―総合的ワークフレーム（旧COSO-ERM：
　Enterprise Risk Management-Integrated Framework）を公表した。その後，2017年9月に改
　定ERMフレームワーク（Enterprise Risk Management - Aligning Risk with Strategy and
　Performance）が公表されている。

れない。非財務情報の開示要請が高まるとともに，企業も経営の枠組みの中に非財務要素を組み込んでいこうとしている。その管理対象が広がれば広がるほど，必然的に企業は経験知の少ない新たな不確実性に直面することとなる。

　経済のグローバリゼーションをデータ通信技術の発展と金融の国際化が促進させた。国家や国境を越えた情報・資金の移動を促進するための資本の移動に関する規制が緩和された。そして，デジタル技術の発展がさらにグローバリゼーションを進展させている。このようなグローバル化とデジタル化の進展は，発生した危険を社会全体に急速に伝播させる。このように社会的なリスク（ソーシャルリスク）としての様相をもったリスクへの対応は，個人，地域社会，企業，行政，グローバル社会などが連携して取り組まなければ解決できない。

4　経済学，社会学の視点を包摂したリスクへのアプローチ

　現代を人類の営みが地質学的なレベルで地球に多大な影響を与えている事実を捉えて「人新世」[34]と呼ばれている。地球の限界（Planetary boundaries）を意識した意思決定が今われわれに求められている。そして，これまでの考え方を大きく変更すべき時期にきているという認識が高まっている。このように地球レベルで起こっている変化を踏まえ，これまでの価値観を変革しなければならない。
　このような流れの中で，企業の社会との関係が改めてクローズアップされている。人類の発展と経済活動が切り離せない関係にあり，その活動が地球レベルの課題を生んでいる現状においては，企業活動と社会的課題との関係を避けては通れないことにまず向き合う必要がある。
　国連は，社会問題を解決し，持続可能でよりよい世界を目指すための17の目標と各目標に関する169のターゲットとしてSDGsを設定した。この目標は，旧来の

34　ノーベル賞受賞者ポール・クルッツェンが提示した「人新世」という概念は，これまで世界の発展を可能にする非常によい生活環境を過去1万年にわたって人類に提供してきた「完新世」と呼ばれる間氷期から離脱することを意味している。「人新世」は，250年前の産業革命から始まった。19世紀前半以降，10億人未満から現在の80億人になったという前例のない人口の急増に伴って，天然資源の消費増大や，化石燃料への依存が途方もなく膨張するといった多くの社会変化を引き起こしている。

価値観を更新し，これまで埋もれていた価値を可視化することにもつながった。社会が行う価値評価のあり様を変えるものといえる。そして，今後の社会の方向性と社会の中の市民としての企業のあり様，社会と企業の共栄共存の実現といった問題を考えたとき，企業にとっての社会的価値と経済的価値との関連のあり様を改めて見直してみる必要がある。

　企業が仮にSDGsへの取組みを事業とは切り離された社会貢献と位置づけてしまうと，事業を行うだけで精一杯で社会貢献まで手が回らないといった考え方が出てくることとなる。しかし，SDGsは，持続可能な世界をつくるという社会の要請を事業を通じて解決しつつ自社の成長にもつなげていくことを企業に求め，それを企業の社会における存在意義と考えている。つまり，今後の社会は，企業に社会的価値と企業の経済的価値の両立の検討を要請していることをまず理解する必要がある。

　SDGsの特徴は，社会課題に対応する主体として，従来の国際機関や国，地方の政府に加え，企業を重視している。社会は，理念や法律，制度だけでは変えられない。すなわち，SDGsの達成は，国や行政のみの力では達成できない。社会を動かす大きな力である経済のあり様自体を変えていく必要がある。この点は各国の財政予算規模の経済全体に占める割合を考えても理解できる。ここで，経済の力とは，持続可能な社会をつくるという目標に沿った消費活動や企業活動，それを後押しする金融（サステナブル投資など）を含めた関連する全ての活動を意味している。

　SDGsは，課題解決のための企業の創造性とイノベーションに期待し，社会の持続可能性に貢献し，かつ企業価値を上げていく企業活動を求めていることとなる。

　企業活動は将来への働きかけである。つまり，不確実性の中から損失の可能性を適切に管理し，収益機会を探り，価値創造につなげていく活動といえる。現代企業は，経済的価値に加え，社会的価値の向上は活動を通じて実現していく必要がある。そして，リスクを積極的にとらない限り，価値創造はできないことも自明である。

　本書の主たるテーマであるリスク管理を検討するにあたって，まず経済学におけるリスクと，社会学におけるリスクの概念を整理しておきたい。経済的価値と社会的価値の向上を検討する際の基礎になるからである。

　経済学においては，経済主体が将来事象に対して合理的に期待を形成して意思決定を行うものという前提を置いている。将来のシナリオは無数に描けるため，実際の結果はわれわれの期待とは必ずしも一致しない。そこで経済主体は期待値と結果との乖離の可能性をリスクという概念で整理する。経済学者フランク・ナイトは，期待値より好都合，あるいは不都合な事象の発生確率が客観確率によって測定可能（Measurable）なのか否かによって区別する。つまり，可能なものをリスク（Risk）とし，不可能なものを真の不確実性（True uncertainty）として区別した。

　経済学やリスク管理論では，価値の変動を受ける可能性のある側（リスクの負担者）から考察し，その変動を量的に把握しようとする。そして利益・不利益両方の可能性があるビジネスリスクに対して合理的対策を検討しようとする。

　なお，保険論では，保険の対象として不利益や損害のみを被る可能性（純粋リスクと呼ぶ）を扱っている。そして，損害形態とその発生原因となる危険との関係に着目して分類し，人的リスクに伴う人的損害，物理的リスクに伴う物理的損害，責任リスクに伴う賠償責任損害などと区分して保険商品を管理している。

　これらの関係を整理すると，**図表１−15**のとおりである。

　グローバル化の進展と技術革新による生産性の向上により，経済は飛躍的に発展した。過去50年の間に，世界の人口は２倍になり，GDPは５倍になったことがそれを物語る。しかし，それと同時に，例えば，化石燃料の燃焼に伴う地球温暖化に代表される地球環境への悪影響，経済格差の拡大に伴う社会の仕組みの歪みといった大きな問題を提起した。このような環境への負荷，社会的歪みの拡大の中で，新たな不確実性が拡大している。かつての経験則が必ずしも適用できない事象が増えている。われわれはこのような高い不確実性の下で合理的な判断と意思決定を求められている。

　企業と社会との関係の下，企業の社会的責任に関わるリスクを取り扱おうとすると，社会学の知見が参考になる。社会学では，社会構造に着目し，リスクを社会と人間との関係を踏まえて捉えようとする。つまり，個人や社会のリスクの認知の差異に着目し，社会が抱えている問題を理解しようとする。これらを概念化し，その背景にある社会の構造とそのドライバーを理解し，社会変容のメカニズムやプロセスの分析を通じて未来を合理的に予測するためにリスクを取扱う。代

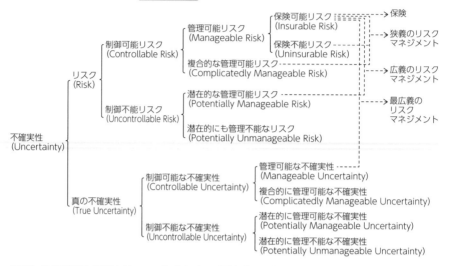

図表1-15　危険類似概念の整理

(出典) 亀井利明編『保険とリスクマネジメントの理論』(1992年，法律文化社) 第2章，玉田巧「保険の一般理論」P.9より

表的な2人の社会学者（ベック，ルーマン）の考え方については，**コラム3** (51頁参照) を参照願いたい。

人工的システムへのシステム思考

　人工的に作られたシステムに対してシステム思考を適用してみたい。例えば，電気に関わる技術領域は非常に複雑で高度な技術が組込まれている。送電線網[35]について考えてみる。

　電気は，大量に蓄えておくことが難しく[36]，抵抗の少ない経路に流れていく。それは，所々に水門が置かれた水路のネットワーク内を水が光の速度で流れるイメージである。送電線の一部に混雑が生じている場合，電気は迂回して最終目的地に到達する。しかし，この送電線網は温度変化により電気の伝導率が変化するため，季節に応じてシステムに流す電気の量を調整する必要がある。ネットワーク内で電気を流通させるシステムでは，電力需要の変化や気象の変化にも対応し，1日のなかでの変動要因，年間を通した変動要因，各土地の特性，イベントによる超過電力需要など，さらに送電線の故障や落雷などの自然現象に起因する電圧変化に対して自動制御，人的な調整で対処しなければならない。

　スマートグリッドの父といわれるミネソタ大学のマスード・アミン教授によると，送電系統の管理体制に必要な要素は3つあるという。①リアルタイムの監視，②予測の精度を高めること，③システム障害を察知したらすぐに故障箇所を切り離す分離可能性である。スマートグリッドがセンサーとインテリジェントシステムによってさらに進化し，人間と同じような「固有受容感覚」[37]に近づくことが理想形になるといわれている。

35　アンドリュー・ゾッリ，アン・マリー・ヒーリー・前掲注22，P.96〜120を参考にした。

36　ほとんどの電力は生産されてから1秒以内に消費されるといわれている。

37　人体は「固有受容感覚」という機能を持っている。これは，空間における自己の体の位置を認識する機能のことである。われわれは，空間における体の位置を把握するのに必要な情報を視覚から入手している。しかし，例えば，今自分の手足がどのような状態にあるかといったことは，視覚に頼らなくても認識できる。固有受容体と呼ばれる特別なセンサーが体じゅうにあって，位置情報を常に脳に伝達している。脳はその情報を記憶し，視覚その他の感覚器が知らせてくる他の情報と照合する。こうして，たとえ自分の手足や体を実際に見ていなくても，空間上の体の向きに関する情報を合成することができる，という。

44

　これまでの電力は，幅広い需要者が大型の発電所という資源を共同利用する形態であり，大型の発電所で集中的に生産され，数十マイル先の需要者に届けられる仕組みである。しかし，今後再生可能エネルギーに置換されてくると，風力や太陽光，水力を用いた小規模発電によって地域内で効率的に生産されるようになってくる。そこでは，電力の長距離輸送は必要なくなる。その代わり，自律的で小規模な送電系統が，都市のブロックごと，あるいは住宅ごとといった小さいブロックごとに細分化される必要がある。この場合，「マイクログリッド」と呼ばれる進化型の電力供給システムは，コンピュータ端末が大規模な集中処理機構に依存する仕組みになっている。すなわち，消費者はプールされた電力をダウンロードするだけではなく，余剰分をアップロードするようになる。エネルギーのプラットフォームは個人による電力の生産と消費の流通市場になる。中央制御機構は存在せず，群れをなす送電系統には，準自治的な小さなユニットが集まって全体を構成するシステムとなる。

　システム内で生じる現象のメカニズムをより体系的に理解するために，システム思考が適用されてきた。そして，様々な領域の知見が参考にされ，システム思考を発展させてきた。アンドリュー・ゾッリとアン・マリー・ヒーリーは，生態学の社会システムへの応用の事例に触れている。他領域からの知見と比較することによって新たな気づきを得られることも多い。システム思考において参考になるので，以下要約して紹介したい[38]。

　理論物理学者のジェフリー・ウェストは，生態学を研究していたジム・ブラウンとブライアン・エンキストと組んで，生命体の普遍的なスケーリング法則を見つけ出そうとした。これは，例えば，ネズミは比較的小さな動物であるため，代謝率[39]がかなり高く，心拍が速く，寿命が短い。一方，人間，さらにゾウは，相対的に大きく，代謝率が低くて，心拍が遅く，寿命が長い。このようなスケーリング法則があらゆる形態の生命を司っていることを明らかにした。ウェストはこの法則を社会システムへの応用について検討した。例えば，都市の規模が大きくなると，必要とされるガソリンスタンド，道路，電線は比率的に減少する。その減少率がどの都市でも同じであることを確認した。

38　アンドリュー・ゾッリ，アン・マリー・ヒーリー・前掲注22，P.126〜130を参照した。

39　代謝（メタボリズム）とは，体内で起きる一連の複雑な化学反応であり，大きくは2つの過程からなる。脂肪や炭水化物といった有機物を分解してエネルギーをつくりだす異化作用と，そのエネルギーを使ってタンパク質や核酸といった細胞の構成要素を合成する同化作用である。

　生物学においては，スケールが拡大するにつれ，生命体の生きるスピードが遅くなるのに対して，都市は逆にスピードが速くなる。大きな都市ほど，市民の収入は高く，より多くの特許が発生する。また，凶悪犯罪の件数や交通量も多くなる。そして，大きさと速さが増すことによって，都市の効率は高まることとなる。

　生命体は成熟期に達するとＳ字曲線に従い成長をやめる。しかし，都市の成長は富を莫大なものにするとともに，他方で病気に感染する人々の数も汚染を撒き散らす人々の数も大幅に増やす。何らかの適応策を講じなければ，幾何級数的な単一の成長曲線を描きシステムは崩壊する運命にある。そうならないためには，次にやってくる状態に向かってイノベーションを起こし，時間軸を再設定しなければならない。このプロセスを乗り切るためには，成長中のイノベーションの波から水平線でうねりをあげ始めたもっと大きな成長曲線の波に移行する必要がある。そして，成長するスピードが加速するのに応じて，イノベーションを創出するスピードも加速する必要がある。

金融システミックリスク分析

　システミックリスクに関する論議は，2007年以降の金融危機の発生の教訓を活かし二度と同様の事態を発生させないため，各国の金融規制当局は連携して対策を協議する中でさらに深められた。これまでは，金融システムを不全に陥れるシステミックリスクについて，ある巨大な金融機関の破綻がきっかけになりドミノ倒しのように金融システムに伝播する事態を想定していた。それゆえ，巨大な金融機関の破綻を防止することが金融システムの不全を防止することと同義として対策が打たれる流れにあった。しかし，金融危機における状況が銀行業とは異なっていた保険業界では，これまでの論議とは異なる視点，すなわち，金融取引自体のつながりを重視した対応の必要性が提起された。

　システミックリスクをどのように捉えて対応を取っていくかという点で，重要な視点を提供してくれるものと考えられるので，この論議を振り返ってみることとしたい。

⑴　金融危機の経緯

　2007年8月9日仏大手銀行BNPパリバがサブプライムローン[40]関連の証券化商品を組み込んだファンドの解約停止を発表した。個人投資家が銀行窓口に殺到するといった事態に発展した。これまで住宅ローンを元にした高利回りの証券化商品を，欧米の投資家はこぞって購入していた。証券化商品は高い格付けを得ていたため，投資家は安心していたが，このパリバ・ショックを発端として金融界は疑心暗鬼となった。これ以降サブプライムローン問題は深刻化し，2008年9月のリーマン・ブラザーズの破綻によるショック，さらに2010年以降の欧州財務危機（ユーロ危機）へと波及し，グローバルの金融システムを揺るがすこととなった。

　各国政府は金融システムの維持のため，多額の税金を投入し破綻金融機関を救済した。本来住宅ローンを提供されることのなかった借主にローンが提供される背景になったのはローンの担保としての米国の不動産価格の上昇であった。当該ローンは証券化商品や金融保証商品など様々な金融商品の中に組み込まれた取引が拡大し

40　米国の信用度の低い借り手向け住宅ローンのこと。ローン会社は，信用度を補強するため，住宅や車などを担保にして，当初数年間は低めの固定金利を適用したり，利息だけの支払期間を設定するなどの条件をつけて借りやすい形を提供していた。担保物件の価値が上昇している間は，信用度の低さは実質隠れていたが，担保物件の価値が低下すると，本来の信頼度の低さといったリスクが発現することとなった。

世界の金融会社のポートフォリオに組み込まれていくこととなった。しかし，不動産価格が下落するとともに本来のローンの信用リスクが発現して，金融危機に発展していく。このように，あるリスクが次々と他のリスクに伝播し，システム全体に波及していくリスクのことをシステミックリスクと呼んでいる。

⑵　システミックリスクの論議

　G20および金融安定理事会（FSB）は，2011年に金融危機以降のマクロ・プルーデンス対応として，システム上重要な金融機関（SIFIs）に関連するシステミックリスク及びモラルハザードリスクに対処するための一連の政策措置を公表した。保険分野の対応としては，保険監督者国際機構（International Association of Insurance Supervisors：IAIS）が，グローバルなシステム上重要な保険会社（G-SIIs）を特定し，追加規制を課す枠組みを検討してきた。FSBは，IAISにより開発された評価手法を用いて選定されたG-SIIsの最初のリストを2013年に公表している。G-SIIsのリストは，新しいデータに基づき毎年更新され，11月にFSBより公表されることとし，2014年から2016年にG-SIIsリストの更新を公表した。

　2016年にIAISは，G-SIIs指定の枠組みを検証し，３年周期で見直す方針とした。
　これまでの指定の枠組みは，企業ベースのアプローチ（Entity-Based Approach：EBA）と呼ばれるものであった。これは，主に「保険会社の規模」，「相互関係の程度」，「非伝統的な非保険商品への取組状況」，「代替性の程度」，「国際活動の規模」の５つの要素を考慮している。

　EBAに関しては次のような批判があった。すなわち，保険会社の規模を基準に機械的に当てはめ決定する傾向があり，システミックリスクが拡大しうる行動や経路に焦点が当てられていない。また，システミックリスクが拡大するのは，保険会社や銀行といった典型的な金融機関のみに起因するものとは限らない，というものである。

　このような背景から，システミックリスク評価をセクター間で整合的にし，G-SIIsの評価手法の見直しにつなげるため，2017年２月に，システミックリスク評価タスクフォース（SRATF）を立ち上げた。

　保険業界の活動に焦点を当てたアプローチ（Activities-Based Approach：ABA）の検討を求める声の高まりを踏まえ，FSBはIAISに対して，保険会社の活動の中身を正確に特定するための検討を求めていた。IAISは，2017年12月８日付けで「システミックリスクに関する行動ベースアプローチに関する中間市中協議書」を公表し論議を進めた。ABAとは，保険，再保険，非保険活動に関し，会社横断的な類似の行動によって，システミックリスクに発展する可能性を検討するアプローチの

48

ことである。

EBAが，個々の会社（特に規模の大きな会社）が破綻することによる金融システムに与える影響を重視しているのに対し，ABAは，各社の破綻を要件とせず，複数の会社間での類似の行動が連鎖・集積する結果，金融システムに及ぼす影響の大きさに着目するものである。このアプローチをとることによる，システミックリスクへと発展する行動に対する政策論議が可能になるメリットも確認された。

ABAの検討にあたっては，流動性リスク，マクロ経済的エクスポージャー（市場）リスク，信用リスク，その他の集団行動に分けて整理する。

例えば，保険会社が，保有する証券担保による現先取引を行っていたとする。保険会社の流動性の悪化による本取引の解消がカウンターパーティへの流動性に影響を及ぼす（流動性リスク）。

マクロ経済の悪化が保険会社のバランスシートを悪化させたとする。保険会社のポートフォリオが類似性を有するがゆえ，リスクオフのための似通った行動を誘発し，市場に過度の影響を及ぼす可能性がある（マクロ経済的エクスポージャー）。

また，外因・内因を問わず，あるイベントから保険会社の経営が悪化し，その対策のため同様な行動（保有アセットの広範な解約，再配分等）によってシステミックリスクを誘発する（その他の集団行動）。

EBA，ABAの特徴を比較すると，次頁の表のとおりである。

EBA，ABAの論議も経て，保険分野の最終結論として，2019年に，新たな代替策，「保険セクターにおけるシステミックリスクの評価及び削減のための包括的枠組み（Holistic framework）」が提示された。これは，特定された個別の事業者の破綻だけでなく，複数の事業者の集合的な活動によるリスクの伝播・増幅も対象とし，監督者による措置（介入権限，危機管理グループ設置，破綻処理計画策定等）や保険会社による措置（流動性リスク・カウンターパーティーリスク管理，再建計画策定等），及びIAISによるグローバルなリスクモニタリング（保険セクターレベル，及び個別保険会社レベル）の実施等を規定している。

図表　EBA，ABAの特徴

比較事項	EBA	ABA
評価の類型	■ 個社の破綻の影響が金融セクターや実体経済にどのように反響するかが焦点。 ■ システミックリスクによる個社の垂直的評価と他社との相対的評価。大規模な保険会社に焦点を当てた破綻の影響度分析が中心。	■ 必ずしも破綻が要件ではないが，セクター内で同時発生した経済的損失や破綻会社の評価を含む。 ■ 個社の破綻とは別に，金融セクター，実体経済に負の結果を招く行動やエクスポージャーに焦点を当てる。 ■ ここでは，個社の破綻の規模には大きな関心はなく，市場横断的にある行動が集積する点に関心がある。累積する個社の数自体は，些細な事項といえる。影響が及ぶグローバルマーケットの範囲や地理的範囲，法域の範囲に関心があり，特定のリスクに関する集積度合に関するシステミックリスクの水平的評価を実施。
インパクトの類型	ドミノ・ビュー（直接的視点）： 個社の破綻が他社に伝播するといった視点。	津波・ビュー（間接的視点）： 共通のエクスポージャーが連鎖の原因になるといった視点。
IAISの政策ツールの適用範囲	システミックリスクにかかわる会社に対して，システミック管理計画に記述された措置を追加政策として適用。	原則システミックリスクにかかわる特定の行動に対し，重要性の原則を踏まえた政策を適用。
リスクカテゴリーの評価	保険会社の規模，国際的活動の度合，代替可能性，カウンターパーティとマクロ経済的エクスポージャーにおける相互連関性の評価。	マクロ経済的エクスポージャーや資産売却等に関する伝達ルートごとの評価。

（出典）IAIS『Activities-Based Approach to Systemic Risk Public Consultation Document』（2017年12月8日）p.32「Annex Comparison between ABA and EBA」を抄訳

　その結果，従来のG-SIIsの枠組みは特定の事業者だけに適用されていたが，新たな枠組みでは，幅広い事業者を対象に政策措置が比例的に適用されることとなる。なお，本枠組みの見直しまでの間，G-SIIs年次選定は停止されている。

⑶　金融危機と気候変動

　世界的な金融危機の背景に金融機関による投資先企業のコーポレート・ガバナンスなどのチェックが不十分であったことが指摘されている。2010年にイギリスで機関投資家のあるべき姿を規定したスチュワードシップ・コードが制定された。

　状況は異なるが，中央銀行や金融監督当局は，気候変動を金融システムの安定化に対する新たなリスクとして認識している。金融危機の発生を予測できなかった金融当局のモニタリングの失敗によって，複雑なダイナミクスと連鎖反応を伴う物理的，社会的，経済的現象に関連する不確実性は，過去のデータから導出されるパターンでは予測することはできないという経験をした。監督当局は，このような結果を回避するために，シナリオ分析を用いた前向きな分析（ストレステスト）を活用している。

　同様に気候変動リスクの金融システムに及ぼす可能性に着目して，監督当局は，気候関連のリスクに対する理解の向上を図るなどの役割を果たす必要があると考えている。そして気候変動に関連する複雑な集団行動への対策には，政府，民間部門，市民社会及び国際社会を含む多くの主体の間で行動を調整することが必要となる。

　システミックリスクにはいくつもの構造変化が積み重なった結果，システムの脆弱性が顕在化したときに起こると考えられている。システムの構造が大きく変化するような気候変動といった事態には，これまでのシステミックリスクの経験も参考にし，シナリオに基づく分析（ストレステスト）を実施することが有用であろう。また，気候変動のようなグローバル社会を巻き込む社会への様々な影響を想定するなら，ソーシャルリスクの視点から対応していく必要がある。

社会学から見るリスク

　企業は今後，経済的価値に加え，社会的価値を意識して事業戦略やリスク管理を実践していく必要がある。企業価値の変動（＝リスク）を扱うリスク管理の世界でも，社会といった文脈との関係でリスクを考えていかなければならない。その際，社会学におけるリスクの見方は参考になる。ウルリッヒ・ベックとニクラス・ルーマンの2人の社会学者の知見を整理しておきたい。

(1)　ウルリッヒ・ベックの考え方

　ベックは，リスクに囲まれた現代社会を「リスク社会」と命名した。これには，次の3つの特徴が提示されている。つまり，

- 地理的・場所的な境界がなく，グローバル化している点
- その原因や因果性を突き止めることが困難である点
- 民間企業の保険や国家による補償が困難な点　　　である。

　ベックは，産業社会がもたらす負の側面（環境汚染や放射線被爆，遺伝子組換等）への対処をおろそかにした結果生じたリスクの存在に着目した[41]。

　このリスクのことを，人間の行為とは関係なく降りかかる「自然的リスク（Natural risk）」に対する概念として，人間の手が加わった「人為的リスク（Manufactured risk）」[42]と呼んでいる。つまり，科学技術による便益向上の裏にはリスクがある，といった視点を強調した。そして現代は，原発事故や鳥インフルエンザなど，時代が進むにしたがって保険制度などによってカバーできないほどの大規模なリスクが次々に増え，それらが時に連鎖し，リスクが波及する。これは，社会の「富の分配」とは異なる，「リスクの分配」として認識されるべき問題である，と警告している。さらに，「現代的リスクは，環境汚染，薬害，コンピュータウイルスなど直接に知覚できないもの（「非知のリスク」）に向かっている」と指摘している。

41　ウルリッヒ・ベック『危険社会』（東廉，伊藤美登里訳，1998年，法政大学出版局）。原本は1986年刊行。

42　ベックは，人類は，病気や老いなどの個人の力ではどうしようもない生物学的な問題や，自然災害をもたらす自然そのものに対して恐れ，不安を感じていた，とし，このような古典的なリスクをコントロールしようとして，人類は科学技術を進化させ，近代が誕生した，とする。そして，後期近代において，近代そのものが生み出した科学技術や社会制度が発生させるリスクが，人類を脅かすといった事態が発生した，とする。そして，それを再帰的近代と呼び，その再帰的近代がもたらした新しいリスクが充満した社会をリスク社会（Risk society）と呼んでいる。

52

　この非知の概念は，その後さらに整理がなされ，次の２つの分類，すなわち，①確実な科学的知識になっているもの，科学的知識にはなっていないが，どの部分が非知であるかが明らかになっている「特定化される非知」と，②その区別もできていない「特定化されていない非知」が区別されている。このように分類することによって，科学的知識の限界や盲点を洗い出し，制度的対処の必要性を検討する際の効果的なコミュニケーションを検討する際に役立てられている。

　社会は様々なリスクを生み出す[43]。最近企業が経験した３つの脅威，すなわち，サイバーリスク，気候変動リスク，新型コロナウイルス・パンデミック[44]をベックのリスク社会との関係で整理してみた。これらの新たなリスクは伝統的なリスクとは明らかに異なる特徴を有することである。その特徴として，次の共通点を抽出することができる。

● 脅威の影響範囲の拡大（企業が考慮しなければならない外部経営環境）
　サイバー上に展開されるネットワークの拡大，気候システムという地球規模の循環システムの連関，新型コロナウイルスによって引き起こされるグローバルの社会・経済への連鎖を考えれば，影響範囲の膨大さは明らかである。
● ハザードの動態的変化
　サイバー攻撃とセキュリティ対策は常にイタチごっこの様相を呈している。気候変動における各国の緩和策，適応策が今後の地球システムの非連続な反応を生んでゆく。また，ようやくワクチン接種の段階に入ったとはいえ，ウイルス自体の変異と人の免疫力との攻防も不透明で動態的である。

　今日われわれが経験するこれらの脅威は，新たなリスク社会到来を予感させる。「リスク社会」という用語を最初に提示したウイルリッヒ・ベックがリスク社会の特徴として提示した前述の３点を３大脅威は共有している。

---

[43]　ダボス会議で毎年発表される重要リスクにおいて，2020年には気候変動を含む環境問題がトップを独占するという大きな変化があったが，2021年には感染症の脅威が環境問題の中に分け入ってきた。このように，長期的視点で重要リスクを眺めたとき，新たなリスクの登場を常に意識しなければならない。
[44]　これらのリスクの特徴については，詳しくは，後藤茂之『リスク社会における企業倫理』（2021年，中央経済社）第Ⅳ章（P.129～172）を参照。

　３大脅威はリスクの視点から，①不確実性の高さ，②時間軸の壁，③システミック要素の拡大の３点の特徴を具備しているものと考えられる。

⑵　ニクラス・ルーマン[45]の考え方

　ルーマンは，リスクを「危険」や「安全」に対比させるのではなく，社会システム自体の持つ生命システムとしての働き[46]に着目し，リスクはこの構造の隙間やきしみから偶発的な出来事によって付随して起こるものと考えた。そして近代社会は，自由で自立し主体的に意思決定できる個人を前提にした個人化の進行が，価値観の多様化と，同時に社会連帯の重要性を提起している。豊かな社会では生活の自由さや快適さを確保する欲求が高まり，これが侵されることに対す不安意識から安全・安心に敏感になる。

　ルーマンは，未来の損害の可能性について，自らが参画した「決定」の帰結とみなされる場合と，自分以外の誰かや何か（社会システムも含む）によって決められた結果，自分に降りかかってくる場合（自分自身のコントロールの及ばない原因に帰属される場合）とを区別する。ルーマンは，前者のケースを「リスク」と後者の場合を「危険（Gefahr）」と呼び区別した[47]。

45　ニクラス・ルーマン『講義録（1）システム理論入門』（ディレク・ベッカー編，土方透監訳，2007年，新泉社），小松丈晃『リスク論のルーマン』（2003年，勁草書房）を参考にした。

46　社会システム理論は，マックス・ウェーバーの枠組みを出発点に，米国の社会学者タルコット・パーソンズによって打ち立てられた。それを社会哲学者ユルゲン・ハーバマスが応用的に展開し，1960年代にハーバマスに論争を挑んだ社会学者ルーマンによって理論的枠組みが強化されたという流れを持つ。

　ルーマンは，特に免疫的なシステムの謎を解くための概念として考え出された生命システム（オートポイエーシス）に着目している。つまり，生命が「非自己」を活用しつつ自己組織化をとげながら，それでもシステムとしての「自己」を環境の内外で保持している。そこには「自己を再生産するための自己準拠」や「自己による自己再帰」の仕組みがある。生命は自分自身についての「自己言及」をしながらもそこに生じる自己矛盾（コンフリクト）をたくみに超越する仕組みである。

54

そして，伝統的なリスクは，自ら下した意思決定を通して利益獲得を目指すことと引き換えに，被る損害もまたみずから引き受けざるを得ないという関係になるが，例えば環境問題などのような新しいリスクの場合には，その将来的な健康被害の可能性に関して知らない（非知）ため，コミュニケーションが重要なテーマとなることを指摘する。

(3) 今後のリスク管理への参考

ベックもルーマンも社会構造に着目し，リスクについて，社会と人間との関係を踏まえて捉えようとしていることがわかる。社会をシステムの視点で理解する意義は，社会が抱えている問題を理解するために，その問題を概念化し，その背景にある社会の構造とそのドライバーを理解し，社会変容のメカニズムやプロセスの分析を通じて未来を合理的に予測するのに有用と考えられているからである。今後の社会・経済の変化とそれに対応するリスク管理を意識するなら，社会学の視点に留意することは重要である。

伝統的リスク管理の世界では，主として経済学に基づくリスクの概念を中心に経済的価値に関連するリスクを取り扱ってきた。しかし，今後企業は社会的価値との両立を図っていかなければならない。そして，長期的視点に立てば，社会的価値が企業活動にプラス・マイナス双方の影響を及ぼし，経済的価値に反映されてくるとするならば，社会学上で研究されてきた視点に留意する必要がある。社会学と経済学上のリスク概念とリスク管理上の留意点を次頁の図表に整理することができる。

47　ルーマンの考え方に従えば，例えば，建物が地震に弱い造りになっていることを知っていて引っ越すこともできたのにあえてそこにとどまり，ありうべき損害が自分の決定に帰属できる（自己帰属）なら，それは「リスク」である。他方，建物の倒壊によって被る様々な損害を，地震が起こったという「自然」の出来事に帰する（外部帰属）のなら，未来における建物の倒壊の可能性は「危険」ということになる。ルーマンは，このようにリスクと危険の概念を区別することによって，一義的には，能動的に自分の選択によって関わる場合の危険性（リスク）と，受動的に，みずからの自由意思や選択によらずに関わってしまわざるを得ない場合（危険）を区別する。したがって，リスク/危険の区別は，単に能動的か/受動的かということではなく，（社会的な）観察の様式の相違である，と考えている（小松丈晃『リスク論のルーマン』(2003年，勁草書房) P.31〜34を参考にした）。

【図表】　リスク概念の整理

社会学上の分類	経済学上の分類	リスク発生頻度による分類	リスク認知に基づく分類	リスク管理の枠組みにおける対応領域
確実な科学的知識（ルーマンのリスク）	ナイトのリスク	Probable	既知リスク	定量的アプローチによる管理
特定化される非知（ルーマンのリスク）	ナイトの真の不確実性	Possible	未知の既知リスク	定性的アプローチ（ストレステストによるインパクトの把握）
特定化されない非知（ルーマンの危険)	ナイトの真の不確実性	Unthinkable	未知の未知リスク	エマージング・リスク・モニタリングによる新たなリスクの発見

第 2 章

企業価値創造と
非財務情報の開示

58

1 無形資産の重要性の拡大

(1) 無形資産の会計上の取扱い

　無形資産は，会計の概念であるため，その認識と測定のルールが設定されている。現在も，無形資産の概念をめぐって論議が続けられている。その論点は，非財務要素の重要性に関する議論と重なる部分がある。無形資産への注目の経緯については，コラム4（77頁参照）を参照願いたい。

　今日の課題を解こうとする際，標準的な会計手法には，2つの課題があると指摘されている。つまり，最初に，会計は組織の内部を見ているということ。その主たる役割は，企業の資産を守ることである。2番目に，それは過去にフォーカスしているということである。将来の資産を生み出すための課題や，市場から価値を抽出する行為などに注意を注ぐ必要がある中で，先行指標や無形資産測定といったアプローチは，新しい可能性を開くものとして期待される[1]。

　会計学では，特許権や実用新案権，商標権，のれんなど物理的に形態を持たない資産をまとめて「無形資産（Intangible assets）」と呼んできた。しかし，会計上で定められた無形資産のほかにも企業価値の創造に貢献する資産の存在が無視できなくなり，それらは「インタンジブルズ（Intangibles）」と呼ばれている。例えば，MERITUM（1998年から2001年の間ヨーロッパ6カ国で組成されたプロジェクト「MEasuRing Intangibles To Understand and improve innovation Management」の略称）によると，例えば，次の資産が挙げられている。

　人的資産：従業員の退職時に一緒に持ち出される資産
　構造資産：従業員の退職時に企業内に残留する資産
　関係資産：顧客，供給業者，R&Dパートナーとの関係など企業の対外的関係
　　　　　　に付随した全ての資産

　投資と事業経費の違いについて考えれば，例えば，製造における電気代のように中間投入される経費は生産プロセスの中で完全に消費されるのに対して，支出された投資は，長期間にわたってその効果がある。現代経済において，無形投資

1　ジャック・フィッツエンツ『人的資本のROI』（田中公一訳，2010年，生産性出版）P.36。

が急速に拡大している中，それを十分反映していない財務会計の情報では，企業価値に対する十分な情報提供をしているとは言い難いとの指摘がある。エクイティ市場が短期至上主義に偏ると，例えば，研究開発は長期投資で，その便益は事前に予測するのが難しく，その費用はバランスシート上で資本化されるのではなく，損益計算書上で経費処理される。極端な話，研究開発をカットすると，直接的には企業のバランスシートにはまったく影響することなく，会社の利潤は増えることとなる。つまりPLのみに目がいくと，バランスシートへの影響や，さらにオフバランスとなっている機会やリスクについて考慮がされなくなり，長期的価値への考察において情報不足となる。

　これはESG情報が重視されてきている背景にもなっている。しかし，無形資産の評価には次の難しさがある。つまり，有形資産のように，投資の価値を直接的に見ることができる市場が存在しない。そのため，その無形投資が長期にわたる資産として計測することは難しい。

(2)　ファイナンスにおける取扱い

　企業活動の元手となる資金調達（ファイナンス）との関連について考えてみたい。企業がESG要素を踏まえて戦略を推進しようとすると投資が必要となり，資金を要する。企業と投資家との関係も変化している。日本において，機関投資家のとるべき指針として2014年に制定された「責任ある機関投資家の諸原則」（日本版スチュワードシップ・コード）は，その目的を冒頭で「企業の持続的な成長を促す観点から，幅広い機関投資家が企業との建設的な対話を行い，適切に受託者責任を果たすための原則」である，と記述している。また，世界最大の機関投資家である年金積立金管理運用独立行政法人（Government Pension Investment Fund：GPIF）が責任投資原則（PRI）への署名を行い，2017年にESG指数を選定し，その指数に連動するパッシブ運用を開始したことを契機に，国内市場でも一般にESG投資が認知されるようになった。

　一方，資金調達を行う企業側にも，健全な企業家精神の発揮を促し，会社の持続的な成長と中長期的な企業価値の向上を図ることを目的として2015年に「コーポレートガバナンス・コード」[2]が制定された。同コードは，企業に株主以外のステークホルダーを意識し，適切な情報開示の促進を促している。これら企業，投資家へのソフトローによる変化もあり，市場関係者に，従来の財務情報だけで

60

はカバーされていない企業価値やリスクに関する情報（非財務情報）に対して関心が高まっている。

　投資はフローで資産はストックである。投資が増えればストックの価値も増す。だが，ストックの価値が減価償却すれば，その価値は減る。それゆえ少なくとも，ストックへの追加分は投資として計測できる。一方，当該投資がキャッシュフローの拡大に貢献するなら，その減価償却の間中，収益の増加に貢献する。収益の増加は，純資産（ストック）の増加に貢献する。この増加，減少のネット部分が計測できれば無形財産の投資効果を把握できる。しかし，無形資産は有形資産とは異なる特徴を持っており，この特徴が，企業価値との関係では，不確実性の要素となっており，結果を容易に予測できない。次の特徴を持っていると考えられている。

- スケーラビリティ（Scalability）性：ブランドや運営プロセス，サプライチェーンなどを通じてネットワーク効果を持つ。
- サンク（Sunk）性：企業が無形投資をして，後に撤退したいと思っても，それまで作った資産を売却して費用を回収することは難しい。有形資産と比較し，無形資産は標準化の度合いがはるかに小さいため，その費用は埋没していることが多い。このため，不当に評価すると，バブルを膨らませてしまうこととなる。
- スピルオーバー（Spillover）性：特許のような法的手段で阻止できない限り，アイデアや知識については，他の企業が他人の無形資産を利用するのは簡単である。
- シナジー（Synergy）効果：アイデアは他のアイデアと組み合わさることで，イノベーションを誘発する。そして，アイデア，新デザイン，新しいビジネスモデル，マーケティング方法などは組み合わせによって価値を高めるというようにお互いにシナジー（相乗作用による効果）を持つ。

　価値あるスケーラブルな無形資産を持ち，他の企業からのスピルオーバーを獲得するのが上手い企業は，とても生産性が高く利潤をあげ，競合他社を凌駕することが想像できる。ただし，無形資産の持つ上記4Sの効果は，支出とキャッ

2　コーポレートガバナンス・コードは，東京証券取引所の有価証券上場規程として定められたものであり，経済，社会情勢の変化に応じて改訂されることを想定している。

シュフローの流出のように直接的でかつ迅速に効果が現れるものではなく，紆余曲折を経て現れ，その効果も様々な要素によって変動する。したがって長期的視点でその効果を観察しなければならない。しかしながら，時間が経過すればするほど他の要素も登場して影響を及ぼすので，効果の特定には困難が伴う。

　また無形資産の重要性の高まりは同時に，他の無形資産とのシナジー効果を発揮するために，すぐれた人材を必要とすることとなる。人的資本については，**第4章で検討を予定しているが，無形資産への注目は人的資本への関心の高まりとも同期していることとなる[3]。

　Lev and Gu 2016論文では，1950年代から2000年代まで各10年ごとに上場企業を調査し，簿価や売上と時価総額との相関は，どんどん低下し，研究開発費と販売費の対売上比の上昇と時価総額との相関が増していることを明らかにしている[4]。この研究が示すように，これまで無形投資は系統的に過小評価されてきたとの認識がある。

⑶　無形資産と投資価値

　投資は，資金が発生し，長期の収益を生み出すことが期待され，投資主体がその投資収益の十分な割合を享受できる見込みがあると考えられる。ソフトウェア，研究開発，新製品開発における投資の意義については直感的な理解も容易であろう。

　企業は販売している商品やサービスの提供だけでなく，地域社会や従業員などに対する種々の活動を行っている。これらの活動全てが，最終的には企業価値の

3　従業員コストは，今日，企業経費の20％〜70％を占めている。この数値を適切に評価できないと，人的資本への投資に対するリターン（ROI：Return on Investment）の測定を誤ることとなる。経営幹部は，抱える人員のコストや生産性カーブを記述し測定するための評価尺度を必要とする。定量尺度は，「何が起こったか」をわれわれに語るが，定性尺度は，「なぜそれが起こった」かについて情報を与える。定性尺度と定量尺度を併せ持つことで，結果及びその促進要因への洞察力，あるいは，原因への分析において重要である（ジャック・フィッツエンツ・前掲注1，P.35）。

4　Barugh Lev and Feng Gu, *The End of Accounting and the Path Forward for Investors and Managers*, 2016, Wiley

創造につながっていく。その結果として財務業績が向上する。つまり，有形資産と無形資産とが交流して影響し合って価値を創造することとなる。

　定常的環境（想定内の幅で推移する世界）では無形投資は縮小するかもしれないが，ビジネス環境の変化が大きく，ビジネスモデルが次々と変化し登場する世界においては，新たなアイデアや新たなネットワークの模索，構築などのために必要な投資，さらにそれに乗り遅れず成長を続けていくための無形投資が拡大することとなる。企業価値に占める無形資産のウエイトが拡大していることが観察されている。米国証券取引委員会（SEC）の資料によると，S&P500の時価総額に占める有形資産の割合は1975年で83％を占めていたが，2015年には，13％にまで低下している[5]（**図表２－１**参照）。

　またOCEAN TOMO（2020）"Intangible Asset Market Value Study," 1-4によると，2020年時点の主要国の株式時価総額に占める無形資産の割合は，米国が90％，欧州が75％，韓国が57％，中国が44％，日本が32％となっている。

図表２－１　企業価値に占める無形資産の拡大

企業価値評価の変化とそれに伴う情報開示内容・媒体

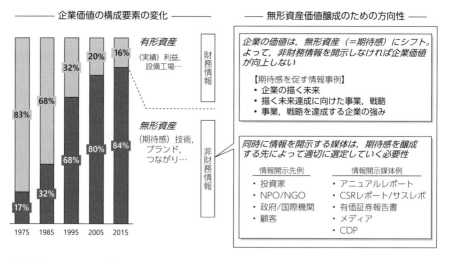

（出典）Components of S&P 500 Market Value

5　Human Capital Management Disclosure, Recommendation of the Investor Advisory Committee, March 28, 2019

近年，米国を中心として諸外国では企業資本に占める無形資産の割合が上昇し，その重要性は有形資産を上回るようになっていることから，従来の会計システムではGAFAをはじめとする無形資産投資に積極的な企業の価値を正確に把握できないという問題点が指摘されている。

2　非財務情報の開示

ESG要素と企業活動との関係について記述した非財務情報について考えてみたい。現状の統合報告書には，決められた様式がないため，内容や分量も企業によって様々である。2006年にPRIがとりまとめられ，投資の世界にESG要素を重視する動きが顕在化してきた。それ以前の株式市場において株価の元となる企業価値は，経済的価値で算出されたものとほぼ同義という認識であった。しかし，PRIが進展するに伴い，企業活動が環境や社会をよい方向に変えた場合のインパクト（社会的価値）を加味して企業価値を総合的に判断するという考え方が徐々に浸透してきた。このような動きが，投資判断に重要となるESG情報の開示の要請圧力となっている。ただ，非財務情報の開示は義務化されていないため，投資家にとっては企業が任意開示しない限りブラックボックスとなる。

非財務情報の開示基準については，例えば，最も歴史が古い開示基準であるGRI（Global Reporting Initiative）が公表しているGRIスタンダード（The GRI Sustainability Reporting Standard）は，従業員や地域社会を含むマルチステークホルダーを対象に経済・環境・社会の3つの側面に与えるインパクトを開示することを目的とした基準になっている。2000年にガイドライン初版を公開して以来，気候変動や水といったテーマを盛り込むなどアップデートを重ねてきた。今日全世界のCSRレポート／統合報告書発行企業の半数以上が参考にする世界で最も普及する任意のサステナビリティガイドラインとなっている[6]。

国際統合報告評議会（International Integrated Reporting Council：IIRC）は，規制当局，投資家，企業，会計専門家，NGOなどが集まってできた協議会である。IIRCは，統合報告書を「組織の外部環境を背景として，組織の戦略，ガバナンス，実績および見通しが，どのように短・中・長期の価値創造を導くかについての簡潔なコミュニケーションである」と定義している。IIRCのフレームワークが公

表した基準は，6つの資本のビジネスモデルへの投入とビジネスモデルから各資本への価値創造につながるという組織による長期的な価値創造プロセスを踏まえた考え方が統合報告書の基本となっている。IIRCが財務資本以外に5つの追加的資本に着目することは，企業活動の元手となる資本に着目し，投資，その成果，その還元といった，企業活動の継続の必要条件の視点を拡大させることを意味している。その意味では，ESGと同様，ステークホルダーの拡大を前提にファイナンスの枠組みに則って定義づけていることとなる。6つの資本とは次のとおりである。

- 財務資本：株式，借入，寄付など
- 製造資本：建物，設備など
- 知的資本：法的に認められている知的財産権以外の組織が持っている暗黙知やシステム，手順やプロトコルなどの組織資本を含んだ概念
  知的財産権，暗黙知，システム，手順及びプロトコルなどの「組織資本」
- 人的資本：人々の能力，経験及びイノベーションへの意欲
  組織ガバナンス・フレームワーク，リスク管理アプローチ及び倫理的価値への同調と支持，戦略を理解・開発し・実践する能力，社員のロイヤリティや意欲
- 社会・関係資本：多様なステークホルダーとの関係，情報を共有する能力
  共有された規範，共通の価値や行動，主要なステークホルダーとの関係性，外部のステークホルダーとともに構築し，保持に努める信頼及び対話の意思，ブランドや評判に関連する無形資産，組織が事業を営むことの社会的許諾
- 自然資本：組織の過去，現在，将来の成功の基礎となる物・サービスを提供する全ての再生可能及び再生不可能な環境資源及びプロセス
  空気，水，土地，鉱物及び森林，生物多様性，生態系の健全性

　財務資本に加え，5つの資本が生み出すがキャッシュフローへの貢献を意識し，

6　GRIスタンダードは，市場関係者から求められている経営成績や財務状態に関する情報ではなく，それぞれの企業が環境や社会に与えるインパクトに主眼を置いている。市場関係者は，マテリアルな事柄に対して，一貫して重要かつ有用な情報を得たいと考えている。このことから投資家のニーズに合致しない項目も多く，情報量が多すぎるとの指摘もある。SASB（Sustainability Accounting Standards Board）スタンダードは，GRIスタンダードと同様，細則主義的なアプローチをとっているものの，投資家のニーズを踏まえ，セクター別に項目を絞り込んだ非財務情報（E,S,G）の開示基準を提示している。

時間の経過に伴いこれら６つの資本が増減するという視点を重視する構造となっている（**図表２－２**参照）。

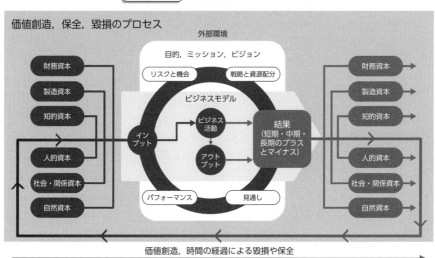

（出典）IIRC国際統合報告フレームワーク2021年１月改訂版試訳

　企業の属するセクターや固有のビジネスモデルによって個別性はあるものの，どの企業でも資本の転換が行われている。例えば，従業員の雇用を通じて財務資本が人的資本に転換し，R&D活動を通じて人的資本が知的資本に転換する。マーケティングやサービス提供を通じて知的資本が社会・関係資本に転換する。これらの活動全体を通じて企業の収益となり，最終的に財務資本へと転換する。このサイクルが継続して回ることにより，金融市場からの資本調達（財務資本の調達）の確保と企業活動の継続が担保されることとなる。

　会計上で設定されている無形資産より広義の概念で捉えるインタンジブルズといった概念の登場は，IIRCが提示する財務資本以外の５つの資本概念と密接に関連づけられるものと考えられる。市場による企業価値評価と財務情報による評価との差分（結果としてのPBR）を分析するための情報として統合報告書の活用が市場関係者の間で広がっていることとも符合する。

　米国サステナビリティ会計基準審議会（Sustainability Accounting Standards Board：SASB）は，当初サステナビリティ情報を米国の法定開示項目にすることを目指し2011年に設立された非営利組織であった。SASBは，77の業界別にサステナビリティに関して財務情報として重要な26の開示項目についての基準をSASBマテリアリティマップとして公表している。セクター別の重要な非財務情報として，投資に関わる意思決定や企業と投資家の間のコミュニケーションにおいて参考になる基準として実務で利用されてきた。

　SASBマテリアリティマップでは，次の項目が列挙されている。
- 環境：温室効果ガス排出，大気の質，エネルギー管理，水，排水管理，廃棄物・危険物質の管理，生態系への影響が列挙されている。
- 人的資本：労働慣行，従業員の健康・安全，従業員エンゲージメント，ダイバーシティ＆インクルージョンが列挙されている。
- 社会資本：人権，コミュニティとの関係，顧客のプライバシー，情報保護・アクセス・入手可能性，製品の品質・安全，顧客の福祉，販売の慣行，製品のラベリングが列挙されている。
- ビジネスモデル＆イノベーション：製品デザイン，ライフサイクル管理，ビジネスモデルのレジリエンス，サプライチェーン管理，原料調達，効率，気候変動の物理的な影響が列挙されている。
- リーダーシップ＆ガバナンス：企業倫理，競争行動，法規制環境の管理，クリティカルな事象のリスクマネジメント，システミックリスクマネジメントが列挙されている。

　ESGへの企業の取組みに関する開示の側面から諸機関が関連基準を公表しているが，これらは必ずしも統一され標準化されてきたわけではなかった。ただ，国際的に統一された基準の策定に向けた動きとして，既存のESG情報開示基準の設置機関による連携の動きがある。2020年9月には，IIRC, GRI, SASB, CDP（カーボン・ディスクロージャー・プロジェクト），CDSB（Climate Disclosure Standards Board）の5団体によって包括的な企業報告に向けた共同声明が公表され，基準間の重複の回避や基準ごとの違いを踏まえて，各基準の開示要件に沿った開示をサポートする共通セット・ガイダンスを提供することについて検討を行っていた。2020年12月に5団体は，気候関連の情報を開示するために，気候関連財務情報開示タスクフォース（TCFD）提言の開示項目を基に，各基準の要

求事項の整合性を図るとともに開示基準のプロトタイプを公表している。

　TCFDやCDP，CDSBのフレームワークは気候変動や環境に関する開示を対象とした基準であるが，GRIスタンダードやIIRC，SASBスタンダードは対象を環境に限定しておらず，社会に関する情報も含めて開示の対象としている。

　2021年11月，IFRS財団によって国際サステナビリティ基準審議会（International Sustainability Standards Board：ISSB）の設立が公表された後，CDPが事務局を務め，IIRCとSASBは合併してVRF（Value Reporting Foundation）を設立し，ISSBのメンバーとなった。この動きに対して，GRIも歓迎すると表明した。

　このように，財務情報に関わるESG情報開示に関係する設定機関の統合の動きが加速している。標準化の動きがあるものの，当面は不統一から生じる混乱も想定される点に留意が必要である。標準化の未整備によって，現実に各国，各企業の整備状況，取組み状況には相当な相違がある。当然その優先順位も異なっている。このような状況に加え，ESGに関わる基本的なデータの計測，評価の枠組みが標準化されていない状況もある。先進的に取り組んでいる国，企業は，このような制約条件を認識しつつも，利用可能な情報・データを活用して，それぞれが妥当と思われる枠組みの下で取組みを進め，その状況を開示している。そのため，それぞれの取組みを比較する際にも困難を伴う。このような現時点の課題を十分認識したうえでベストプラクティスを参考にして現実的対応を心がける必要がある。

3　価値創造ストーリーと非財務情報

(1)　企業価値の考え方の変化

　企業価値は，事業価値を金額で表したものといえるが，企業価値評価のアプローチは，次の3つに分類されることが多く，その意味では，一義的な定義はない。過年度の蓄積を基礎とするコストアプローチ（清算価値法，修正簿価純資産法など），将来の収益性を基礎とするインカムアプローチ（収益還元法，ディスカウントキャッシュフロー法など），実際の売買市場で成立している類似企業の

株価を基礎とするマーケットアプローチ（類似業種比準法，マルチプル法など）の３種類である。

　かつて株主価値として株価上昇（キャピタルゲイン）や配当金によるフローによる株主還元を重視する株主至上主義的な考え方が主流を占めていた。この考え方の下では，財務項目（会計上の売上や利益）に最も注目が払われた。

　企業活動がもたらす社会の関係者への影響や価値創造による広範なステークホルダーへの貢献，短期的な視点のみでなく，長期的視点からの企業活動の意義など企業への期待は多面的になっている。このように企業価値創造に対する意義が拡大している中では，財務上の健全性に関わる情報のみでは，従業員の安全，消費者への価値提供，サプライヤーや政府・地域社会との連携など企業に期待されている様々な社会の期待する情報を得ることはできない。企業は，財務・非財務要素を相互連携して企業価値創造を図る思考，そのために有用な情報の提供義務に強い期待がかけられている。このように企業活動の元手となる資金調達に対していかなる情報を開示しなければならないかといった視点も変化している。企業は，変化する社会的価値と経済的価値に対する将来の不確実性の提示とそれに対する対応について情報提供することがガバナンスとして求められる。また，投資家も，スチュワードシップ責任を果たすためにも，企業の将来価値を多面的に評価して適切な投資判断をする必要がある。この両面から，企業の開示の充実が期待されている。

　上記のような環境変化を踏まえると，企業価値創造の検討は，自社の視点，資本市場の視点，地域や社会の視点など複眼的に検討・評価される必要がある。この中では，財務諸表に基づく価値に加え，現在財務諸表には計上されていないが将来の競争力や価値創造にポジティブな影響がある要素についても視点に入れて分析する必要がある。つまり，無形資産や戦略的価値に加え，従業員や顧客，地域社会，NGOなどを含む社会からの評判や社会からの支持などに関する価値の視点を考慮する必要がある。このような価値を検討する場合，経営として例えばIIRCの提示する６つの資本がどのような投資効果を生むよう戦略的に投資戦略を推進しているかが重要といえる。なぜなら，この視点から得られる評価は，現時点では顕在化していないものの長期的視点でみた場合，将来のキャッシュフローの向上に貢献する可能性があるためである。

　これまで整理してきたように，非財務情報を加えた動きも含めた形で社会・経済活動を捉えるといった方向から，GDPの枠組みや財務情報の動きを中心とした財務会計が，その視点，スコープ，価値の捉え方などに変化を及ぼそうとしている。

　統合報告が義務となっている南アフリカのような国の実証分析では，統合報告書が株価や企業価値に与える影響について，統合報告書の開示により情報の非対称性が低下することから企業価値は高まるものと説明されている[7]。しかしながら，義務化されていない国で同様に明確な効果が確認されているわけではない。統合報告書の実務的な浸透度合いや，統合報告書の発行に対する強制力の有無，投資家にとっての情報有用性の差異などの関係が推定される。

　非財務情報による価値創造との関連性を評価するという意味について考えてみたい。非財務情報と財務情報との関連性を実際の企業価値創造プロセスの中で検討する必要がある。帳簿価額（財務指標）と，帳簿において捕捉されていない非財務指標とを関連づけて企業価値（キャッシュフロー）への影響を確認することとなる。そこでは，目標の達成度合いを測るための定量的な指標[8]として何が妥当か，いかにバリュードライバーとなりうるか，を検討し，価値創造ストーリーを合理的に描く必要がある。

(2)　企業活動の変化

　ESGに取り組む目的は何かといった点に関しプライベート・エクイティのジェネラル・パートナーに対するサーベイ[9]が実施され，最も回答の多かった回答（複数回答可）は，リスクマネジメント（77%），投資家の要請（75%）であった。

7　Lee,k., and G.H.Yeo（2016）"The association between integrated reporting and firm valuation," *Review of Quantitative Finance and Accounting* 47（4）, 1221-1250）

8　KPI（Key Performance Indicators）は，目標の達成度合いを測るために継続的計測，監視される定量的な指標であり，KGI（Key Goal Indicators）は，KPIの上位概念で，KGIを達成するために個々のKPIの目標の進捗状況を確認する指標となる。また留意すべきリスク状況に関する指標としてKRI（Key Risk Indicators）が設定されることもある。

9　Capital Dynamics Responsibility Investment/ESG Survey of Private Equity General Partners（2020）

このことからも，企業価値において非財務要素への関心度が高いこと，ESG要素が企業価値を大きく変動させるものと考えていることがわかる。

　持続的な企業価値の向上について，実務ではどのように管理しているのであろうか。例えば，企業価値の代理指標としてROEを使って，その中長期的な向上を目指すという取組みは，企業経営に定着している[10]。投資家に対して，例えば，PBR＝PER×ROEの関係から企業価値向上の合理的説明を行うことによって，企業の企業価値向上の道筋について投資家の理解を得て，投資家の将来の不安を排除することは，資本コストを低減することにつなげることができると考えられている。

　この関係式は，財務会計における株主資本や会計利益といった企業経営自体がコントロールできる指標で企業価値を管理しようとすることを意味する。しかし一方，企業価値を左右する要素として，財務情報のみでなく，非財務情報が今日重視されるようになってきている。制度開示に基づく財務情報から導出される価値は，「見える価値」と呼ばれる。これに対して，非財務情報は，関係者間での標準化や共有化が十分でなく，その情報が生み出す価値は「見えない価値」と呼ばれることもある。

(3)　開示に関わる動向

　開示の動きについて整理しておきたい。

　社会の価値観が変化するに従い，企業活動と社会との関係も変化してきたことについては既に述べた。この変化は開示面でも変化をもたらしている。これまでの開示の中心であった財務面だけではなく，非財務要素を意識した経営を行うことが社会の価値観との関係，さらには中長期的に企業価値を高めることにつながっていくとの認識から，財務情報と非財務情報を併せて，企業の実像を示す統合報告書として開示の充実を図る動きとなっている。このようなESGの取組みの

10　伊藤レポートの執筆委員であり，企業価値，ROE，配当政策の記述に関わった柳良平によると，個々の企業の資本コストの水準は異なるが，グローバルな投資家から認められるには，グローバルな機関投資家が日本企業に期待する資本コストの平均が7％超となっていることから，まず第1ステップとして，最低限8％を上回るROEを達成することにコミットする必要がある，と指摘する（柳良平『CFOポリシー（第2版）』(2021年，中央経済社)，P.9，10)。

開示は，社内外の様々なステークホルダーとのコミュニケーションにつながり，結果としてステークホルダーから信頼を得ることになるとの認識が広がっている。

　生命保険協会の「企業価値向上に向けた取組みに関するアンケート（2021年度版）」[11]によれば，機関投資家が重視する指標として，ROEが85％，ROICが46％，環境に関する指標が37％，社会に関する指標が34％を占めた。社会に関する指標のウエイトは，資本コスト38％，フリーキャッシュフロー34％に匹敵する水準となっている。

　開示主体の企業や利用者としてのステークホルダーが，短・中・長期の視点から何を重要と判断するのかといった問題は，「マテリアリティ上の課題」と呼ばれている。一般にマテリアリティには次の3つの概念が存在している，と考えられている。

　第1は，既に財務情報で報告されているものである。資産除去債務[12]や，環境債務などは既に財務諸表に織り込まれている情報である。

　第2は，サステナビリティの度合いを検討するのに使用される情報である。非財務トピックのうち，企業価値創造にとって重要な経済価値を重視する立場である。SASBがこの観点に焦点を当ててガイドラインを公表している。経済的意思決定を改善し，強化しようという情報利用者が重視する情報といえる。

　第3は，社会や環境などマルチステークホルダーにとって重要なインパクトを与える非財務情報である。GRIが焦点を当てているもので，利用者の目的が当該企業による社会の持続的な発展に対する影響を理解しようとする様々な情報利用者にとって関心が高い情報である。

　上記第2と3のマテリアリティの並存は，「ダブルマテリアリティ」[13]と呼ばれている。このように非財務情報に関する概念はグローバルで未統一である。そのため，各機関がそれぞれの開示基準を公表し，開示の促進・支援を展開しているが，その依って立つ概念の併存はその開示のスコープ自体に差異が生じること

11　https://www.seiho.or.jp/info/news/2022/pdf/20220415_4-3.pdfから入手可能。
12　資産除去債務とは，建物など有形固定資産の取得に伴い，将来建物を解体する法令上の義務などが生じ，将来除去する必要があるときに発生する合理的に見積もり可能な費用のことである。投資情報として有用とされる。
13　シングルマテリアリティは，財務的インパクトを重視する考え方をいう。ダブルマテリアリティは，財務的インパクトと環境・社会的インパクトの2つの側面から判断する考え方である。

となり，利用者にとって，整合性・統一性がないため，比較可能性が確保されない状況にある。

　ただ，状況の変化や科学的知見，社会・経済・金融の変化が進展する過程で，第2のマテリアリティが第1のそれに転換したり，第3のマテリアリティが第2のマテリアリティに移行することもありうる。こうしたマテリアリティ間の動態に着目した視点のことを，「ダイナミックマテリアリティ」と呼んでいる（**図表2－3参照**）。

　このような状況の下，企業は，第3の視点を前提とするSDGsを中心とした社会的責任と，第2の視点を前提とする長期的経済価値向上の取組みについて検討を進めているが，両者のスコープ上の調整と現時点における実現可能性，反映すべき時間軸と各社戦略・リスク管理上の整理は標準化されていない。このように，ESGの経営へのインテグレーションには，各社の模索が続いている。

　一方，機関投資家の意思決定への反映，金融市場への浸透も過渡期・試行段階にある。そのため，EUを中心に開示基準の標準化に取り組んではいるもののグローバルな動きにはなっていない。

　このような状況の中で，ISSB審議会は，2022年3月に，IFRSサステナビリティ関連財務情報の開示に関する全般的要求事項の公開草案（IFRS S1（ED））および気候関連開示の公開草案（IFRS S2）を公表した。IFRS S1の構造は，TCFDで求められている4つの柱がそのまま取り入れられている。S2では，産業別の開示が提案されている。そして，サステナビリティに関するリスク及び機会に関する情報が一般目的財務諸表に表示される情報とどのように結びついているのかを評価できるように，情報を提供すること，使用する財務データ及び仮定は，可能な範囲で財務諸表のものと整合させる，と説明している。

⑷　投資家の変化

　企業として，環境・社会に対する対応に要するコストをどのように捉えるかという問題がある。短期的には，収益のマイナス要因となるが，企業存続における不可欠なコストと考えるとともに長期的な価値への貢献の可能性を追求すること

図表2-3　ESG要素のマテリアリティ

サステナビリティ開示の現状

【各基準が設定するマテリアリティの概念と開示基準の関係】

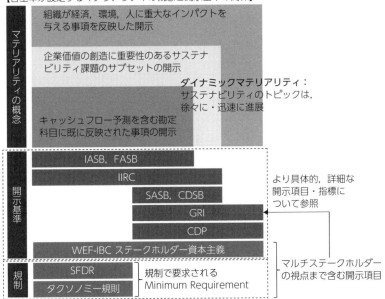

(出典) 後藤茂之，鶯地隆継編著『気候変動時代の「経営管理」と「開示」』(2022年，中央経済社)
　　　　P.216

によって，中長期的な視点で経済的価値の向上につなげることが可能となる。このような時間軸による評価の違いは，企業価値評価を考えるにおいて，重要な要素といえる。企業への評価が極めて近視眼的なものであれば，長期への投資は，利益の実現にタイムラグが生じることを踏まえると，短期的には費用増加につながり資本効率を低下させることとなる。しかし，投資家の判断がより中長期的視点になればなるほど，現時点の指標よりも長い視点での価値の向上に関わる指標にそのウエイトが移っていくこととなる。ただ問題は，投資家の判断としてこの両者のバランスがどうなっているかという点である。

　様々なタイプの投資家が存在することも事実であり単純な問題ではないものの，これまでの社会・環境をめぐる社会の価値観の変化，それに伴う国際社会の動き，経済・金融の変化を総合的に観察する限り，世界の潮流が，明らかに持続可能な世界の実現のために方向転換が図られていることを否定する者は少ないものと考

える。

　いかなる時間軸で，どのような定常点を迎えるのかを現時点で予測することは難しい。しかしながら，企業にとって言えることは，企業の社会における存在意義という根本問題を考えるなら，社会の価値観の変化の方向を踏まえたビジネスモデルの変革が求められている点は疑いようがない。

　金融市場においてESGの重要性が浸透してくると，市場において常識化することを意味している。つまり，最低基準として機能することとなる。インデックス運用が拡大している最近の傾向を踏まえると，ファンドを設定する側としても投資家から資金を集めやすいという視点からESGに興味を示すことになる。その場合，ESGスコアやESGインデックスの採用銘柄として選定されるか否かは，企業にとっても安定的資金調達の観点からも重要度が増してくることとなる。ESG要素が時間の経過とともに企業及び投資家の意思決定の中に浸透してくると，金融・資本市場を通じて経済価値評価にも反映されていくものと考えられる。今後企業がSDGsへの取組みやCSV経営を推進すること，またESG投資がさらに進展していく中で非財務情報が時間の経過とともに財務情報に反映されていくものと考えられる。

4　非財務情報とソーシャルリスク

　企業活動と環境・社会との関係は，社会的価値観の変化とともに大きく変わっていく。この変化に組織としての企業が対応しきれない場合には，企業の社会における存在意義が問われることにもなる。このように企業にとって企業倫理，社会的価値への対応の視点を意識するなら，社会の価値観と企業内部の価値観におけるギャップの拡大は，潜在的なソーシャルリスクを抱えるバロメータとなる。潜在的なソーシャルリスクの存在は，極端なケースでは賠償責任や訴訟の対象となり，経済的価値のマイナス要因となる。同時に，この要因を戦略的に捉え，ビジネスモデルを革新することにより社会的価値と経済的価値の両立につなげていくことも可能である。

　企業と投資家との建設的対話を通じて，社会的価値は市場取引関係者の意思決定に組み込まれ，徐々に市場メカニズムに浸透され経済的価値に反映されていく

可能性がある。最終的に両者の価値が相互に影響をし合いながら調整されどのような定常水準に落ち着くのかについては現時点で予測は難しいものの，企業にとっては，長期的戦略を明確にし，価値創造ストーリーを描くことの重要性が増していることは疑う余地はない。同時に時間軸とともに変化する経営環境の変化に伴って変化する社会的価値，経済的価値の動向をモニタリングし，リスク管理に取り込んでいく動態的管理が不可欠になっている点に注意が必要である。

　社会的価値と経済的価値を総合的に検討する取組みの模索については，**コラム5**（79頁参照）を参照願いたい。

　企業の価値基準と倫理基準の適切な交差点を模索する学問領域であるといわれる「企業倫理」の中では，これまで様々な問題が議論されてきた。地域社会や消費者を含めたステークホルダーからの支持を損なうと賠償責任や訴訟リスクに発展し経済的価値の低下に直結する点も指摘しなければならない。訴訟は，企業にとってソーシャルリスクによる純粋リスクの典型的な帰結と考えられる。気候関連の訴訟に直面する可能性は，その国の訴訟文化（特に，敗訴した原告が被告の弁護士費用を負担しなければならないかどうか），気候変動に対する政府の行動や不作為に対する不満の度合い，気候に起因する身体的損失の頻度と規模，気候関連の権利と義務，中長期の企業価値を確立する規制の枠組みと判例の存在など，様々な要因に左右される。

　UNEPとコロンビア大学が行った分析によると，気候変動関連訴訟の件数は，2017年時点の調査から2020年時点の調査において，2倍に増加している。ある裁判管轄権における訴訟は他の管轄権の訴訟に影響を及ぼし，グローバルで伝播する可能性（システミックリスクの特徴）がある。気候変動リスクは，企業にとってソーシャルリスクとして既に視野に入れておくべきリスクとなっている点を指摘しておきたい。

　金融庁が，2022年4月25日に公表したディスカッションペーパー「金融機関における気候変動への対応についての基本的な考え方（案）」において，銀行・保険業に対する要請として，顧客企業との間で，新たな気候変動時代の「機会・リスクの関係」の共有と，顧客企業への行動変容の促進を挙げている。いわばダイベストメントではなくエンゲージメントを推進し，顧客企業のビジネスモデルの変革を促進してほしいというメッセージと理解できる。金融機関のファイナンス

機能が社会の変革を後押しする役割が重視されており，企業活動の元手となるファイナンスの明確な変化に伴い事業会社の脱炭素化が促進されることが期待されているものといえよう。

無形資産の認識と評価

　無形資産の存在が経済的価値に影響力を高めている。経済は有形資産だけでまわっているわけではない。複雑なソフトウェア，会社と関係会社との価値ある合意，社内のノウハウなど，物理的なものではなく，アイデア，知識，美的感覚，ソフト，ブランド，ネットワークや社会関係で形成されている無形資産が注目されている。無形投資の増加の理由として，経済におけるサービス業と製造業とのバランスシートの変化，グローバル化，市場の自由化拡大，ITや管理技術の発展，サービスの費用投入の変化などが指摘されている。

　本コラムでは，無形資産が注目を浴びることとなった経緯を振り返ることを目的としている。

　2002年に米国では，所得と富に関する研究会議が開催され，ニューエコノミーの投資に関する枠組み開発の論議がなされた。当時マイクロソフト社の時価総額は2500億ドルほどであった。バランスシート上の総資産は700億ドルほどで，うち600億ドルは金融資産で，工場や設備といった伝統的な資産は30億ドルにすぎなかった。その後の調査で，時価総額との差額（無形資産）は，具体的な製品やプロセスの開発に伴うものや，組織能力への投資，企業がある市場で競争できるような立ち位置を作り出すような製品プラットフォームの構築または強化のための投資の存在を確認した[14]。

　GDPの計算において，かつて投資は物理的なものに制限されていた。国民会計（GDP）における無形資産の取扱いに関する経済学のアプローチを振り返ってみたい。GDPに含まれるためには，支出は全て（前年の）生産活動に対応しなければならない。また，キャピタルゲインは売り手から買い手へのGDP再配分であり，付加価値ではないため，GDPには含まれない。このため，会計的アプローチでは，費用ベースのアプローチとなる。さらに，GDPは，家計による生産活動を除外している。そのため，家計が支出する教育投資による人的資本は国の資本ストックに

14　経済学者の研究によると，米国と英国で無形投資が有形投資を追い越したのは，1990年代，全世界では，金融危機以降だという（ジョナサン・ハスケル，スティアン・ウエストレイク『無形資産が経済を支配する―資本のない資本主義の正体』（山形浩生訳，2020年，東洋経済新報社），P.34，35）。

は含まれない。ただし，政府による教育支出はGDPに含まれる。

　1993年にSNA（国民会計の国際ルール）はソフトウェアも投資とみなせると発表し，それに続いて1995年にはヨーロッパ会計制度，1998年にはイギリス国民経済計算もそれに追随した。2008年にSNAは，研究開発も投資にいれるよう推奨し，この推奨は次第に多くの国に採用され始めた。こうした変化によって数値は積み上がっている[15]。

　米連邦準備制度理事会のキャロル・コラードとダン・シチェルと，メリーランド大学のチャールズ・ハルテンが開発した無形投資計測手法によって2005年に初めて無形投資を計測し始めたときの無形資産の分類は，今日では，その多くが投資扱いとなっている。ただ，各国によって取扱いには違いがあり，一貫性はない。今日では，ソフトウェア，研究開発，芸術的原作は，無形資産として扱われている。

　投資を計測するステップは，まず企業が無形資産にいくら支出しているかを調べる。次にそうした支出のうち，耐久資産を作り出す部分を選別しなければならない。その後，その効果を確認するために，該当した投資額をインフレと品質変化に貢献した部分を区分する必要がある。そのうえで，この資産が毎年どのくらい陳腐化するか（原価償却）を確認することとなる。

　経済学者ブロンウィン・ホール，アダム・ジャファ，マニュアル・トラヒテンベルクは，アメリカ企業のパネルについて集めた財務と研究開発データを，特許とつなげてその特許がどれだけ引用されているか検討した（Hall et al. 2005）。それによると各種の他の要因について補正した後でも，企業の株式市場での時価評価は企業の将来性について最高の指標ではないが，企業の業績と無形資産（の一部）との間のつながりを示唆している，と指摘している。

　企業の将来価値に関心を払う投資家にとって，企業の財務情報のみでなく非財務情報の開示に関心が高まっている。今後の会計上の無形資産の動向，企業価値評価におけるインビジブルズの開示の動向を見守る必要がある。

15　例えばアメリカでは，ソフトウェアの資本化により1998年のGDPが1.1％上積みされ，2012年GDPは，2.5％上積みとなり，この数字はその後も増えている（ジョナサン・ハスケル，スティアン・ウエストレイク・前掲注14，P.60，61）。

経済的価値と社会的価値の総合的アプローチ

　社会的価値と経済的価値を総合的に検討する様々な取組みが展開されている。そのためには，両者を同じ土俵で取り扱う必要があり，このこと自体が大きな挑戦であることは間違いない。『レジリエンス　復活力』に，スタンフォード大学を中心とするコンソーシアム，ナチュラル・キャピタル・プロジェクトが開発したソフトウェアであるマリンインベストメントの事例が紹介されている。取組みの概要は今後の社会的価値と経済的価値の総合的アプローチを考える際に参考になるものと考えるので，以下に要約して紹介しておきたい[16]。

　「グーグルマップと都市計画のシミュレーションゲーム，シムシティを掛け合わせたようなソフトウェアを使って，マリンインベストメントを活用して，一定の領域内における海洋と陸地の相互の影響の予測を立てる。生態学者は沿岸地域と海洋の空間地図を作成し，科学的なモデルを作って生物多様性，生物の分布状態，生態系がもたらす多様な便益，漁業，産業活動，海運業，レクリエーション，観光といった要素を重ねていく。でき上がった地図は，海が提供するサービスの価値を金銭的に評価すると同時に，1つの活動がいかに他の活動に制約を与え，相互依存のうえに全体が形成されているかを明らかにする。そして，漁獲高，生物多様性，観光客の人数，保全された海岸線の距離といったシステム内の異なる要素を取引する換算レートが明示される。

　システム内の要素間の関係は多面的である。例えば，システムに養殖場を追加すると地元企業の収益の増加を期待できるだけでなく，野生魚にも影響がある。海洋の養殖場は微生物にとって格好の棲み処となり，養殖場の内外の魚に影響を与える。他方で，養殖場からの廃水は周辺の水質を変え，沿岸水域のレクリエーション活動への利用が制限される可能性がある。

　マリンインベストメントを使ってこうした相互依存関係を可視化することにより，陸上のコミュニティは想定される多くのシナリオをシミュレーションできる。特定の魚種の漁獲高を増やすと，それ以外の生物にどのような影響があるか。海洋エネルギー発電を導入した場合，海のレクリエーション観光業にどの程度の影響があるか。海岸線の保全活動にはどのくらいの費用がかかり，どのくらいの効用—金銭的

16　アンドリュー・ゾッリ，アン・マリー・ヒーリー『レジリエンス　復活力—あらゆるシステムの破綻と回復を分けるものは何か』（須川綾子訳，2013年，ダイヤモンド社）P.362〜364を参考にした。

なメリットだけではなく生物多様性に対する影響—が見込まれるか。いくつかの変数が限界点に達することを回避しながら，あとどれだけの生産活動が可能か。

　こういった検討をすることで，コミュニティは経済的，生態学的，社会的な利害得失を全体論的に秤にかけ，システムが望ましくない状態にはじき飛ばされる事態を回避できる。…現実の世界では，ある選択をすれば必ず誰かが割を食う。…最適には及ばない非効率は，ソフトウェアの問題ではなく，政治的な挑戦に直面する。そのため，マリンインベストメントのチームはコミュニティと緊密に連携を保ち，特定のシナリオに向けた目標設定，利害得失，コストを検討し，コンセンサスを形成するプロセスに関与する。…シミュレーションを通して，現実の世界で危険な領域に突入して深刻な事態を招くことなく，あるシナリオに含まれるリスクと便益を冷静に評価できる。」

第3章

環境リスクへの管理強化

1　不確実性の拡大とリスク管理

　リスク管理は,「リスク」と「管理（マネジメント）」の結合概念である。つまり, リスクに対して, マネジメント（経営管理）プロセスに則って対処していくことを意味する。経営は, 企業活動に伴って発生する固有リスクを内部統制やリスク管理プロセスを通じて縮小し, 最終的に保有するリスク（残余リスク[1]）を明確にする。この残余リスクに対して最悪の事態としてこれらのリスクが発現したとしても, その損失を担保して継続企業を維持しうる純資産を確保し, 財務健全性を維持する。そして, リスクのために担保した純資産（資本）に見合う適切なリターンを確保することによって, 資本を提供した投資家にその利益を還元できるように事業戦略を策定することとなる。

　リスク管理においては, リスクを特定・評価したうえで, そのリスクを適切に処理するためのマネジメントプロセス, すなわち, ⅰ）計画（Planning：P）,ⅱ）遂行（Do：D）, ⅲ）監視（Check：C）, ⅳ）是正措置（Action：A）といった一連の循環的連鎖行為（PDCA）を進めていくこととなる。このプロセスは, 図表3－1のとおり整理される。

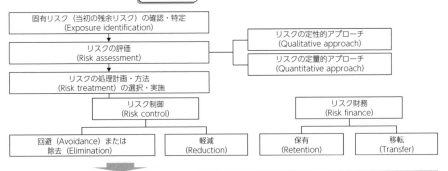

図表3－1　リスク管理プロセス

1　次の関係式が成り立つこととなる。「残余リスク＝固有リスク－内部統制効果－リスク制御効果－リスク財務効果」。

　将来の具体的事象を正確に予測することはできない。また，事故・災厄などの認識や経験知には個人差が大きい。そこで，組織内のリスクの認識を共通化・標準化するため，リスクを定量的に評価することによって経営管理における財務指標と同様に扱おうとする努力が重ねられてきた。価値変動に対して過去の関連データが多量に活用できる場合は，統計的手法でその事象の発生確率や損害強度を確率分布という形で把握できる。そして価値変動（＝リスク）の特徴（パターン）が将来も繰り返されるという前提で管理することが可能となる（これを定量的アプローチと呼ぶ）。

　リスクが定量化されるなら，これを他の財務情報と同じ次元で管理することが容易となる。市場メカニズムに組み込まれていない非財務情報に関連する価値変動を扱おうとすると，利用できるデータが不足し統計的手法で定量化することが困難である。その場合は，ある事象が企業活動に及ぼす影響を一定のシナリオを設定して予測し，対応策を検討するなどの定性的アプローチがとられてきた。極論すれば，伝統的リスク管理は，「リスクは繰り返す」という前提と財務情報を中心に企業価値の変動を定量的に管理するという枠組みの下で発展してきたといえる。ただ，本書でテーマとする非財務要素が企業価値に及ぼす影響を経営管理に取り込んでいこうとする場合，これまでの伝統的なリスク管理のアプローチを直接適用することはできない。

　企業がその意思決定において，財務情報を活用することは，市場メカニズムを通じて無数の取引に基づく需要と供給の関係で調整された価値を合理的な評価として取り扱っている。このように市場関係者が財務情報に基づき意思決定することによって，リスク・リターンの予測，金融市場における期待収益の還元，将来価値創造の開示などの活動を支えていることになる。しかし気候変動問題がこれほど深刻になったのは，この問題が市場価格の中に組み込まれておらず，価値調整メカニズムの枠外に置かれてきたことにある。そして，全世界の人々の生活を維持するために考慮しなければならない地球の限界へ対応するために，社会は，これまで前提となった基本的な社会，経済の枠組みを見直し，企業は，ビジネスモデルを変革しなければならないこととなる。

　温暖化の緩和策の実施へと企業行動の変容を図るため，例えば，炭素税の導入は税金という形で価格化を図ろうとするものである。また，脱炭素をさらに強力に推進するための投資を促進するサステナブルファイナンスの拡大は，企業の財

務諸表の構造を変え，企業価値評価を変更することへとつながる。

　リスク管理は，不確実な将来に対する実践科学といわれるが，プラグマティズム[2]の哲学的思考の流れの影響を色濃く受けている。将来の事象は誰も具体的に正確に予測することはできないが，リスク管理は，科学的知見や統計・確率論に基づく推定を活用し，将来の不確実性に対して合理的な対応をとることによって，良い結果が出る確率を高め，悪い結果が出る確率を低くすることを可能にしている。

　一般にわれわれは，科学の役割について「真理を証明すること」といったイメージを強く持っているために，科学理論は，それが真であることが疑う余地なく証明された理論であるものと思いがちである。しかし「ブラックスワン」が当時の普遍的真理とみなされていた考え（白鳥は白い）を変えることとなったように，自然システムの構造や社会の構造が変化するリスク社会への移行の中で生じる不確実性に対して経営管理の強化を図っていく必要がある。リスクマネジャーは，リスクの分析のために科学的知見を活用するが，科学者とは異なり，プラグマティズムの視点を忘れてはならない（この点については，**コラム6**（108頁）を参照いただきたい）。

2　環境リスクに対する企業責任の拡大

　社会の価値観は社会の変化とともに変わっていく。技術革新による社会の仕組みの変化や企業活動による社会への悪影響などが契機となって，これまで企業の社会的責任の考え方が変化し社会の価値観が変化してきた。技術革新は社会やリスクに対して変化を引き起こす（**コラム7**（110頁）を参照いただきたい）。

2　1878年に「私たちの観念をいかにして明晰にするか」という論文を書いたチャールズ・サンダース・パースを草分けとするプラグマティズムは，思考の目的を，世界の真の像を提供することではなく，世界の中でわれわれが効果的に振る舞えるよう支援することに置く。アメリカ社会の一般生活の実践的思考にその影響を及ぼしたジョン・デューイは，自然は全体としてみるなら，絶えざる変化の状態にある1つのシステムだとみなし，人間を自然界の一員である生きものとして記述したチャールズ・ダーウィンの考えに影響を受け，哲学的問題が生じるのは，人間を，自らの世界を意味あるものとしその中でどのように振る舞うのがベストなのかを決定しようともがいている生きものと位置づけた。

　企業の社会的責任を理解するための理論は複数存在する。最も狭義の社会的責任論は，ミルトン・フリードマンを代表とする新古典派経済学のもので，企業の社会的責任は消費者の要求を満たしながら利潤を最大化するものであるという考えである。極論すれば，利潤の制約になるのは法の遵守だけである，と考える。

　一方，ステークホルダー[3]理論によれば，株主を所有者という特別で絶対的な存在として扱わず，投資家，つまり資本家とみる。投資家以外にも正当性のあるステークホルダーがいると考えることによって具体的な義務を明確にしようとする。

　このように，株主に対する法の遵守という最低限の義務からステークホルダー理論で示されるより広範な利害関係者への義務まで，企業活動への制約に関する考え方には幅がある。

　さらに，社会的責任を企業の使命や戦略ビジョンに組み込もうとするモデルもある（社会的責任の戦略モデルと呼ばれる）。この立場をとる場合には，企業が持続可能性を取り込み社会的な目標を追求することが株主の目標の達成にもつながることとなる。

　「環境リスク」への対応に関する，古典的な事例として，油濁事故に対する企業の責任について振り返っておきたい。1989年3月に発生した石油タンカー，エクソン・バルディーズ号事件は，海洋汚染の問題として記憶に残る事件である。船長が，危険水域を航行中に，持ち場を離れ，無資格の部下に操舵させた。その結果，アラスカ，プリンス・ウィリアム海峡で座礁し積み荷の石油を大量に流出させてしまった。この除去作業に当時20億ドル以上を費やしたという。この海洋汚染によってプリンス・ウィリアム湾で海洋生態系の甚大な被害が発生した。この油濁事故によって，環境保護に対する企業の責任問題が注目されることとなり，企業が自主的に行動規範を制度化するようになったという企業倫理の側面でも注目すべき事件となった。

　北海にある老朽化したシェルの石油貯蔵施設（大型リグ，貯蔵タンク）である

3　企業活動から利益を得たり危害を被ったり，またそれによって権利が侵害されたりする集団や個人のことを「ステークホルダー」という。この概念は，企業に対して何らかの特別な要求を持つストックホルダー（株主）という概念を拡張したものである。

ブレント・スパーの海洋投棄処理が1995年6月に行われた。ここでは，リスク評価とリスク認知の違いからくる行き違いやバイアスによって，感情的な展開に陥った。環境問題と住民の生活との間の難しい問題として今後とも教訓にすべき事故の1つと考えられる。

シェルは，北海の海上プラットフォーム（井桁）を所有しているが，大部分は小型で，使用済みとなった場合は陸上で処分されるが，大型のものは，北東大西洋の海洋環境保護のための国際条約のもとで，一定の手続に従って海洋投棄が認められている。シェルは　複数の選択肢を比較し，科学的根拠に基づき深海への海洋投棄が環境への影響を最小化する方法であるとして採用した。

しかし，国際的な環境保護団体であるグリーンピースが，リグに残っている石油やその他の有害物質（カドニウム，水銀，銅，ニッケル，微量の放射性物質）による環境への影響を問題視し，陸上処分を主張し，海洋投棄反対運動を展開した。ヨーロッパで，消費者団体，労働組合，プロテスタント教会が連携し，シェルガソリンの不買運動に発展した。最終的にシェルは，いったん海洋投棄の中止を決定した。そして，処分方法につき広告を出し，多くの方法を募り最終決定する方向に変更した。

このように環境問題については，法律的枠組みや科学的検証だけでなく，関係者の感情論やマスコミ報道による世論の影響を大きく受けることがわかる。

シェルは，その後経営方針の中に，投資の可否の決定には社会的問題，環境問題を考慮するように変更している。そして，実際に途上国における問題含みのプロジェクトについては，モニターのため環境保護及び人権擁護団体の参加を要請し，その結果は公表するように変えている。

国際貿易の拡大も手伝い，船舶航行に伴う油濁補償問題は国際間で関心の高い問題となった。油濁損害の民事責任に関する条約として，1969年に油濁損害に対する民事責任に関する国際条約が採択された。1971年には，油濁損害についての補償のための国際基金の設立に関する国際条約が採択されている。この中で被害者への法的救済は，船主には，無過失責任を負わせるが，事故が船主の故意・過失によるものでない限り，船主責任制限が認められている。荷主には，基金を設定させ，基金から，船主責任を超える部分の補償を行う仕組みとなっている。その後も引き続きタンカー事故は発生し，被害者補償の限度額を定めた上記条約は，1992年に改訂されている。

　また環境問題として，公害問題で扱われた健康被害問題がある。社会という文脈が介在した場の判断は簡単ではない。例えば，ダイオキシンをめぐる議論においては，ダイオキシンは猛毒だからできる限り排出をゼロにすべきだという議論がある一方で，毒性は確かに強いけれど暴露量はごくわずかなのだから，ほかにもっと優先すべき対策があるといった議論も聞かれる。

　また，殺虫剤に関しては，マラリアを媒介する蚊を殺すためにDTT（ジチオトレイトール）を使用しているが，難分解性，つまり自然界ではなかなか分解せず生物に濃縮していく，さらには毒性が高い。このことから，早急に使用を禁止すべきだということが国際的に議論されてきた。これに対して，代替物質は非常に高くて効果も劣るうえ，現在も年間100万人がマラリアで亡くなっている事実からまだまだDTTは必要だ，という議論もある。

　さらに，魚食に関しては，環境省や厚生労働省の調査によると，魚にはダイオキシン類やPCB（ポリ塩化ビフェニル），水銀など様々な物質が蓄積している。妊婦が食べ過ぎないように注意喚起されている魚がある。一方で，魚はヘルシーフードの代名詞にもなっていて，実際に疫学研究では心臓病になるリスクが減るという結果が数多く出ている。魚食をどう理解すればよいのか。両方のリスクを比較判断する必要がある。

　このように社会という文脈におけるリスクとリスクのトレードオフ，リスクと便益のトレードオフといった課題を解決しなければならない。ここに，科学が決定論的材料を提供してくれるとは限らない場合，不確実なデータを前提に，科学的に十分解明できていない中でリスク対策をとらなければならないといった問題が提起される。

　リスク認知が引き起こすバイアスが人々の不安を拡大させ，判断を混乱させる可能性がある。例えば，自然由来の物質は安全であるが，合成化学物質は危険だという考えは，食品の安全性に係るリスクコミュニケーションをより複雑なものとしている。このようなことからわかるように，リスクマネジャーは，リスクに関し，関係する人々のリスク認知の特徴を理解したうえでコミュニケーションを行う必要があり，関係者間のコンセンサスを形成しなければならない。

　放射線による人体への影響を考えたとき，その作用は確定的影響と確率的影響の2つがある。確定的影響は，ある一定量（閾値）以上の放射線量の照射を受けると，急性放射性皮膚炎，それに続く皮膚がん，あるいは白血病が起こるといっ

た影響のことである。したがって，確定的影響への対応は，被曝量を閾値未満に抑えることとなる。

　一方，確率的影響とは，放射線による遺伝子DNAの損傷によって，次世代における遺伝子への影響が生じるとか，現世代の発がんにいたる遺伝子の変異をもたらし，十数年以上経ってその影響が現れるようなケースが考えられる。低線量被曝による影響については，現時点でも十分わかっていないため，影響に関する閾値が明確に設定できない。そこで，このリスクをゼロにするには，被曝量をゼロにしなければならないことになる。

　社会としてどのように判断するかという問題は，ソーシャルリスクへの対応において特に重要となる。何をリスクとし，どこまで許容するのか。社会全体で議論し，最適解を模索する必要があるためである。リスクを推定するのは科学の役割であるが，そのリスクをどの程度なら許容できるかを決めるのは，社会ということとなる。

　藤垣裕子は，「科学者に予測がつかない問題を公共的に解決しなくてはならないときには，科学的合理性は使えなくなる。それに代わって「社会合理性」というものを公共の合意として使っていかなければならない。」[4]と説明する。

　中西準子は，環境リスクをどのように比較するかについて次のとおり説明する。「リスクとは，「どうしても避けたいこと」の発生確率である。ここで，「どうしても避けたいこと」を共通にすれば共通の尺度ができる。だから，われわれは，どうしても避けたいこと（エンドポイント）を「人の死」と定義した。そして，死の確率，つまり「損失余命」（寿命の短縮）という単位で，発がんリスクも発がん性のない有機りん剤による中毒のリスクも水銀中毒のリスクも表現し，比較できるようにしたのである。」[5]

　損失余命という共通の尺度を使うことによって健康リスクに関する比較が可能となる（**図表3－2参照**）。

4　藤垣裕子『専門知と公共性』（2003年，東京大学出版会）P.8。
5　中西準子『環境リスク論─技術論からみた政策提言』（1995年，岩波書店）P.9。

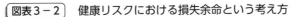

図表3−2　健康リスクにおける損失余命という考え方

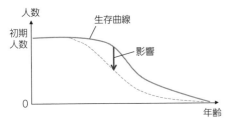

	損失余命(日)		損失余命(日)
喫煙（全死因）	>1000	カドミウム	0.87
喫煙（肺がん）	370	ヒ素	0.62
受動喫煙（虚血性心疾患）	120	トルエン	0.31
ディーゼル粒子（上限値）	58	クロルピリフォス（処理）	0.29
ディーゼル粒子	14	ベンゼン	0.16
受動喫煙（肺がん）	12	メチル水銀	0.12
ラドン	9.9	キシレン	0.075
ホルムアルデヒド	4.1	DDT類	0.016
ダイオキシン類	1.3	クロルデン	0.009

化学物質等の影響（個人差）によって死亡率が上昇することによって，もともとの生存曲線（実線）のグラフが下方にシフトする。
損失余命とは，影響の有無による平均寿命の差（集団での損失時間を初期人数で割り算したもの）である。こうすることにより同じ物差しでリスクレベルを比較することができる。

（出典）東海明宏，岸本充生，蒲生昌志『環境リスク評価論』（大阪大学出版会，2009年）P.126

　人の死亡を基準に考えることは1つの標準化と相対化の手段といえる。同時にある特定の基準に従うことによって，無視される部分もあることも認識しておく必要がある。例えば，薬物などの過剰摂取で死ぬ可能性は，猛烈な嵐で命を落とす可能性の200倍もあり，自動車事故で死ぬ可能性は，洪水で命を落とす可能性の1500倍あるという。単純に単一基準で比較することによって優先順位が機械的に決定されるほど，物事は単純ではない。しかし同時に，異なる基準を提示していたずらに議論を混乱させ，意思決定を長引かすことも不合理であるのも事実である。

　なお中西は，環境リスクの捉え方を人との関係から自然環境の破壊へと拡大するアプローチについて説明している。要約すると次のとおりである。

　「環境リスクを人の健康への脅威という内容から，自然環境の破壊と捉え，エンドポイントを，「生物種の絶滅」と設定した。具体的な課題に対して意見が対立することの多い自然環境保護問題ではあるが，未来への恐れ，将来の世代への問題として捉えて，例えば，生態リスクの大きさを比較することによって，その意見の食い違いが質の問題ではなく，量の問題であることを明らかにすることによって，意見の違いを乗り越えて，調整する手段とすることができる。」[6]

90

　持続可能な開発とは，「将来の世代の欲求を満たしつつ，現在の世代の欲求を満足させる発展」と定義される。現在のみが良ければ良いという考え方を支持せず，将来に負担をかけた発展は認められないという価値観が1992年6月のリオ・デ・ジャネイロの環境と開発に関する国際連合会議（地球サミット）で確認された。

　フロンガスに対する国際合意も，オゾンホールは現在の人類の技術では修復できない，いったん発生してしまったら将来の世代に負担をかけてしまうという考え方がベースになっている。フロンガス問題を簡単に振り返っておきたい。これは，1980年代に，エアコン内を循環している冷媒ガスとして使用されているフロンガス（CFC/HCFC）[7]の排出によって，成層圏のオゾン層を破壊することが確認されたためである。紫外線を吸収するオゾン層の減少は，紫外線が直接地上に降り注いでしまい，生物細胞のDNAを傷つけ人類だけではなく，生物全体の生存に影響を及ぼすこととなる。そのため，1980年代にオゾン層破壊防止のための国際運動が起き，フロンガスの使用を制限する条約，議定書が成立した。オゾン層破壊の一番の原因になっている塩素を取り除いた代替フロン（HCFC），さらに環境にやさしい新冷媒（HFC）の使用が主流になってきている。オゾン層破壊の影響の大きいCFCやフロンガスの一種で消火剤として使用されるハロンについては先進国では，1996年に使用禁止となった。比較的影響が小さいHCFCも一部を除き2020年に全廃されることとなった。ただ，HFC（A1）についても，地球温暖化をもたらす温室効果ガスであることが明らかとなったため，その後地球温暖化係数（Global Warming Potential：GWP）の小さいHFCやHFO微燃性冷媒ガス（A2L）への切り替えが進められており，近年では，GWPがさらに小さいHC冷媒ガス（A3）や自然冷媒の使用が検討されている。

　また，それまで使用されていた特定フロンを回収・無害化するために2013年にフロン破壊・回収法はフロン排出抑制法へと改正された。フロン回収・破壊法や家電リサイクル法などの諸法律が制定され，フロンの製造から廃棄までのライフ

6　中西・前掲注5，P.9〜14。
7　フロン類が地球温暖化に与える悪影響の度合いは，二酸化炭素の数十倍から数万倍にもなるが，地球温暖化に対する影響を考慮しても，フロン類が「冷媒」として使われるメリットは大きい。

サイクル全体に対する対策がとられ，フロンを含む製品の廃棄時におけるフロンの回収・破壊処理の実施が義務づけられた。その後，2016年のモントリオール議定書の改正（アフリカのルワンダの首都キガリで開催された締約国会議で合意されたため，「キガリ改正」と呼ばれる）を受け，日本では2018年にオゾン層保護法が改正され，代替フロンの製造及び輸入を規制する等の措置を講じることになった。国全体の代替フロンの生産量，消費量それぞれの限度を段階的に切り下げ，2036年には基準値（2011〜2013年実績の平均値）から85％まで削減した水準が要求されている。

3　気候変動リスクの特徴とリスク管理の強化

(1)　気候変動リスクの特徴

　地質学者は，「きわめて安定した気候で人類文明の発展を支えた約1.2万年間の完新世（Holocene）が終わり，人類が登場して初めて地球システム（生物圏）の機能に支配的な影響を及ぼす時代になったという意味で，新たな地質時代『人新世（Anthropocene)』に入ったとしている。

　地球全体は１つの大きなシステムと考えられ，循環メカニズムが働いている。これらのシステムの全容が解明されているわけではないが，それぞれのコンポーネントの運動や，各コンポーネント間の相互作用が地球全体のシステムを形成し，様々な現象を生んでいる。大気は，対流圏，成層圏，中間圏，熱圏から成り立っている。そして，太陽から直接あるいは地面から間接に受け取るエネルギーを原動力として大気が動いている。海洋は，太陽光の浸透による温度差のある表層混合層，水温躍層，深層に分かれている。それぞれの層における海水あるいは各層間における熱対流と塩密度差による循環が起こっている。陸地では，物質の違いにより地殻（マントルから分かれて上昇したマグマによってできたもの），マントル（岩石でできている），コア（金属でできている。外核と内核に分けられている）に分かれていて，マントルの一部（アセノスフェア）と外核は流動している。地殻とマントルの最上部からなる10数枚のプレートがあり，それぞれ固有の回転軸を持ち回転運動をしている。そして，海底では，中央海嶺で新しい海洋プ

レートが生産され，大陸プレートと海プレートがぶつかる海溝では，海水によって冷やされ重くなった海のプレートが相対的に軽い大陸のプレートの下に沈み込んでいる。

　地球温暖化に関係が深い炭素に着目すると，生物の体を作っているのは炭素であるが，地表での炭素のほとんどは植物が持っている。植物が枯れると微生物によって分解され，二酸化炭素となって大気中に加わる。その一部が海水中に溶け込み，これが炭酸塩を造り沈殿すると，海洋プレートの一部となる。プレートの沈み込みにより，マントルへ沈み込んだ炭素は，火山活動を通じて大気中にもどっていく（炭素循環）。

　このように自然資本は，様々なシステムの循環[8]として理解することができる。その循環運動を変化させている重要な要素として人為活動による炭素の排出に関心が高まっている。

　これまでは，人類の活動が小さく，地球システムに与える影響は限られていた。しかし産業革命後，特に20世紀半ば以降，経済活動は加速し，地球システムに大きな負荷をかけるようになり，地球システムが本来持っているレジリエンス（回復可能性）が限界に達しつつある兆候が明らかになっている[9]。

　地球システムは，不可逆的に臨界点（Tipping point）[10]に近づきつつあり，異常が当たり前（New normal）になりつつある，と認識されている。

　2030年を期限に設定された国連のSDGsや2030年までにGHG排出量の半減を目指す気候変動に関するパリ協定（2℃以下，1.5℃が努力目標，COP26において，

8　詳しくは，廣瀬敬「地球の中身─何があるのか，何が起きているのか」（2022年，講談社ブルーバックス）を参照。

9　自然資本の減耗から生じる問題は，代替可能性に厳しい制約があるという点である。自然資本が受け入れ難いペースで劣化しても，価格が上昇するといったシグナルが働かない。これが，市場の外部性による市場の失敗である。このため生態系には，人々による「ただ乗り」，「コモンズの悲劇」が生じる。

1.5℃が目標化）が動いている[11]。グローバル社会は，気候変動が次世代の社会・経済に及ぼす影響を共有し，緩和策，適応策を推進している。

　IPCCは，気候モデル[12]を使った分析で自然変動だけを考慮したシミュレーションを実施した。このシミュレーション結果は，20世紀前半までは実際の気温変化をなぞっているが，20世紀後半の急激な気温上昇は再現できなかった。そこで，再現できなかった要因を調べるため，気候モデルを使って気候変動のメカニズムや地球温暖化予測などの分析を進めた結果，20世紀半ば以降の温暖化の主な原因として，人間活動の可能性が強いとの結論を導いた。

　気候変動において，2℃上昇以内に抑えたいと考えている理由も，気候システムの臨界点との関係からシステムのレジリエンスを意識したものである。臨界点を超えると，気温上昇で永久凍土の融解が進み，凍土に固定されたメタンなどが放出され，さらに気温が上昇するといった「自然のフィードバック」を引き起こし，それらが連鎖反応を起こす可能性があると考えられている。その結果，たと

10　地球システムといった動態的なシステムを扱う際には，閾値と分岐点に注意する必要がある。閾値とは，動学システムにおいて，異なる領域（非連続の世界）にわける点のことである。動学システムの下では，外部の力が働いて他の領域に押し出す（tipping）ことがない限り，そしてそうするまでは，その領域にとどまることになる，という状況を前提にしたもので，閾値を超えると元に戻らない，まったく別の領域（システム）に移行することとなる。気候変動によって，自然システムがある閾値を超えると，別の自然体系に移行し，元には戻らないといわれるが，その移行点のことである。

11　120カ国以上が，2050年までにカーボンニュートラルを目指し，日本は2030年の中間目標として，2013年比でCO2排出量を46％削減することを掲げている。

12　地球モデルとは，地球の物理法則に基づく循環システムをモデル上で再現したものである。日本では，海洋研究開発機構が運営する「地球シミュレータ」，気象庁気象研究所の「地球システムモデル」がある。気候モデルは，前述の物理的循環をモデル化し，その相互作用をシミュレーションするための仮想地球モデルである。このモデルには，次のサブモデルを組み込んでいる。すなわち，大気循環モデル，炭素循環モデル，陸・海水循環モデル，氷床モデル，海洋循環モデル，海洋生物地球化学モデル，エアロゾルモデル，化石燃料土地利用の変化予測モデルである。気候モデルは全ての気象現象を完璧に再現できるものではない。計算結果には気候モデル特有の系統誤差が含まれる。そのため，気候モデルを将来予測に利用する際は，まず過去のデータを当てはめて現在気候を予測し，実際の気候と比較し，どんな誤差が生じるか，検証する必要がある。そして，将来の予測にも同様の誤差が生じることを前提に予測値を統計的に補正する必要がある。また，狭い領域の予測をする場合には，エルニーニョ現象など，大気や海洋の自然変動の影響が出やすいため，広域の予測結果との整合性をとりつつ狭い領域の固有性を考慮する必要がある。

94

え人間社会がGHGの排出をゼロにしたとしても，自然の作用によって気温が4
〜5℃上昇してしまうリスクがあるとしている（ホットハウス・アースと呼ばれ
る）。つまり，気温が臨界点を超えてしまうと，自然界でドミノ倒しのスイッチ
が入り，人間の手に負えなくなると考えられているわけである。この点を指摘し
た論文が詳細に検証を行っているわけではないが，そのスイッチが入る臨界点を
「2℃前後」と提示している[13]ことがその拠り所となっている。

　ある臨界点を超えると劇的に様相が変化するという現象は，水が摂氏100度を
超えると液体から気体に変化するように，自然界に類似の事例が存在することを
われわれは知っている。また同時に，自然界の影響は地域性による特徴を持って
いることも承知している。これまでのIPCCの分析で，1.5℃と2℃とでは，その
被害に大きな差が出ることが提示されている。この点は，2021年11月に行われた
COP26で，気温上昇を1.5℃以内に抑えようという国際的な合意に至った背景の
1つともなっている。
　パラダイムシフトの過程にある社会環境にあっては，危機に至るドミノ倒しへ
の臨界点を超えるというスイッチを入れないようにすること，また地域性を有す
るリスクの特性を理解したうえで保守的に対応することが重要な要素と理解され
ているわけである。

　システム・ダイナミクスの視点から気球温暖化の構造を捉え，企業の長期戦略
検討に活用することが有用であろう。つまり，地球システムといった企業にとっ
ての外部ハザードシステムを意識し，サブシステムとして企業が所属するセク
ターのシステムを置き，その中のさらにサブシステムとして自社の内部システム
を想定するというアプローチである。

　地球システムにおけるサブシステムとしてマクロ経済システムを捉え，それら
の関係をモデル化したのが，2018年のノーベル経済賞を受賞したウィリアム・ノー
ドハウスである。彼は，「地球温暖化の統合評価モデル（Integrated Assessment

13 Steffen,W.,Rockstrom,J.,Richardson,K.,Lenton,T.M.,Folke,C.,Liverman,D.,・・・Schellnhunber,
H.J.（2018）Trajectories of the Earth System in the Anthropocene The Proceedings of the
National Academy of Sciences,（https://www.pnas.org/content/115/33/8252）

Model：IAM）と呼ばれるDICEモデル（Dynamic Integrated Climate‐Economy）
を初めて作った。今日では多くのIAMが作成され，それがIPCCのシナリオの作
成に使われ，パリ協定での2℃目標の合意に大きな影響を与えたといわれている。
IAMは，全球気候モデルと統合型エネルギー経済モデルで構成されている。シ
ステム思考の結果として作られたノードハウスのDICEモデルは，気候モデル，
計量経済モデル，エネルギー需給モデルから構成されており，簡潔な13本の数式
から成り立っている。その後のIAMはスーパーコンピュータの利用により巨大
化・複雑化・精緻化している現状にある[14]が，その基本構造自体は，DICEモデ
ルからほとんど変わっていない。ただ同時に，特定の専門家以外にはブラック
ボックス化してきている。そこでこの弊害を軽減するため，IAMの基本的な枠
組みの標準化が進み，外部の者に対してもプロセスの透明性を確保する取組み
（ISIMIP[15]）が進められている。しかし，複雑なシステムを扱うため，モデルに
おける異なる構造やパラメータによって，同じシナリオ・データをインプットし
たとしても，そのアウトプットが異なる。このアウトプットの幅は，モデルの不
確実性として認識されている。

　ノードハウスのDICEモデルの構成は次のとおりとなっている。

●目的関数
　2本の算式
　世界全体での効用を最大化するような1人あたりの消費・投資の選択の経路を
探索するものである。
　世界全体の投資行動による温暖化への緩和策に要するコストと温暖化による損

14　企業が実務的に気候変動リスクの分析に取り組む場合は，複雑な構造をできるだけシンプル
　なシナリオに落とし込み，ストーリー性のある形で理解し自社の長期戦略の論議を進めることと
　なる。そして，最終的に財務情報に基づく企業価値分析へと結びつけ，現行の管理ツールに組
　み入れることに目的がある。

15　ISIMIP（The Inter-Sectoral Impact Model Intercomparison Project）は，国際部門間影響
　モデル比較プロジェクトと訳されている。気候変動に関する世界各地の研究グループによって
　モデルについて，研究者のためのプラットフォームとなるパブリケーションデータベースとデー
　タセットデータベースを公開している。またデータベース拡充のために関連研究者がこのアトラ
　スに自分の仕事を寄付するように奨励している。このようなプロセスを通じてモデルを可視化し，
　標準化と発展に寄与するためのプロジェクトである。

害（GDPへのインパクト）の最適化が目的となる。

● 経済

　4本の算式

　緩和策としてどのタイミングでどの程度投資するか，強固な緩和策をとるとCO_2排出効果はあり，温暖化の影響は抑えられる。ただ，経済成長への影響も出る。GDPに影響を及ぼす資本と労働の投入への影響，技術革新は外生的に与える仕組みとなっている。

● 気候

　4本の算式

　GHGの排出によって地球温暖化が進展するメカニズムを記述している。

　CO_2排出抑制のためのコストは包括的に炭素税で表現している。

● 温暖化対策と環境影響のコスト

　3本の算式

　環境影響による損害は，GDPに比例して発生し，温度は1度上昇するとGDPの0.144％への損害，2度上昇の場合は4倍の0.576％となっている。また，CO_2削減コストは，CO_2削減率の3次関数を設定している。

　温暖化の構造を単純化して整理すると，**図表3－3**のとおりである。

　そして，温暖化対策には，エネルギー改革が必要で，その改革が経済へ影響を及ぼす関係について，気候変動モデルと統合型エネルギー経済モデルによって整理されている（**図表3－4参照**）。

　このような気候システム，エネルギー経済システムのダイナミックな関係を踏まえたうえで，緩和策の実施（ここでは各施策の効果を炭素価格の上昇に代表させる形でモデルに反映する）と温暖化抑制（つまりCO_2排出の抑制）との関係性を**図表3－5**のように整理している。

　気候変動のような社会的課題といえるソーシャルリスクに取り組もうとすると，気球システムへの変化が社会・経済システムに及ぼす影響を構造的に理解し，社会全体で取り組む際の手段やその影響と効果について，コンセンサスを得る必要がある。このようなコンセンサス作りに長年にわたるIPCCの分析が貢献してき

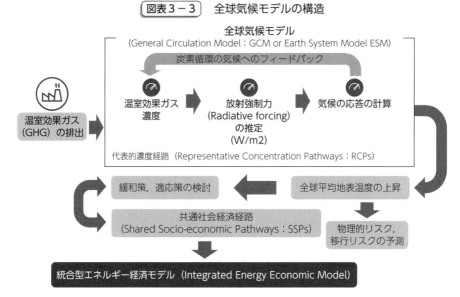

（出典）後藤茂之編著『気候変動リスクへの実務対応』（2020年，中央経済社）P.28

たわけである。

　さらに，このようなプロセスを経て社会的合意に至った気候変動対策について，企業は社会的価値として受け止めていかなければならないこととなる。企業のリスク管理においては，企業が様々なシステムとの関係の中で，企業活動を展開している点に留意しなければならない。例えば，相互に関係するシステムがどのような影響を受けるのか，そして関係するそれぞれのシステムが持つレジリエンスがどのような状況になっているのかを意識しなければならない。

　極論すれば，これまで各企業は，気候システムが持つ復元力のお陰で大きな変質による悪影響を特段意識することなく，経済活動に邁進していたことになる。しかし今後は，臨界点を意識し，気候システムがまったく異なるシステムへ変質しないように待ったなしの取組みが求められる。

　人体の仕組みや生態系の仕組みを観察するとわかるように，レジリエンスのあるシステムは，極めてダイナミックなものといえ，時間の経過とともに変化する可能性もある。そして，フィードバック・メカニズムが何層もの遅れや歪みを通して作用するため，ある局部的な観察に基づく場当たり的対応を続けていると，

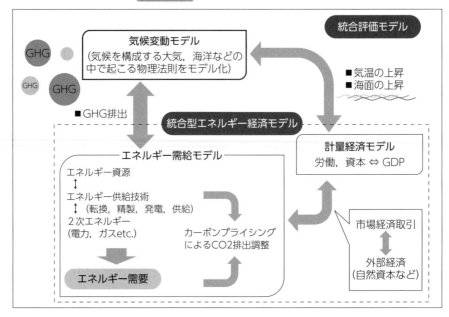

図表3−4 統合評価モデルの構造

（出典）後藤茂之編著『気候変動リスクへの実務対応』（2020年，中央経済社）P.115

図表3−5 統合型エネルギー経済モデルを使った分析の概要

■ 統合型エネルギー経済モデルにおけるハイレベルのCO2の削減分析では，緩和策を炭素価格の上昇に代表させた排出量削減分析が考えられる。（左下図）
■ ただし，極端なCO2排出量の削減は，社会・経済への負のインパクトが大きい。そこで，技術・社会のイノベーションへの期待が大きくなる。（右下図）

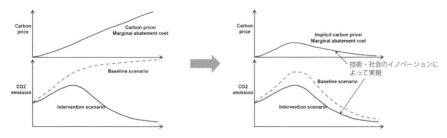

（出典）平成25年度 地球環境国際連携事業「地球温暖化対策技術の分析・評価に関する国際連携事業」
　　　　P.34より

システムの持つレジリエンスを犠牲にしてしまう危険性も持ち合わせている。システム全体を見ることによって，そのレジリエンスを理解することが，企業にとっても不可欠になっている。

(2)　気候変動リスクの分類

　次に気候変動リスクを分類してみると，次の4種類に区分できる。

①　移行リスク

　当初パリ協定で標ぼうした2℃目標[16]は，2022年11月のCOP26でより高い1.5℃目標に修正された。この達成を確実なものとするためには，今後法律や規制によってこれ以上のCO2の排出を許さない政策も含め企業の実効性ある対応が求められる。その場合，関連企業の価値は大きく影響を受ける。例えば，現在確認されている化石燃料埋蔵量の一部しか消費できないこととなり，石炭，石油，ガス企業が抱えている化石燃料が座礁資産化する恐れがある。

　また，不動産に対する移行リスクの例として，エネルギー効率が一定レベルに達していないと商業用不動産として扱えない規制が出されるなど，気候変動に関わる企業価値評価は変動することが予想される。

②　物理的リスク

　気候変動緩和策の目標が達成できず，温暖化がさらに進行するなら，気温の上昇が気候システムを変化させ，様々な現象を引き起こすことが想定される。

　物理的リスクは，急性的ハザードによるものと，慢性的ハザードによるものに分けられる。急性的ハザードは，熱帯性暴風雨，山火事，沿岸洪水，極端な気温・降雨，熱波，干ばつ，土砂崩れ，河川の氾濫など，局地的で直接的な影響を及ぼすことが多い極端な気象現象のことである。一方，慢性的なハザードは，気候の長期的な変化のゆっくりとした漸進的な影響であり，例えば，気温の上昇，

16　IPCC2℃シナリオを実現するためには，一次エネルギーの再生エネルギー，原子力，CCS（CO2回収，貯留）付発電を合計した低炭素エネルギーの占める割合を，2050年までに2010年と比較して3倍から4倍近くに増加する必要がある。また，2100年までにCCSなしの火力発電所をほぼ完全に廃止する必要がある，と報告している。しかし，CCSは現在実証段階で，商用化されたものはなく，さらなる技術開発が求められる。

海面上昇，氷河の融解，砂漠化，降水パターンの変化，水の利用可能性の変化などである。

　急性の社会・経済への影響としては，自然災害の巨大化が推定される。既に現時点でもその兆候は表れているとしてIPCCは警告している。巨大な自然災害によって企業価値は影響を受ける。例えば，ダメージを受けたインフラの復旧対策，企業活動の低迷による収益の減少，経済発展財源から復旧財源への振替による機会費用の発生など，国民経済レベル，企業レベル，個人レベルへとその影響は波及する。

　また，慢性の社会・経済への影響としては，例えば酷暑（熱波）の常態化，降雨状況の変化などの慢性的影響により，主要な穀物地帯に長い干ばつが続いたり，穀物の品質や生産性に大きな影響が生じ，穀物価格も変動する。また下痢症やコレラのように汚染された水が原因となる水媒介性感染症は，特に上下水の設備が不十分な途上国を中心として，深刻な問題となる。温暖化による水温の上昇は汚染の原因となる菌の増加から感染症へも悪影響が考えられている。

　ここで挙げたような経済，企業，個人に生じる負の経済的インパクトのことを「物理的リスク」と呼ぶ。物理的損害の範囲であるが，直接の損害のみでなく，この損害によって逸失利益や潜在的な経済の停滞などから生じる負の波及効果も発生する。

③　賠償責任リスク

　移行リスク，物理的リスクに的確に対応できない事態が発生した結果，第三者から法的な責任追及を受けるといった賠償責任リスク（不法行為，契約不履行による法的責任）にさらされる恐れもある。

④　評判リスク

　気候変動は重要な社会課題となっている。企業がこれらのリスクに対して適切な対応をとれないと，結果として評判の悪化（レピュテーショナルリスク）を招く恐れがある。

⑶　リスク管理プロセスの強化

　気候変動リスクをリスク管理の各プロセスにあてはめ，どのような視点を踏まえて強化していくのかについて整理しておきたい。

①　リスクの特定・評価

　企業を取り巻くリスクの特徴を理解し，対処すべきリスクを特定し，評価するプロセスは，その後のリスク処理の的確さに直結するため，リスク分析の精緻化を常に図っていく必要がある。ただ，リスク構造は複雑で相互依存性が高いため，リスクの全容を理解するためにそれをシステムとして理解し，一般化・単純化したうえでモデルを作成することが多い。これは，リスクの構造をシステムとして理解することが，対応策を検討しようとする際に多くの知見を提供してくれるからである。例えば，**第1章1**で紹介した洪水リスクを理解するタンクモデルを使い，気候変動による降雨への変化が洪水にどのような影響を及ぼすかを可視化して理解しようとしている。

　対象とするリスクをシステム思考で捉える利点は，今後の気候変動について気候システムを俯瞰したうえで理解し，企業活動との関係からどのような影響が出てくるかの検討を助けることにある。幸い気候変動による影響については，IPCCの分析により地球温暖化の仕組みと大気中のGHG濃度の上昇，気候システムへの影響に伴う自然災害の変化に関する参考情報が公表されている。したがって緩和策への検討においては，GHG排出と2100年末の温度上昇に関してIPCCによって提示されたマクロのシナリオを活用することができる。また，国際エネルギー機関（International Energy Agency：IEA）の提示するシナリオによってエネルギー関連の状況をより具体的に反映させた情報も提示されている。温暖化の要素を踏まえて，統合型エネルギー経済モデルによる分析から得られるマクロ情報なども利用可能となってきた。TCFDの任意開示の枠組みに沿って企業のポートフォリオに関わるシナリオ分析も開示され，実務的なベストプラクティスを共有できるようになってきた。また温暖化の原因となるGHG排出量の把握については，GHGプロトコル[17]が公表され，企業はGHG排出削減にも取り組んできている。

　企業はこれら利用可能な情報，データを活用し，リスク管理の検討を進めるこ

ととなる。しかしながら，企業が気候変動リスクによる企業価値分析を実施し，長期戦略やリスク管理を検討しようとすると情報が不足している。また，利用可能な情報の整合性，粒度，精度などにおいても課題が多い。このような状況を前提としてTCFDが推奨している手法は，前述した公表された気候シナリオを前提に，その影響が自社の事業ポートフォリオにどのような影響を及ぼすかについて洞察力を発揮して分析することである。ここで，従来の事業計画との違いは，中長期の環境が気候変動によって大きく変化することである。つまり，従来のフォワードルッキング[18]なアプローチは適切ではない。環境の質的変化を取り入れるためには，バックキャスティング[19]のアプローチが有用である。

また，企業価値の変動の可能性を分析する際においても留意が必要である。これまでのリスク管理においては，過去の膨大なデータを使った統計的推定（フィッシャー・ネイマン推定）を活用することが多かった。しかしながら，過去のデータの傾向が将来変化する可能性が強い気候変動のようなリスクを扱う場合は，同様の手法では評価を間違うこととなる。そこで例えば，これまでのデータに基づく確率分布を事前分布として，その後の利用可能なデータに基づき修正し事後確率分布を導き出していくベイズ推定などの活用も検討する必要がある（ベイズ推定については，第5章3で触れる）。

② リスク処理

従来のリスク管理では，基本的な経営環境が大きく変化しないことを前提にしているため，戦略の選択肢を変えることによって，蓋然性のある分析も可能であった。しかしながら，現在の戦略策定に際して考慮の対象となっていない要素である地球温暖化に伴う企業価値の変化についての対策は簡単ではない。われわ

17　国際的に認められた温室効果ガス排出量の算定と報告の基準を開発し，その利用を促進する目的で設立された温室効果ガスプロトコルイニシアチブ（1998年に世界環境経済人協議会（WBCSD）と世界資源研究所（WRI）によって共同設立）によって公表されたプロトコル。

18　フォワードルッキングとは，「先を見越した」とか「将来を考えた」を意味する表現で，実務では，現状の環境を踏まえて将来を予測する際に使われる。

19　バックキャスティングとは，最初に目標とする未来像を描き，次にその未来像を実現するための道筋を未来から現在へと遡って記述する，シナリオ作成の手法のことである。実務では，将来の環境が大きく変わる場合，現在の延長線上では将来を予測できないような事態における将来予測の手法を表すときに使われる。

れは経験していないことを想像することは得意ではないからである。

　これを打破するための手法として，バックキャスティングを使った長期戦略の検討を経営管理に組み込む必要があろう。そして，長期戦略の検討過程で，足元の短期・中期戦略と現時点で関連のある要素を見出し，これへの対策を長期戦略と紐付けていくZoom In/ Zoom Out[20]の考え方を活用することが有用といえる。

　長期戦略の検討は，不確実性の高さや時間軸の長さなどもあり，ハイレベル，粗い粒度にならざるを得ない。そして，判断基準もまたより基本的，本質的な要素を重視したものとなろう。社会との良好な関係といった企業の持続的成長を意識した検討，企業倫理に戻った基本的な判断も必要になってくるものと考える[21]。

　今後企業は，SDGsなどが企業に求めている持続的成長のための社会的価値と企業の経済的価値の向上をいかに両立させて実現していくのかについて論議を深めていくこととなる。このような関係をイメージ図で示すと，図表3-6のとおりである。

20　カメラのレンズのズームを調整するように，企業を取り巻く長期の環境変化を俯瞰して企業のあるべき姿を描き（Zoom Out），次に足元に焦点を絞ることによって，その将来の姿につながる足元に存在する事柄に目を移し，取り組むべき案件を選別する（Zoom In）といった手法で，長期の事業ポートフォリオの構築を計画するとともに足元の取組みをつなげていこうとするアプローチのことである。
21　社会の価値観も変化する移行社会において企業が持続的成長を実現していくためには，不確実性に対して倫理とリスクの統合的対応が不可欠となっている。詳しくは，後藤茂之『リスク社会の企業倫理』（2021年，中央経済社）を参照。

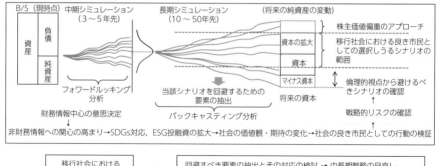

図表3−6 中長期戦略の連動と調整（倫理とリスクの統合的思考）

(出典) 後藤茂之『リスク社会の企業倫理』(2021年，中央経済社) P.206

　地球の循環メカニズムについては，本節(1)でも触れたが，将来の地球の循環システム[22]が変化することによって引き起こされる様々な気候変動リスクによって企業のポートフォリオがどのような影響を受けるかを具体的に推定する必要がある。その場合，将来の環境変化が大きくない状況を前提にしたフォワードルッキングなアプローチは適切ではない。例えば，温暖化に影響を及ぼす将来のGHG排出量予測を考えた場合，その削減目標は，過去の排出量や従来の発想に

---

[22]　気候の変化は空気の流れによって起こる。空気の流れは地球の表面が太陽熱を不均等に受けることによってもたらされる。地球が，球面体であるため，赤道付近は垂直に光を受けるのでよく熱せられるが，極付近は斜めに光線を受けるために寒い。熱帯の空気は暖められて上昇し気圧が下がる。寒帯では逆に高気圧となり，下降気流が生まれる。そこで地球的な規模の空気の移動が起こる。

　このような太陽熱と地球の自転によって生じる大気の循環に加え，地球には，風や塩分濃度差によって生じる海洋の水の循環，水蒸気・水滴（雲）・降雨という変化によって生じる海と空と陸にまたがる水の循環，さらに炭素を使った光合成による植物の生長・それを食べた動物の呼吸や死後微生物によって分解されて炭素が放出されるというように生物圏と自然界で繰り広げられる炭素循環など，熱・水・炭素が媒介となって維持される巨大な循環構造（大気，海水，炭素の循環システム）が存在する。このように，地球の熱分配と循環システムによって，地球の各地の気温・気象，生物圏と自然界の現状が形成されている。

基づく設備投資計画ではなく，今後の移行社会のあり様を踏まえた対応が求められる。

　バックキャスティングに基づき，経営環境を長期的視点からその変化を俯瞰して（Zoom Out）長期戦略を策定したとする。企業活動は過去・現在・将来へと途切れることなく継続しているので，短期・中期計画と上記長期戦略とリスク管理方針を相互に連動・調整する必要がある。この際，長期戦略と短中期計画の粒度と不確実性の質には違いがある。またハイレベルの長期変化の傾向によって生じる現象は，個別企業が属する業種や個社のビジネスモデルや戦略の違いによってその影響には差異が生じる。また，企業活動が変化すれば，企業の業績としての会計情報にも変化が生じる。その意味では，企業の地球環境保全にかかわるコストは発生の段階で確定値として企業の会計情報に反映されていくこととなる。しかしながら，今後の企業価値評価を予測したい投資家は，将来企業がどのような対応をしようとしているかを評価して投資判断をする。

　気候変動リスクの影響は，企業のビジネスモデルによって異なるものとなる。参考までに，事業会社（非金融），銀行，保険会社のポートフォリオへの影響の違いを図表3－7で整理してみた。

③　モニタリング（リスクの検証と改善）
　前述したとおり，気候変動リスクにはまだまだ不確実性が多く，同時に気候変動は，IPCC，COP，TCFDなどの枠組みを通じて各国，地域における諸活動につながっていく。極端な気象の発生も確認され，地球温暖化への対応強化が求められており，変化の激しい領域といえる。企業がこのような経営環境に的確に対応するためには，動態的管理が必要となる。
　ただ，地球システムに関わる膨大な情報量の中から企業経営への影響が大きい重要な要素をいかに選択するかが新たな課題として出てくる。この問題を考える際には，ESG要素に関わるマテリアリティの論議が参考になる。企業は中長期的に社会の中で，社会との良好な関係を維持できない限り存続し得ないと同時に，付加価値のある経済的価値を創造できなくなると短期的に存在できない。このことから，短期，中長期の時間軸を意識した企業価値創造に関する自社の戦略を下地にしたKGI，KPI，KRIを設定しその進捗を定期的にモニタリングすることが

106

図表3－7 気候変動リスクの企業価値への影響の業態別時間差と影響の違い

気候変動リスク	事業会社	銀行	保険
移行リスク (個別企業の地球温暖化対応によってリスク状況は変化する。)	脱炭素対応計画の策定と新規投資の実施→PL（損益計算書），BS（貸借対照表）への影響 短期的企業価値と中・長期的企業価値への影響は企業戦略，投資家判断により異なる。 （ダブルマテリアリティ，ダイナミックマテリアリティの問題）	投資先企業の価値動向により座礁資産化の問題（市場リスク）が生じる。 融資先企業に対しては，信用リスクの変化が生じる。	BSの資産サイドは，銀行と同様。保険負債については，契約企業の収支状況の変化から保険需要，保険料負担の問題が生じ，保険料率水準の問題が生じる可能性がある。
賠償責任リスク (個別企業地球温暖化対応や開示の状況によってリスク状況は変化する。)	脱炭素対応の真剣さ，スピードの問題，開示の適切さの問題が訴因となっている。 敗訴すると，ビジネス戦略とは無関係に対応と法的に急がされることに伴う企業価値の低下。 投資判断を誤らせたことによって生ずる損害の賠償責任負担とレピュテーションの低下に伴う企業価値への影響が生じる。	左記対応の結果生じるPL，BSへの影響による信用リスクの変化に伴う融資への影響。 保有している有価証券価値の低下の可能性がある。	資産サイドは，銀行と同様。 賠償責任保険を引き受けていれば，保険金支払が発生（キャッシュアウトによるPL，BSへの影響）。 リスク量の拡大によるソルベンシーマージン比率（保険会社の支払能力を測る指標）への影響。
物理的リスク (地球全体のGHG濃度との関係でリスク状況が左右され，個別企業との直接の因果関係は薄い。ただし，サプライチェーンへの影響，農業への影響は直接的である。)	急性→操業停止→PLへの影響 財産毀損→BSへの影響 保険に加入していれば補償される。 慢性→農業関係の事業のように中長期的影響がある事業もある。	投融資先企業のPL，BSの影響の程度により，市場リスク，信用リスクに影響する。 なお，担保価値への影響は保険手配の有無，融資返済への影響の有無によって決まる。	資産サイドは，銀行と同様。 自然災害リスクを保険で引き受けていれば，保険金支払が発生（PL，BSへの影響）。 リスク量の拡大によるソルベンシーマージン比率への影響。

重要となる。

　一般に新たな不確実性に対するリスクの特定・評価のステップは，まず定性的アプローチからスタートし，リスクプロファイルについて知見を蓄積することとなる。これまで気候変動に関し企業は，TCFDが奨励したシナリオ分析の手法を使って企業戦略への影響について分析を試みてきた。現在IFRS財団によってサステナビリティに関する財務情報の開示について検討が進められている。このように開示の世界でも新たな重要な動きが出てきたが，その結着までには時間を要するであろう。しかし，制度的な動きとは別に実務的な検討，試行は絶え間なく続けられるし，さらに加速化されていくものと考える。本書では，**第4章**以降で企業価値への変動との関係でどのようなアプローチが可能かについて探っていきたいと考えている。

 **科学者とリスクマネジャーの対比**

ハーバート・A・サイモンは，科学者を迷路の中を探索する問題解決者だと比喩する。つまり，科学者のとるアプローチを次のように描写している。

● 興味深い現象を見つけ出すこと，

● そこから意義のある問題を明確な形で切り取ること，

● 現象やデータの中に潜む法則を見つけ出すこと，

● いくつかの現象を体系的に分析する理論を作ること，

● 理論から導かれる帰結を仮説として立て，それを検証すること，である。

このプロセスは，リスク管理プロセスと基本同じといえる。

1748年，デイヴィド・ヒュームは『人間知性研究』の中で，未来について確かなことはいえないという無力が初めて認識された，と述べている。また1934年『科学的発見の論理』を現したカール・ポパーは，科学がどのような方法を用いて世界の真理を明らかにしていくかという視点に着目し，ある理論を科学的な理論といいうるのは，それがその後の経験によって誤りであることが反証されうる可能性がある点の重要性を指摘した。つまり，科学的プロセスにおいては，観察された一連の事実（特殊事例）からより一般的な結論へと移行していくという一般化の過程（「帰納的推論[23]」）が重視されると説明した。

ダン・ボルゲ（2005）は，実務家として，不確実性に対する科学者とリスクマネジャーのアプローチの相違を次のとおり描写している。

「科学者は，この世の不確かさの大部分は無知のせいなのだから，真理を発見することによって不確実性を減じることができると考える。

科学者は，科学的手法を使って無知の問題を解決しようとする。科学的手法を支えるのは論理的で観察と再現が可能な証拠であり，科学者は証拠が動かしようのないものであることがはっきりするまで判断を下さない。科学者は理論を構築し，証

23　これに対して，逆に，一般的な事例から特殊事例へと進む推論として演繹的推論がある。これは，例えば，「もしそれがリンゴなら，それは果物だ（すべてのリンゴは果物だから）」と，「これはリンゴだ」という2つの前提から出発して，これら2つの前提の性質からして，「これはリンゴだ」という言明は不可避的に「それは果物だ」という結論にいたるという具合に進む推論のことである。

拠を解釈するに当たって個人的な偏見を交えない。…（これに対して,）リスクマ
ネージャーは不確かさに対して,「将来は不透明かもしれないが,予測できないわ
けではないし,自分の力でよい結果が起きる確率を高め,悪い結果が起きる確率を
低くすることができる」という実用主義的な態度をとる。…起こりうる結果の発生
確率がどのくらいなのか見当がつかないときはどうしたらよいのだろうか。結論を
言うと,確率がわかっているかどうかは重要ではない。なぜなら,確率がわからな
いことを理由に何もしないことに決めたとしても,それはそれでひとつの意思決定
であり,やはり何らかの結果が生じるからだ。しかも,何もしなければ貴重なチャ
ンスを逃す可能性があるし,脅威が現実のものとなるのを許すおそれもある。さら
に,何もしないというのはいろいろな選択肢を残しておくということでもある。そ
の場合,決断を先延ばしにしている間に様々な新情報が入ってくるため,結局は何
らかの意思決定をせざるをえなくなる。そして,どのような意思決定をするにせよ,
あなたは確率に関する自分自身の信念に基づいて行動するわけで,発生確率を意識
していない場合でもこの点は変わらない。」[24]

　新たなリスクが次々と登場するリスク社会におけるリスク管理では,十分理解が
進んでいないリスクに直面する機会は増えてくる。上記,科学者とリスクマネ
ジャーの機能の違い,アプローチの違いは十分意識されなくてはならない。思考停
止に陥ることは避けなければならない。
　実務において重要な局面は,期待と実態にズレがあることに「気づく」ことと,
その際にどうするかを「決断」することだと言われる。ロバート・フリッツとブ
ルース・ボダケンは,この瞬間を「マネジャーの正念場（Managerial Moment of
Truth：MMOT)」と呼び,このときの決断が,組織内の他者への見本となり,組
織全体に,マネジャーとしての影響力を決定づける[25]と指摘している。

24　ダン・ボルゲ『リスク管理』（椿正晴訳,2005年,主婦の友社）P.12, 13, 29, 31。
25　ロバート・フリッツ,ブルース・ボダケン『マネジメントの正念場—真実が企業を変える』
　　（田村洋一訳,2022年,Evolving社）P.44。

技術革新による社会の変化と新たなリスクの登場

　科学技術の発展は，経済を発展させる原動力となるとともに新たなリスクも生み出してきた。19世紀に登場した蒸気機関は，多くの死亡事故を引き起こした。

　ジェームズ・ワットが発明した蒸気機関，その後改良が施され，様々な領域で利用され，経済を大きく変革していくこととなる。しかし，19世紀の英国における蒸気機関による事故件数および死亡者数は増加したことも事実である。

　廣野喜幸は，当時の訴訟による補償システムが十分機能しなかった状況を次のとおり説明している。技術革新が生み出す新たなリスクへの対応における試行状況を振り返っておくことは意味があろう。

　「訴訟がリスク対策につながるためには，事故の実態や原因の把握が必要であり，それには技術者や医学者の調査，鑑定が欠かせない。当時の検査官はそうした必要を認識していた。しかし，自分がそうした専門家に調査を依頼し，報酬を支払う権限をもっているか，財源をどこに求めればよいか分からなかった。…医学者の鑑定が法律上正規に整備されたのは1836年の法律によってであり，それに準じて1840年代から技術者の鑑定もときに行われるようになった。…自由放任主義という当時の英国を支配していた時代精神（の下）政府による規制を必要最小限にとどめるという，このレッサフェール思想のもとでは，民間を主体とした対策が基本となる。…蒸気機関ボイラー事故防止協会が1855年に設立され，蒸気機関の点検を請け負った。…点検で不都合な点が見つかっても，誰も改善を強要できず，さらに，点検に合格した蒸気機関が事故を起こした場合，協会に責任があるかないかをめぐって紛糾した。これを受け，蒸気機関使用者が高価な掛け金の保険に流れていったとしても不思議はない。」[26]

　産業革命以降の社会，経済の発展とビジネスモデルの変化，これらの動きに伴い発生する新たなリスクについて振り返ってみたい。

　「革命」とは新しいテクノロジーや新しい世界の認識が引き金となって経済システムや社会構造が根底から覆るような突然で急激な変化を意味する。第1次産業革

26　廣野喜幸『サイエンティフィック・リテラシー』（2013年，丸善出版）P.97，98。

命では，蒸気機関の発明により，機織り工業，蒸気船，鉄道の建設などが始まり工業化が起こった。第2次産業革命では，電気や化学肥料の発明，石油及び鉄鋼業の技術革新があり，自動車や飛行機が発明された。このように第3次産業革命は1950年代から始まり，真空管からトランジスタ，さらに大規模集積回路からメインフレームコンピュータ，パーソナルコンピュータの開発へと続き，スマートフォンやインターネット，データベースを利用する情報通信革命，デジタル革命に至っている。

　今われわれは第4次産業革命の入り口に立っている。その土台として，コンピュータ技術と情報通信技術の発展がある。そして，第4次産業革命の特徴として，物理的，デジタル的，生物学的特徴を指摘できる。物理的なメガトレンドとしては，自動運転，3Dプリンター，先進ロボット工学，新素材，ナノテクノロジー，再生可能エネルギーなどが，デジタル的なメガトレンドとしては，IoT，遠隔監視，ブロックチェーン，オンデマンド経済などが，そして，生物学的なメガトレンドとしては，遺伝子配列解析，合成生物学，ゲノム編集，バイオプリンティングなどがある。

　第4次産業革命においては，全領域に人工知能やデジタルテクノロジーが融合して浸透していく。つまり，IoTで得られた産業用工作機械のバックデータや自動車，船舶，ドローンなど運輸機械や，画像，音声などにも人工知能が利用される。また，既存の情報システムの蓄積データに人工知能が新たに搭載されるなど，経済，社会システム全般に影響が及ぼされる。

　また，第4次産業革命では，これまでと比較にならないほど偏在化したインターネット，巨大な規模のデータベース，グローバルなサプライチェーンを実現する産業用プラットフォーム，小型化し強力になったセンサー，汎用性の高い人工知能，最新コンピュータの超高速演算能力やデータ解析力の土台の上に成り立ち，それぞれの技術革新がさらに融合され，物理的，デジタル的，生物学的各領域で相互作用が生じているものと考えられている。

　環境変化は当然ビジネスモデルの変革を伴い，必要とする人的資本の中身も変えていくこととなる。このように技術革新は企業の戦略を変化させる。同時にリスク管理にも影響を及ぼす。例えば，自動操縦する飛行機が一般化したことにより，パイロットが操縦する飛行機事故の可能性を少なくした。しかし，この自動化は人間につきものの誤り（ヒューマン・エラー）の可能性を除去したことを意味しない。むしろ，われわれの誤りの発生の可能性は，人の現場の行為の段階から，より手前

にあるわれわれの思考の段階に移っていることに注意すべきである。第4次産業革命が創り出す新たな機会と同時にサイバー攻撃に代表される新たなリスクの影響の大きさにも十分な対応が必要である。

第 **4** 章

社会リスクへの管理強化

1　人材への考え方の変化と企業の戦略的対応

(1)　人的資本への注目の背景

　1950年代から行われているギャラップ調査では，「人生の幸福を左右する最も大きな要因は何か」について，150カ国を対象に人の幸福に関する調査を60年以上前から続けている。上田和勇は次のとおり説明している。

　「幸福を決定する重要要素として5つが挙げられ，最重要とされるものとして，仕事への情熱（仕事面での幸福）があり，その他の項目との関係は，仕事面での幸福度が低いと，それがストレスとなって，結果的に健康を損ない，やがては他の4つの要素（良い人間関係，経済的安定，心身ともに健康，地域社会への貢献）も悪化させてしまう。」[1]

　人的資本という用語は，1992年にノーベル経済学賞を受賞したゲーリー・S・ベッカーが1964年に書いた論文「人的資本」の中で使われた。ベッカーは，人的資本を，教育や訓練で高められる人間の能力と定義している[2]。今日では，教育や訓練に限らず，健康を維持するための投資や趣味を活かすための投資なども含む広範な投資によって人間を豊かに成長させ多様な価値観やスキルなど企業価値に貢献する能力を生み出すための投資へとその意味を拡大させている。

　人的資本については，金融危機によって2008年9月にリーマン・ブラザーズ・ホールディングスが経営破綻したことをきっかけに金融資本主義に対する批判が高まる中で，人的資本の重要性が見直され，人的資本主義に関する論議が起こったことによっても注目された。人的資本に対して投資家の関心が高い理由は，企

1　上田和勇「異文化の幸福経営」上田和勇，小林守，田畠真弓，池部亮編著『わかりあえる経営力＝異文化マネジメントを学ぶ』（2022年，同文舘出版）第1章P.15，16。また，同書P.17，18には，社員の幸福感とビジネス上のパフォーマンス（生産性他の指標）との間の相関関係が予測される参考情報が紹介されている。

2　ベッカーは，企業において個人の人的資本を高めるための訓練を一般的訓練と企業特殊的訓練に区別した。個人が所属する会社だけではなくどこの会社でも生産能力を高めることができる訓練を一般的訓練とし，そこから得られる能力を一般的生産能力とした。一方，個人が所属する企業の訓練が他社よりももっと大きく生産能力を高めるような訓練を企業特殊的訓練と定義した。この場合，他社での応用は難しいこととなる。

業価値にとって，労働力が最も重要な要素の１つと捉えられているためである。今，企業存続の根本的な意義を言語化したパーパスとの関係でも人的資本が論議されている。組織として実際の価値を産み出す根本的な原動力として，組織に所属する各個人の能力，スキル，行動を捉え，多様な個人の行動を統合的に組織的行動につなげていくマネジメント（人的資本経営）に関心が高まっている。

　EUでは，2020年時点で男女間の賃金格差が14.1％あったという（日本では，内閣府によると，26.7％の格差が存在するとの報告がある）（「令和３年版男女共同参画白書」）。この不平等の主な要因は給与の透明性の欠如にあるということで，これを解消するため，EUでは，2021年３月に「報酬の透明性」に関する新指令が発表された。同指令では，従業員250人以上の企業に対して，男女間の賃金格差に関する情報開示を義務づけている。５％以上の格差が明らかになった場合，企業は雇用主のうち労働者代表と協力して給与評価を実施する義務を負う。また，雇用者に対して，男女別平均給与水準に関する情報等の開示を要求する権利を与えた。さらに賃金差別が発生した場合，司法上の立証責任を雇用者から雇用主である企業へ移行するなどの内容を含んでいる。

　ピーター・M・センゲは，単純化された雇用機会均等プログラムをシステム思考で描写してみせている。参考になるので，抜粋して紹介しておきたい。

　「成長させる行動は機会均等プログラムそのものであり，その状況は従業員に占める女性と少数民族の割合である。たとえば，管理職に占める女性の割合が増えるにつれて，そのプログラムに対する信頼や参加意欲は高まり，女性管理職がさらに増える。
　だが，どうしても制約要因─たいていは，暗黙の目標，規範，制限的な資源─がある。…どんな「減速させる行動」，つまり抵抗力が働き始めて，状況が改善し続けるのを妨げるのだろうか？　…マネジャーの中には，女性や少数民族の経営幹部が何人になると「多過ぎ」なのか，何らかの考えをもつ人がいるだろう。その暗黙の数が制約要因である。その閾値に近づくと，たちまち減速行動─マネジャーの抵抗─が作動するだろう。彼らはさらなる機会均等雇用に抵抗するだけではなく，すでに配置されている女性や少数民族の採用の仕事を妨害する可能性すらある。」[3]

　日本では，岸田内閣の「新しい資本主義」の主な経済政策として位置づけられた「人的資本の開示」をテコに，人への投資に前向きな企業が増え，金融市場から資金が集まるといった好循環が生まれて，将来的な日本企業の価値向上につなげようとしている。

　「人的資本経営」という用語は，経済産業省がまとめた「人材版伊藤レポート」[4]の中で取り上げられている。経済産業省は，これを，「人材を資本として捉え，その価値を最大限に引き出すことで，中長期的な企業価値向上につなげる経営のあり方」と説明している。つまり，人を消費するコストと捉え資源管理の対象と考えるのではなく，投資戦略の対象として捉え，個人の多様で具体的な能力，知識，経験に注目し，企業価値創造のために，各人の成長を支援し，適材適所に投資することによって各人の働きをネットワーク化し，組織全体としてシナジー効果を最大化していこうとする経営を指している。

　伊藤邦雄は，2022年5月に経済産業省から公表された「人的資本経営の実現に向けた検討会　報告書　人材版伊藤レポート2.0」の冒頭で，2020年9月に公表された「人材版伊藤レポート」で重視した点について，人材は「管理」の対象ではなく，その価値が伸び縮みする「資本」なのだという視点が重視され，「経営戦略と人材戦略が同期しているか」という視点が強調された。そして，検討において次の3点が論点となったとしている。それは，

　第1は，コーポレート・ガバナンス改革の文脈で捉えること，

　第2は，持続的な企業価値創造という文脈で議論すること，

　第3は，人事・人材変革を起こすのに，資本市場の力を借りようと試みたこと，である。

　本書の検討の主眼であるリスク管理の視点から述べると，リスク管理は企業価値を共通項として，戦略推進と表裏の関係にある。上記レポートでも強調されているように，企業価値の変動を扱うリスク管理では，経営戦略と人材戦略の同期を軸に人的資本リスクが管理されなければならない。

3　ピーター・M・センゲ『学習する組織―システム思考で未来を創造する』（枝廣淳子，小田理一郎，中小路佳代子訳，2011年，英治出版）P.163。

4　人材版伊藤レポートは，2021年7月に「人的資本経営の実現に向けた検討会」を立ち上げ，実践的ガイドに向けた議論を深め，「人材版伊藤レポート2.0」を公表した。

　社会的価値と経済的価値の両立を目指すCSV経営を推進するためには，パーパスに立ち返った事業の検証が必要となろう。そのためにもまず，企業倫理の目的を再確認する必要がある。企業倫理の目的は，企業の価値基準と倫理基準の両基準を満たす状況，すなわち**図表4−2**の二重丸の付いたビジネスを達成することであるといわれる。いかにすれば，企業が様々な利害関係者の利害を調整し，いかなる企業戦略を推進し，施策を遂行すれば，三角印の領域に位置するビジネスを二重丸の象限へ移項させることができるのかを検討することとなる。換言すれば，社会の価値観と企業の価値観を同期させ，ソーシャルリスクの発現を回避し，コンダクトリスクを抑制する効果（リスク管理）と同時に消費者選好に合致する商品・サービスを提供することにより，企業価値を高める効果が得られる可能性を追求することとなる。このように投機的リスクにおける正と負の両面に対する好ましい効果を発揮できるよう検討しなければならない。

　人的資本経営の推進においては，経営戦略と人材戦略の同期を前提として非財務要素を組み込んでいく必要がある。そしてこの枠組みの進捗をモニタリングするためには，施策ベースのKPI，KGIを設定しなければならない。また組織に所属する役職員の行動，業績を評価するインセンティブ・報酬制度をその目的に合わせて整備していかなくてはならない（**図表4−1参照**）。

　このように企業倫理の考え方を再確認したうえで，まずは，現在の事業の性格，事業の推進方法などを社会の視点と企業の視点から客観的に整理することが有用と考えられる。例えば，**第1章**で整理した社会の価値観の変化の中で重要視されてくる要素とこれまでの企業が事業運営上重視してきた要素をマトリクス（**図表4−3参照**）にして，今後の方向性を整理してみることも大切である。その際，**図表4−2**で描いた企業倫理の方向性と重ね合わせて考察することが有用であろう。企業を取り巻く環境変化のうち重要な要素について社会と組織内部の価値観に乖離はないか客観的に確認することが必要であろう。このようなプロセスをビジネスモデルの変革や長期戦略の検討の中に組み込んでいくべきであろう。

　人的資本の可視化への期待が高まる中，人的資本に関する資本市場への情報開示の在り方に焦点を当てて，2022年8月に内閣官房の非財務情報可視化研究会から「人的資本可視化指針」が公表された。人的資本の開示については，有価証券報告書等で求められる予定の「制度開示」と各社が企業価値向上のために自発的

118

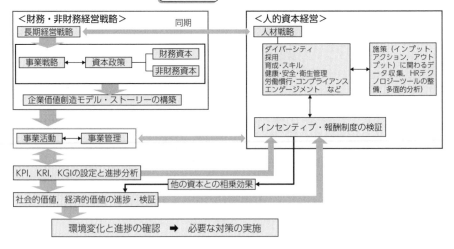

図表4-1　人的資本経営

図表4-2　ビジネス倫理における価値基準

「ビジネス」と「倫理」の価値基準関係

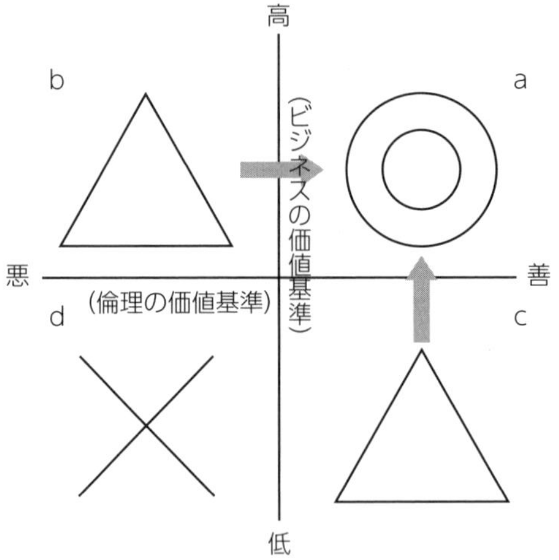

(出典) 梅津光弘『ビジネスの倫理学』(2002年, 丸善出版) P.5

に取り組む「任意開示」への対応が考えられる。そして開示にあたっては, 自社の経営戦略と人材戦略のつながり, 人材戦略におけるKPI等の設定とその達成状

図表4－3　社会と企業の重要要素のマトリクス

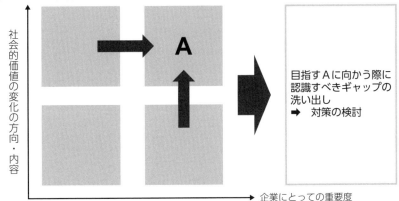

況について，ストーリー立てで開示することが有用である。同指針では任意開示を行うにあたり，ISO30414[5]などの人的資本開示についてのフレームワークを活用することが推奨されている。経営は，具体的なデータによって，人的資本と企業の持続的価値創造との関係を確認し，開示することが期待されている。

　人的資本経営との関連で使用されるエンゲージメント[6]という用語には，2つの側面がある。従業員と会社とのつながり（従業員が会社を信頼し，愛着を持ち，貢献したいと思っている状態，つまり社員が自主的に会社へ貢献しようとする度合い（従業員エンゲージメント[7]（Employee engagement）のこと）と，従業員と仕事とのつながり，従業員が仕事の役割と意義を理解し，活力と熱意を持って

5　ISO30414は，国際標準化機構（ISO）が2018年12月に発表した人的資本に関する情報開示のガイドラインである。労働力の持続可能性をサポートするため，組織に対する人的資本の貢献を考察し，透明性を高めることを目的として発表された。

6　エンゲージメントとは，もともとは，誓約や約束を意味する言葉であり，深い関係性という意味合いで使われる。

7　従業員の意見を吸い上げるために，透明性のある方法で第三者機関を使って計測することが重要だと言われている。
　例えばギャラップ社のエンゲージメントサーベイはフォーチュン500企業の90％に採用されていると言われるが，同社には，3,500万人分の回答が蓄積されているという。

仕事に没頭している状態，すなわち，仕事に対するポジティブに充実した心理状態（ワークエンゲージメント（Work engagement）のこと）である。

　人的資本経営においては，会社業績の実現と人材育成，上記エンゲージメントの向上といったスパイラルを実現していくことが目標となる。この目標を達成させるためには，人事戦略として，上記スパイラルのシナリオを描き，KGI，KPI，KRIを設定して計画化する必要がある。そして実行状況をデータに基づきモニタリングすることとなる。

　2018年12月にISOから30414が発表されたことを受け，米国では，第119回連邦議会（2019〜2020）で人への投資開示法（Workforce Investment Disclosure Act of 2020）の下で企業に従業員（Workforce）への投資について開示することを義務化する法案が提出された。同法案では，米国証券取引委員会がISO30414に代わるルールを策定しない場合，ISO30414に準拠していれば本法に準拠すると記載されている。
　2020年にSEC（米国証券取引所委員会）が人的資本に関する情報開示ルールの義務化を決定した。これに伴い，米国の上場会社では人的資本の情報開示（例えば，従業員の離職率や人材開発の状況など）が必須となっている。

　人への投資が停滞すると，労働力を起点にした競争力の上昇やイノベーションに対する力が阻害される。日本においては，賃金水準が長期にわたって停滞している。GDPに占める能力開発費の割合をみると，欧米が1.2％〜2.08％に対して，日本は0.1％という水準であった。これらの事実を背景にして，人的資本経営と情報開示が政府の重要事項となっている。
　機関投資家としての顔を持つ生命保険会社が，生命保険協会内で設定している「スチュワードシップ活動ワーキンググループ（WG）」と「ESG投融資推進WG」の活動を総括した「株式市場活性化と持続可能な社会実現への提言（2021年度の取り組み）」を公表している。その中で，統合報告書における非財務情報開示の充実に対する，企業と機関投資家の認識に関する回答内容が興味深い。すなわち，十分開示とした企業が36％に対して，投資家は3％としており，その乖離は顕著である。このことからもわかるように，非財務情報開示の充実がさらに望まれている。また，同提言では，人件費，IT投資に関して米国企業と日本企業との間

の投資格差が拡大していることが指摘されている。そして，中期的な投資，財務戦略において重視しているものは何かという問いに対し，人材投資と答えた企業の割合が31％であるのに対して，機関投資家は58％と高い値を示しているように，人的資本の捉え方に企業と投資家の間の乖離が大きい結果となっている。

2021年6月にコーポレートガバナンス・コード改訂版[8]が公表，施行された。この中で，ガバナンスの諸課題に企業がスピード感をもって取り組むことが重要であるとされ，企業の中核人材の多様性確保が取り上げられている。

取締役の知識，経験，能力等を一覧表にしたスキル・マトリクスで開示する会社もある。これらの表では，スキルというより経験を記載することが多いが，スキルの多様性を明らかにできるように，その経験を基にどの分野に強みがあるかを明らかにする必要がある。具体的に知的観点での多様性（Cognitive diversityあるいはIntellectual diversity）を意識する必要がある。

中核人材（管理職）における，女性，外国人，中途採用者の登用などについての考え方，測定可能な自主目標の設定について新たに盛り込まれた。これは，企業経営にとって多様性はイノベーションや新しい価値創造の源泉であり，経営戦略の要である，という考えに基づいている。この点，金融庁が記述情報の開示の好事例集（2019年3月初回公表）を，2021年12月には「サステナビリティ情報」に関する開示を公表している。

持続可能な働き方（Sustainable performance）という概念をどのように定義するかは，今後人的資本の管理の検討において重要である。伝統的な日本企業と外資との間には，相違，強み，弱点などが異なるといわれている。外資は，伝統的日本企業とは異なり，ピラミッド型ではなくフラットな組織であるといった特徴を持つため，企業活動のグローバル化に伴い相違を相互に学び合う必要性があるとの指摘がある。

企業価値を創造する源泉として資本の概念を使って説明することは，企業活動

8　取締役会の機能発揮，企業の中核人材における多様性の確保，サステナビリティを巡る課題への取組みなどが記載された。

の基本的枠組みが経済的要素を中心に成り立っている事実からしても合理的なアプローチといえる。しかし，どのような資本を想定するかについては様々な整理が試みられており統一されていない。IIRCは6つの資本を想定していることは64頁に前述したとおりである。ここで，「知的資本」は，特許や商標権，著作権など「知的財産権」以外に組織資本を含むとしている。

「組織資本」という言葉が注目されるようになったきっかけは，2000年頃，IT化が進んでいるのに，なぜ多くの企業にとって，それが生産性を改善し利益率が向上することにつながらないのか，という疑問が出たことにある。90年代後半以降IT革命が進められ，生産性が上がり，人々は楽に利益を生み出せるようになるといった意見がある半面，IT化によって業務が効率的にできるようになったものの，仕事が楽になったわけではなく，IT化が企業の利益率に直結したわけでもなく，むしろ格差は広がっている点が指摘された。そこで明らかになったことは，IT投資が，業務プロセスの再設計・再構成，それに適応した人材の育成や確保と結びついたときに，一定のタイムラグをもって生産性や企業のパフォーマンスが向上につながる[9]という点であった。つまり，IT投資の効果は，業務の進め方や意思決定のプロセス，人材の評価の方法などを変えなければ（組織資本を向上させなければ），大きな効果は出ないということを意味する。組織資本とは，企業倫理，事業継続計画（BCP）などの社内の各種方針，計画，就業規則やコンプライアンスマニュアルなど各種規程，ルール，マニュアル類，社内で保有している情報，データ類などの形式知化されたハード面の資本もあれば，その組織固有の文化などのソフト面の資本といった広範な内容を含んでいることとなる。

(2)　パーパス論議の意義と人的資本への戦略的アプローチ

ミッション，バリュー，ビジョンは，極端に言えば，会社として宣言してしまうことが可能であるが，パーパスは，社会という相手があって初めて，企業の存在意義が議論できる点に留意する必要がある。企業市民（Corporate citizen）という概念は，影響され，影響を与えるような相互作用の関係を強調している。

9　MITのErick Brynjolfsson教授によって，IT投資で効果をあげている企業は，組織資本や人的資本にハード投資額の約9倍の投資を行った後，3〜7年以上の期間を経て効果を上げているといった実証研究がある。

　パーパスを形骸化させないためには，常に実効性を検証し，組織構成員の間で意味を持つ存在として機能している必要がある，と指摘される。この点は，人材を組織の中でどのように捉えるかによって大きく変わる。すなわち，人材を資源とみるのか，投資対象の資本としてみるのかといった視点である。

　ジョブ型雇用[10]では，個人と組織が対等の関係になるため，個人をいかに動機づけして，生き甲斐を持って働いてもらうかが重要になってくる。そのためにも，企業が社会の中でどのような存在意義を持っているかは前提となるものである。

　2022年初頭に世界最大級の資産運用会社ブラックロックのラリー・フィンクCEOは，投資先企業のCEOに対して発信したレターの中で，従業員と企業との関係性を再構築する必要性を説き，企業がとっている施策，それらの課題に対する取締役会の監視，組織文化の適応度合いについての質問を発した。
　2021年6月の改訂コーポレートガバナンス・コードは，人的資本への投資について，経営戦略，経営課題との整合性を意識したわかりやすい具体的な情報開示を求めている。
　人的資本への対応が企業価値の今後の動向に影響を及ぼすため，企業価値創造ストーリーの検討においては，パーパスや経営戦略に立ち返ったうえで，価値創造にとって解決すべき重要要素を抽出し，それを解決するために必要となる人材のスキルを特定しなければならない。この過程でスキル・マトリクスが作成され，現状の課題（ギャップ）を解消するための人事戦略の目標（KGI）を設定し，その進捗を確認する指標（KPI）を決定することとなる。

　従来日本では，従業員満足度（ES）に関するアンケート調査を人材マネジメ

10　ジョブ型人事制度とは，会社と個人が職務（ジョブ）を介した取引関係を意味する。職務がなくなれば雇用は解消される。あるポジションで欠員ができても，社内の人材を異動させて補充することはできない。会社は勝手に社員と合意した職務を変えることはできない。したがって，人が辞めたら新たに外部から採用するしかない。
　　一方これまでの日本の伝統的雇用契約は社員を組織の一員（メンバー）として受け入れて，職務の合意がなく，雇用契約を行うメンバーシップ型の契約である。会社は雇用義務を負う代わりに任命権を持っており社員の配置転換ができるという柔軟性を持っている。日本の法制自体がこの労働慣習に基づくものとなっている。

ントに活かそうとする企業が多かったが，業績との相関性が必ずしも高くなかった。現在，エンゲージメント度合いの調査や評価が注目されている。エンゲージメントスコアの時系列的変化や他社，国際レベルでの比較もなされている。米ギャラップ社の2017年の調査では，世界139カ国のうち，132位という報告があるように，日本のスコアが国際的に比較すると相対的に低いことがわかる。

　企業の働き方改革，デジタル革命に伴うビジネスモデルの変化，コロナ禍のリモート業務の進展などの流れの中で，人材の多様化も進んでいる。これまで以上にパラレルキャリア[11]やフリーランス[12]といった働き方にも関心が払われている。一般社団法人プロフェッショナル＆パラレルキャリア・フリーランス協会が発行した「フリーランス白書2022」では，「フリーランスが仕事を選ぶ際の重要項目として，自由度（29.0％），収入（26.5％），スキル（24.8％）が上位を占める結果となった。また，メインの収入源となっている仕事以外に金銭的対価を目的とせず自ら創作活動やスキルアップを目的としたマイプロジェクトを実施していると回答した割合は，61.5％であった。そしてそのメリットに関する自由回答には，仕事の幅が広がったり，経験値が上がることで自信を得て新たなチャレンジの意欲がわくという記述がみられた」[13]と報告している。

　エンゲージメントに寄与している因子として，「自分自身がキャリア構築していくことができるか」という点が挙げられる。上記調査の中の「マイプロジェクト」の意義への回答内容も符号しているものと考えられる。

　日本企業に勤める一般的な「会社員」について，自身が担当する職務の定義（ジョブ定義）が曖昧であり，かつ，自身が保有するスキルについても可視化（棚卸し）が難しいことが指摘されている。従業員1人ひとりの強みや特性を見極め，その能力やスキルを最も発揮できるポジションに戦略的に配置して，必要に応じて戦略的な人材育成を行い，会社の業績向上と従業員体験の向上の双方を実現させるタレントマネジメントが重要となってくる。会社戦略として明確に人

11　ピーター・ドラッカーによって定義されたもので，本業を持ちながら第二の活動（他の企業への就職や自営業，ボランティア活動など）をすること。

12　会社や団体などに所属せず，仕事に応じて自由に契約する者をいう。中世ヨーロッパで契約により有力者に仕えた騎士をフリーランスと呼んだことが語源になっているともいわれている。当時の武器は槍（Lance）であったことからこの呼び名がある。

13　フリーランス白書（2022），P.58～67。同白書は，フリーランス白書2022（freelance-jp.org）より入手可能。

的資本と企業価値向上の関係が明確に意識されていることが重要であり，効果的なマネジメント体制を構築するためにも，エンゲージメントスコアの調査を活用する意義がある。一気に細部の構築は難しいものの，まずは，長期戦略からトップダウンのハイレベルの人的資本戦略上の重要事項（人事戦略における重要性の洗い出し）を明確にし，それを軸にエンゲージメントスコア体系を構築し，実際の運用を通じた改善・精緻化に取り組んでいくユーステスト的運用が実務的なのではないかと考える。

　各ポジションの重要要素を明確にしてキャリアアップの仕組みの公平性と透明性を高めることが重要となる。従来の日本企業においては，横並び主義が強く，「際立った人材」を要職に登用していくことよりも，和を乱さない，平均的な素養（社内で生き抜く術）を無難に兼ね備えた人材の方を登用するといった指摘もされたが，グローバル化の進展する経営環境を踏まえ，グループ内での内部昇格者と外部人材の登用とのバランスも持続的成長にとっては不可欠となろう。

　ポジションごとの精緻なジョブ定義，スキルコンピテンシーベースのつながりなどが事前に整理されて，それが採用管理システムやタレントマネジメントと連動していることが望ましい。例えばISO項目の１つに「雇用あたりの質」が挙げられている。これは，当該候補者のジョブマッチ度合いを各種アセスメントなどにより測定し，そのマッチ度から推定される「パフォーマンス発揮度」を仮定計算してスコアリングすることを意味している。一定期間（例えば入社後３年）経過時点で「パフォーマンス発揮度」を再び同様のアセスメントあるいは360度評価等の手法で測定してスコアを算出する。２つのスコアを比較して期待どおりか期待を下回るか等を判断し，「雇用あたりの質」に関する状況が把握できる。類似の考え方で，雇用前の期待値と雇用後の乖離が「採用効率」を表すことになる。従業員にとっても，このようなプロセスや仕組みが整っているか否かが自身の成長速度にも影響を及ぼし，従業員の能力と成長機会を高めることになり，これらが企業の長期的，持続可能な価値創造とのつながりを強めていくこととなる。

2　人的資本の評価と分析

(1)　財務的分析と非財務的分析

　企業として，社会の変化を的確に捉えること，企業活動との関係で中長期的に企業価値に影響を及ぼす広範な事象を検証し，企業活動の持続可能性にとって重要性のある事項に対応することが重要となる。

　経済付加価値（Economic Value Added：EVA）という概念がある。これは，財務資本を戦略的，効果的に活用することを意識した指標といえる。ESG時代においては，既に触れたIIRCが提示するように，非財務資本として，製造資本，知的資本，人的資本，社会・関係資本についても投資の概念，企業価値との関連の下で取り扱っていかねばならない。これらについて「戦略的に思考する」とは，固有の要素に着目して，その要素に関しいかに意図的に歪みをつけて活用していくかを意味する。

　これまで企業の人材分析は，従業員当たりの売上に代表されるようにマクロの結果数値を示す財務情報とのつなぎ合わせによる指標を使うことが多かった。このような財務情報に関わる総合的尺度による評価は組織内部で起こった多くの活動の結果と外部の影響による最終結果の傾向を示すだけで，販売やマーケティング機能のどの活動がその結果（売上）の主たるドライバーであったのかなど，その原因について示唆するものではない。原因を見出すためには，評価尺度を分解して，様々な角度から時系列的観察を行う必要がある。つまり，人的資本を戦略的に活用するためには，経営として，どのような人材に着目し，企業価値との関係でどのような付加価値を見出し，それを拡大していこうとするのか，そして，スキルと企業価値の持続的拡大との関係づけを含めた戦略的構造を明らかにしなければならない。

　1965年にロジャー・ハーマンソンは，組織に人間が提供する価値を定量化する方法を提示した。これが人的資源会計学の基礎となり長年研究されたが，人材の金銭的価値評価に関する合意形成ができなかった。いくつかのモデルが提示されたが広くは普及しなかった。人的資本のように，ある価格で売買できないものに

会計をあてはめることの困難性に直面することになった。ジャック・フィッツエンツは，次のとおりコメントしている。「非常に不確実な未来においてなされるはずの努力の量にもとづいて人の価値を知ることはできない。そして，ビジネスはあまりにも変動性が大きいため，有形資産の価値は誰かがそれに対価を払うまでは未知である。」[14] としている。

　財務的な結果に焦点を当てるだけでは限界があるという考え方から，1996年，ロバート・キャプランとデビッド・ノートンは，学習や成長，顧客やビジネス，プロセスのような要素が財務データに付け加えられるべきだということを示した『バランスト・スコアカード』という書物を公表した。デビッド・ノートンは，バランスト・スコアカードの特徴について，次のとおり説明している。

　「バランスト・スコアカードは，組織戦略に基づいているということである。多くの人々は，非財務的な尺度からやるリストを作っただけで，バランスト・スコアカードを持ったと考えるだろう。しかし，我々の見解では，スコアカードはあなたの戦略のストーリーを語らなければならない。組織がおこなう最大の誤りは，スコアカードは測定に関するものだと考えることである。…スコアカードが効果的であるためには，経営層によって所有されなければならない。なぜなら，彼らこそが，基本的な企業戦略に対して責任を有するのであるから。」[15]

　例えば，実務の現場に成功要因を問うと，人材，テクノロジー，情報，カルチャー，ブランド，マネジメント能力，マーケティング力などの項目が挙げられる。しかし，このような要素は無形資産であり，バランスシートには載っていない資産である。この事実から考えても，財務情報のみでは，企業の競争力や将来のキャッシュフローを生み出す能力を理解することができないことがわかる。

　企業価値のウエイトが，財務・経済的価値から，非財務的価値，CSVへと移行するに伴い，人的資本や知的資本の重要性が増している。組織の中で価値を創造する源泉は，人材にあるという事実に着目すれば，人的資本が他の資本との相互作用を通じてその創造力を発揮できるかを戦略的に考えることの重要性が自明と

14　ジャック・フィッツエンツ『人的資本のROI』（田中公一訳，2010年，生産性出版）P.155〜157を参考にした。

15　David Norton,"Keeping the Score", Fast Trac（Spring 1998），PP.14-15。

なる。そして，人的資本の付加価値創造を加速させるインセンティブ報酬制度[16]
は，経営が持つ重要かつ効果的な手段として位置づけられる。企業が設定した
パーパス，中長期目標の達成を組織構成員に継続的に動機づける仕組みとして，
組織文化を含めた内発的動機づけに加えて，評価・報酬制度の連動が必要である。
経営責任の大きな役員の報酬の一部は業績に連動させるのが一般的である。役員
報酬制度の設計において，ベンチマークとする他社の報酬水準などから議論しが
ちであるが，経営戦略抜きに検討しても，適切なインセンティブ付与につながら
ない。成し遂げた成果に対する報酬（ペイ・フォー・パフォーマンス）を設計し
ようとするが，企業価値の成果と人的資本の貢献を切り出すことは難しい。それ
ゆえ，具体的なKPIを設定し，その達成状況を踏まえて，企業として成すべきこ
とを成したことへの報酬（ペイ・フォー・ミッション）を重視する設計が必要に
なる。ESG要素への対応を組織化するためにも，報酬制度の中に，ESGを取り込
む必要がある。充実した統合報告書を作成するためには，長期戦略を具体化し，
価値創造ストーリーの中で，財務要素におけるKPIと非財務要素におけるKPIを
体系化させることが重要である。そして価値創造ストーリーの実効性ある説明を
担保するためにKPIを業績連動型報酬における業績評価指標として位置づけるこ
とが必要となろう。

　また，リスク・リターンを意識するなら，報酬制度は会社のリスク選好方針
（Risk Appetite Statement）と評価のバランスト・スコアカードなどとのつなが
りを意識して構築されなければならない。また経営は，それらの施策の効果が組
織文化の醸成につながっているかを定期的にモニタリングするため，カルチャー
サーベイの実施を検討することとなろう。

(2)　プロセスに着目したアプローチ

　企業の戦略目標と人的資本マネジメントとを結びつけるためには，企業が人的
資本を獲得し，配置するプロセスと企業価値との関係を紐付け，分析・対応する
体制を構築する必要がある。組織の中で起こっている付加価値を生み出す可能性
を持つプロセスの成果と組織ゴールとのリンクを張っていく必要がある。プロセ
スとは，ある効果を生み出すべくデザインされた一連のステップを重視し，人的

16　報酬プログラムは，市場に呼応して設定したり，戦略ツールとして設計することができる。

資本と企業価値を結びつけ1つのサイクルとして把握することが有用である（図表4－4参照）。

　人的資本と企業価値を結びつけたサイクルが設定されると，そのサイクルの効果を人的資本管理が実施されているのかを確認する必要がある。そして，人的資本管理を評価する枠組みとしてもバランスト・スコアカードの概念は活用できる。ジャック・フィッツエンツは，図表4－5のように，バランスト・スコアカードの背後にあるコンセプトを活用し，人的資本マネジメントに関わる4つの活動に紐付けた「人的資本版バランスト・スコアカード」を提示している。そして4象限の下部に，リアクション（反応）に関連する要素がつけ加えられている。マネジャーや従業員の人事プログラムへの反応は重要であり，マネジャー満足度や従業員エンゲージメント[17]という尺度をつけ加えている。

　人事組織の役割，位置づけ，価値について様々な議論が展開されているが，ジャック・フィッツエンツは，人事組織の4つの基本業務（「人材獲得」「人材支援」「人材開発」「人材保持」）における現状の能力を，「コスト」「時間」「量」「品質」「反応」の5つの観点で評価する「プロセス・パフォーマンス・マトリクス法」を提示している[18]。

　ESGは企業価値に機会とリスクの両面の影響が考えられる。IIRCが提示する企業内で利用可能な6つの資本の活用と企業価値への影響についてそのつながり

---

[17]　最近北米を中心に従業員エンゲージメントを図るための視点として従業員体験（Experience）に着目する考え方が注目されている。これは，従業員1人ひとりが心身が健全で社会的に良好な状態（ウェルビーイング）を体験できることで自律的に生産性を上げることが可能であるという考え方である。
　　良好な社員体験については，様々な要素が考えられる。
　　加藤守和は，仕事，人，共同体，生活との関係性を取り上げ，それらのエンゲージメントを高める次の6つの要素を提示している。働き方，オフィス，仕事そのもの，人間関係，上司，ビジョン，パーパスである。このうち，リモートワークの採用を含めた働き方については，会社が，個人の意思や状況を尊重しライフ・エンゲージメントを確保しつつ組織の成長や生産性を高めていくためのチーム単位でのルール作りの大切さを指摘している。つまり，自己選択と組織生産性を両立できる柔軟性のある働き方の追求である（加藤守和『ウェルビーイング・マネジメント』（2022年，日本経済新聞出版），P.131〜141が参考になる）。
[18]　ジャック・フィッツエンツ・前掲注14，P.129。

図表4－4 人的資本と企業価値を結びつけるサイクルの想定

- 人的資本経営においては，人的資本を投資と関連づけ，企業価値向上と結びつける必要がある。
- 組織構成員は，企業内で他の資本も活用して活動を行う。この活動を通じて企業価値を創造するため，企業価値から人的資本のみの貢献（付加価値部分）を切りだすことは実際には困難といえる。
- しかしながら，下記のように人的資本を企業内のサイクルとして捉え，各フェーズの重要な要素に着目すると，その要素への人の活動の違いによる効果の違いに注目することで，人的資本の効果に関する特定の指標を設定することで，その変化をモニタリングすることは可能となる。
- このように経営の人的資本に関する戦略的思考の中で，サイクル（戦略的設計）―指標（KPI）―目標（KGI）の枠組みを提示することが重要である。
- 枠組みの下，施策と指標の動向をモニタリングすることにより，この枠組みを改善して，管理体系の実効性を向上させていく必要がある。

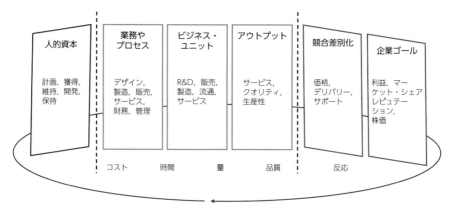

（出典）ジャック・フィッツエンツ『人的資本のROI』（田中公一訳，2010年，生産性出版）P.43「図表1－2 データから価値に至るサイクル」より

を明らかにする必要がある。特に，人的資本と組織資本，関係資本との密接な関係を踏まえ，企業の外部要因と内部要因との関係を整理しておくことが有用となろう（**図表4－6**参照）。

　人的資本がいかに経営の目指す企業価値への貢献目標に近づいているかをKGI，KPIを設定したうえで，データでそのトレンドを検証して，その施策の効果を開示することが考えられる。指標については，人的資本マネジメントの開示に関する統一規格として提示するISO30414ガイドライン[19]を参考にすることが考えら

図表4−5 人的資本管理を評価する枠組み

計画策定	
オンタイムの人材配置	人材品質レベル

人材獲得	人材支援
・雇用費用 ・ジョブ充当時間 ・新規雇用数 ・人員入れ替え数 ・新規雇用者の質	・総人件費対経費率 ・ベネフィット費用対給与率 ・平均パフォーマンス・スコア対FTEあたり　売り上げ
人材保持	人材開発
・離職率 ・自発的離職率：上級スタッフケース，現場　従業員ケース ・（スタッフへの）サービス時間長さごとの上　級スタッフ離職率 ・ターンオーバー費用 ・離職の理由	・教育費用対給与率 ・総教育時間 ・機能組織ごとの教育時間 ・ジョブ・グループごとの教育時間 ・教育ROI

エンゲージメント・スコア	態度スコア

(出典) ジャック・フィッツエンツ『人的資本のROI』(田中公一訳, 2010年, 生産性出版) P.152「図表4−5人的資本マネジメント・スコアカードの例」より

れる。ISOでは，インプット系（研修時間，報酬額など時間と金額で人にどれだけ投資しているか定量的に計測する指標），アクション系（経営者と従業員の対話活動などリーダーシップ開発プログラムの実施やエンゲージメント向上につながる組織文化醸成のための人事活動，組織活動を定量的，定性的に示す指標），アウトカム系（人的資本の投資対効果を示す人的資本のROI（Human Capital

---

19　ISO30414には，人的資本経営を実行する際の内部報告用に58の指標が，また資本市場や労働市場に向けた外部報告用に23の指標が提示されている。
　　ISOは，人材マネジメントを資本管理と同様の目線で捉えるところに特徴がある。そのため，生産性を示す「従業員1人当たり売上高/利益など」，
　　(売上高−人件費を除く経費) ÷人件費（従業員に対して企業が負担する総コスト）−1で計算される人的資本ROIの考え方を下地にして，どのような人材ポートフォリオを構成し，どの領域にどのように投資することが投資の効果を最大化できるかを検討することを意識している。
　　また，認証制度を設けている。認証を取得するためには，人的資本報告書の作成の前に，ISOによって提示された指標の内，自社にとっての要否を確認し，必要なデータについて過去3年分のデータを整備し，いつでも参照しうるシステムを構築する必要がある。

図表4－6 人的資本，組織資本，関係資本を鳥瞰した戦略思考

- 人的資本は，他の資本との相互作用，連携の下でシナジー効果を発揮する。
- 特に，組織資本と関係資本との関係の密接性を重視する必要がある。
- また，企業内外の要因との関係も考え合わせて，戦略的に検討する必要がある。
下図の整理は，参考になる。

【誰と何を競い合わねばならないか，どこに向かって内部を再構築すべきか】

		3資本形態		
		人的資本	組織資本	関係資本
外部の諸力	労働供給	獲得と保持	ファシリティの再モデル化	新しいパートナーの発掘
	経済	サービス指向	有形資産の売却	顧客の保持
	グローバリゼーション	新しい人的資本供給源	組織再編成	サプライヤの拡張
	規制	ベネフィット（福利厚生，等）見直し	グリーン化	ロビー活動
	新技術	教育	投資	顧客調査
	競合	新しいスキル	新商品	スピード・ツー・マーケット
内部要因	ビジョン	従業員への意味の伝達	新しいロゴ	広告
	カルチャー	ブランド浸透	プロトコル・レビュー	ブランディング
	ブランド	コミュニケーション	ファシリティ・デザイン	マーケティング資料
	能力	促進支援	プロセス（育成，アウトソーシング，等）	コンピタンスの売却
	リーダーシップ	従業員調査	管理スパン	パーソナルな関係
	財務	新規雇用の凍結	管理費用	移動費の節減

（出典）ジャック・フィッツエンツ『人的資本のROI』（田中公一訳，2010年，生産性出版）P.301「図表10－2 戦略的スキャン・テンプレート本社レベル」より

Return on Investment）や組織の活性度を示すエンゲージメントスコアといった指標）の3分類に分けられた58指標を提示している（**図表4－7**参照）。

ISO30414の作業部会で主導的役割を果たしてきたドイツ銀行は，ISOの指標の体系を踏まえ，2019年版ドイツ銀行HRレポート（Human Resources Report）を公表した。同レポートは，経営戦略と人事戦略を連動させストーリー化し，人事データを人的資本マネジメントソフト上で独自の体系の下で管理し開示を行っている。今後，人事データの活用を高度化していくことを志向している（**図表4**

図表4-7　人的資本戦略の策定，KGI, KPIの設定と施策と効果のモニタリング

ISO30414で定められた指標

下図の通り，ISO30414の各指標は，インプットからアクション，アウトカムまで時間の流れに沿って整理することができる。ISO30414の指標を使って経営者と人事部門が前年度の人事関連施策の結果検証を行い，自社の来期のKGIを選んだうえで，KGI数値の目標水準について十分に議論を尽くしてから決定する。

人的資本経営における指標の３つの分類

インプット	アクション	アウトカム
いくらくらいの金額／どれくらいの時間をかけて	どのようなアクションや活動を通じて	何を目指すのか？（計測可能な指標）
【例】 ・教育研修に費やした年間合計時間 ・人材への報酬／福利厚生費	・リーダーシップ開発プログラムの実施 ・組織一体化のための価値観共有を目的としたミーティング	・人的資本のROI ・エンゲージメントスコア

- 8参照）。

　ISO30414に準拠したベストプラクティスとされるドイツ銀行は，2019年度版のHRレポートを発行以来毎年公表している。2021年３月に公表されたHRレポートはISO30414に準拠していると認められ，同銀は初のDAX30（ドイツ株価指数）企業となった。2020年版は2019年版よりボリュームも２倍に増やし内容を拡充している。2022年３月に公表された2021年度版では，その後の進展を踏まえて報告されている。

　ISO30414ガイドラインに基づく情報は，それ自体だけでは意味を持たない。人的資本の状況がその企業の戦略とどのように関連づけられるかといった文脈の中で開示されて初めて情報としての意味を持つといわれている。例えば，急激な離職者の増大がみられた場合，もしも臨時雇用が増大していれば，投資家視点からは，その戦略的意味や関連するリスクについて知りたいと考えるからである。

　ドイツ銀行の2020年度，2021年度のHRレポートを中心に人的資本経営に関わる実例を眺めておきたい。同行は人的資本経営の成功要素として，組織文化，人材採用，生産性，健康と安全，リーダーシップに価値観を置くことが重要と説明

図表4−8 ISO30414を活用したドイツ銀行の人的資本戦略

ドイツ銀行の開示内容

ドイツ銀行の開示内容から人的資本戦略の枠組みを整理すると次のとおりである。

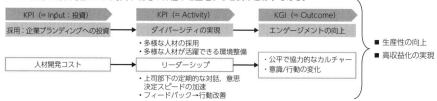

またドイツ銀行は，人的資本の分析を下記のとおり発展させようとしている。

人的資本データの分析の発展の道のり

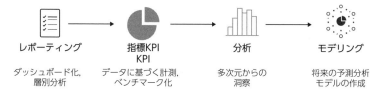

(出典) Deutsche Bank, "The HR Report 2021 outline version", P.8に基づく

している。また，2020年度レポートでは，新型コロナの影響で生じた新たな環境下における働き方に対して柔軟な発想で戦略的に取り組んでいることを報告している。そして，次の4つの戦略的視点を提示している。

① 適材を適時に適所に配置することによる人材力の極大化
② 説明責任と透明性の強化による信頼ある銀行の追求
③ 人材のモチベーションとエンゲージメントの向上
④ ダイバーシティ＆インクルージョンの推進による将来のロールモデルとなるリーダーの育成

また，エビデンスに基づく経営（Evidence-based management）を奨励するISO30414基準に準拠することにより，会社の最も重要な資産としての人材の組織活動への貢献について透明性を高めることを宣言している。

なお，2020年度版レポートの中では，新型コロナ環境下で，人材や組織の潜在能力を最大限に解き放つために将来の柔軟性のある労働環境への模索が進められていることが報告されている。その中で，2020年，2021年に実施された社内の「労働の将来」に関するサーベイ内容に基づき，2020年度版レポートでは，約

70％のスタッフが業務の40％のリモートワークを取り入れたハイブリッドな業務遂行によりこれまで以上に効率化するとの結論を導き出している[20]。そして，リモートワーク導入と同時に，それを支える新技術の導入やリアルのオフィススペースの変更，組織文化の革新などに取り組んでいることが報告されている。その後の2021年度版では，業務内容に応じて40〜60％をリモートワークにシフトする柔軟性を付与していること，90％の従業員がハイブリッド業務を望んでいるとの進展が報告されている[21]。

　欧米型は，シンプル化し，可視化して，様々な人に観察され，サーベイされることにより，その情報を頼りに自分自身が自ら学習し，スキルを伸ばし，目標に近づくといったサイクルを重視する。一方，日本の場合は，そのような形式知化された指標を頼りにするよりは，人と人との業務，普段の会話を含めた情報から判断するその人の能力，いわば暗黙知を手がかりとした指標により多く頼る傾向があるといわれる。後者の場合，判断するものの主観が大きく反映されること，上司が接触できる範囲が限られていることからくる弊害が挙げられる。欧米の場合は，そのような評価体系から抽出された人物をさらに深く評価する枠組みが求められることとなる。いずれにせよ，両者の強み，弱点を補完した総合的な体系の構築が求められる。

　資源（Resources）は利用すれば減耗する有限なものであるのに対して，資本（Capital）は運用の仕方次第でその価値を増大させることも減少させることもありうる。この意味の違いが，無形資産か費用かの判断の違いといえる。会社の戦略，事業計画などを遂行するために必要なタレントを定義し，タレントを調達する手段（規模，価格＝報酬，処遇）が適切に講じられる必要がある。そして，タ

20　2021年3月に米マイクロソフトが，日本を含む31カ国3万人以上を対象とした調査The 2021 Work Trend Indexによると，社員の70％以上がどこからでも仕事ができる柔軟な働き方を取り入れたいと望んでいると回答している（The Next Great Disruption Is Hybrid Work—Are We Ready?（microsoft.com）より入手可能）。
　このような従業員の意向が明らかになる中で，アフターコロナへ向けた働き方の対応について，欧米企業では，完全なオフィスワーク復帰を目指す企業，オフィスとリモートの複合アプローチをとる企業，リモートワークを重視する企業に分かれている。
　また，同調査では，41％の社員が今後1年で転職する可能性があると回答している。
21　ドイツ銀行2020年度版HRレポートP.67，2021年度版HRレポート（online version）P.40。

レントを適材適所に配置し，そのパフォーマンスとエンゲージメントスコアと戦略を連動させたKPI，KGIの充足度合いをモニタリングすることによって，タレントマネジメントに関わる人的資本戦略の妥当性の評価と将来の達成予測から，長期戦略目標の実現可能性とを紐付けていくことで価値創造ストーリーとつなげていく必要がある。

　人的資本の考察においては，時間軸との関係で捉えていかなければならない。例えば，研修費用や教育支援に関わる支出は，費用計上され，短期的にはコスト（資本効率の低下）となる。しかし，中長期的な視点では，それらの人材への投資は，社員の業務遂行能力の向上（知的資本）となり，さらにそれらの知識，経験知が組織内で共有され組織が継続的に価値を生み出す源泉となるように他の資本との連動性を持って中長期の資本効率の向上につながるからである。

　しかし，人的資本の投資（インプット）が直接的，短期的に企業価値に影響を及ぼして財務価値換算ができるわけではない。そこで，インプットの結果として関係づけられる重要なアウトプットを目標値として設定し，その向上を目指していくこととなるが，中長期的には，経済的価値や社会的価値といったアウトカムとのつながりを意識した取組みが重要となると共に，これらの一連の流れを示すロジックモデル（価値創造ストーリー）の下で検討していく必要がある。また人的資本の検討においては，知的資本，社会・関係資本との相乗作用を伴いレバレッジの効いた企業価値への向上効果を発揮していくことが重要となる。

　企業にとっての人材の効果は，価値創造の相乗効果として働くもの，レジリエンス効果として働くものの両面から考えなくてはならない。これまでも，人材は企業にとってなくてはならない生産要素として認識されていたものの，そのコスト面に着目した管理が中心であった。上記効果に着目するためには，人材のコスト面に着目するのではなく，資本としての側面から考察しなければならない。これが最近の人的資本経営のアプローチといえよう。

　このような視点からの分析は必ずしも十分行われてきたとは言えない。そのため多くの知見が蓄積されているわけではないが，参考になる知見も存在する[22]。今後の研究に期待したい。

⑶　競争環境の変化と人的資本戦略の変化

　経済産業省が2021年12月に設置した未来人材会議の中間報告[23]が2022年5月に公表された。ここでは，デジタル化と脱炭素化といった今後の経済の大きな構造変化が進む中で，2050年を念頭におき今後の人材に求められる能力について分析が行われている。この中で，現在は「注意深さ・ミスがないこと」「責任感・まじめさ」が重視されるが，将来は，「問題発見力」「的確な予測」「革新性」が重視されると整理されている。この変化は，本書で取り上げるテーマである，静態的な経営管理から動態的な経営管理の必要とも符合する。

　また，同報告の中には，現在の問題点として，企業は人に投資せず，個人も学ばないと指摘するとともに，企業の人事戦略が経営戦略に紐付いていない点を指摘している。そのうえで，人材育成として，下記の2つの時間軸での対応を提言している。つまり，2030年目標として，「今の社会システムを出発点として変化を加える」こと。2050年目標として，「まったく異なる社会システムを前提に，バックキャストして今からできることに着手する」こと，としている。

　本書の中では既に気候変動・脱炭素について触れたので，デジタル革命による競争要素の変化による人的資本戦略の変化についても考えてみたい。
　デジタル革命は，企業活動に対し，伝統的なリアルの競争平面に加え，デジタ

22　柳瀬典由「ESG投資と企業成果，企業価値」『保険研究』第73集（2021年，慶應義塾保険学会）P.41〜44に，ESG活動と企業価値向上の間の分析において正の相関が観察されたとしても企業文化などの省略変数による影響の存在などのために因果関係とみなすことができない点を指摘している。また，人的資本のもつ相乗効果への着目の重要性を示唆する参考知見とみなしてもよいと考えられる分析が紹介されている。要約して引用したい。「Lins,K.V., Servaes, H., and Tamayo, A. (2017). Social capital, trust, and firm performance: The value of corporate social responsibility during the financial crisis. *Journal of Finance*, 72 (4), 1785-1824.では，金融危機時の株主，ステークホルダー間の信頼関係，すなわち社会的資本（Social Capital）の価値に着目した分析を行っている。彼らは，2008年から2009年の世界金融危機時において，CSR活動に積極的な企業群（高CSR企業）の株式リターンや収益性，成長性，従業員1人当たりの売上高が，そうでない企業群に比べて高水準にあることを実証的に確認している。この上で，金融危機時のようにマクロ経済環境の不確実性が高い状況下（市場全体におけるネガティブな外生的ショック顕在化時）においては，積極的なCSR活動を通じて構築された株主，ステークホルダー間の信頼関係（社会的資本）の価値が相対的に高くなり，CSRに積極的な企業の収益が安定する可能性を指摘している。」

23　同報告書は，20220531_1.pdf（meti.go.jp）より入手できる。

138

ルといったバーチャルの競争平面を加えることとなった。現在のビジネス環境は，両者が相互にネットワーク化されたものになってきている（**図表4-9参照**）。

このような新たなネットワークをベースにしたビジネスエコシステムはデジタル革命によって今なお進化を続けているが，企業の対応において，成功する会社とそうでない会社の相違が観察される（**図表4-10参照**）。

今後の人的資本戦略を推進するためには，新たな視点が必要となる。例えばデジタル革命が推し進めるオープン型のビジネスエコシステム（**図表4-11参照**）における競争力は従来のモデルとは異なる枠組みでの検討が必要であろう。そして新たなビジネス環境で能力を発揮する人材獲得，人材育成に関する戦略は多様化するであろう。その結果，人事戦略自体もオープン型に変えていく必要があるものと考えられる（**図表4-12参照**）。

3　人的資本リスクの管理

(1)　資源から資本への発想転換

まず伝統的なリスク管理体系において整備されてきた純粋リスクへの対応について整理しておきたい。これまで企業は，企業活動に伴う人の行動に関わるリスク管理として，当初は，オペレーショナルリスクという発現形態のリスクに着目して対応がなされた。その後，LIBOR（London Inter-Bank Offered Rate）金利事件[24]やウェルズ・ファーゴ事件[25]を経験し，顕在化した行動そのものではなく，組織構成員の行動の根源にある組織文化に着目したコンダクトリスクに着目したリスク制御のアプローチを発展させている。両者の違いについては，**図表4-**

---

[24]　2006年から10年にかけて，スイスの大手銀行UBSや米シティグループの東京法人でトレーダーとして活躍していたトム・ヘイズは，他のトレーダーらと共謀してLIBORの指標を操作し，自らの取引で不当に利益を得ようとした事件である。LIBOR不正には，10以上の大手行が関係していた。

[25]　2016年9月に摘発した米ウェルズ・ファーゴ銀行で発生した事件で，顧客の許可のないまま口座を開設したりクレジットカードを発行したりする行為が横行していた事件である。

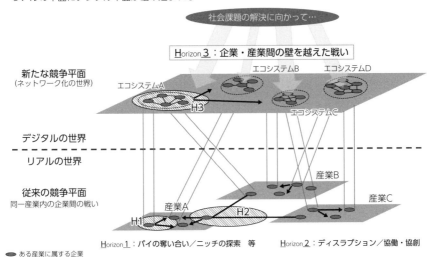

図表4-9　デジタル革命が創り出す新たな競争平面

リアルの平面にデジタル平面が組み込まれる

図表4-10　デジタル革命への対応が企業価値の差異を生む

企業の技術変化に対するアプローチパターン

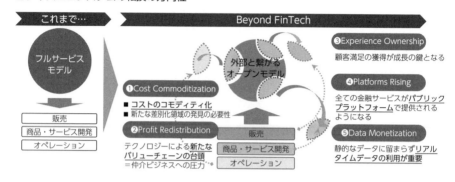

図表4−11 デジタル革命の進化形態とビジネスモデルの変化

ビジネスエコシステムの転換の方向性

図表4−12 人的資本の活用戦略の変化

オープンタレントエコノミー

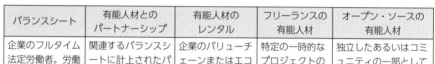

バランスシート	有能人材との パートナーシップ	有能人材の レンタル	フリーランスの 有能人材	オープン・ソースの 有能人材
企業のフルタイム法定労働者。労働者の維持費用は全額企業負担	関連するバランスシートに計上されたパートナーシップまたはジョイントベンチャーの一部である従業員	企業のバリューチェーンまたはエコシステムの一部を構成するが，他社のバランスシートに計上された従業員	特定の一時的なプロジェクトのために雇用する独立した労働者	独立したあるいはコミュニティの一部として，企業に無償でサービスを提供する人々

現在，どこで，どのように起こっているのか？

■大規模なグローバル企業 ■多くの業界の関心は時給労働者の一貫した調達	■ジョイントベンチャー ■戦略的アライアンス	■人材派遣会社 ■コンサルティング・ファーム	■独立請負業者 ■個人事業主	■特定のトピックに関する地域掲示板 ■顧客向けのイノベーション・コンテスト ■製品/サービスの利用者コミュニティ

13のとおりである。

　企業は，純粋リスクを取り扱うコンダクトリスクの管理において，組織構成員

図表4-13 コンダクトリスクとオペレーショナルリスクの比較

項目	コンダクトリスク	オペレーショナルリスク
発生場所	全業務プロセス	同左
管理対象	潜在的事故要因（ハインリッヒの法則のヒヤリ，ハットレベルの要因）	顕在化した事故
主たる管理目的	信頼，ブランド，風評といった業務品質 戦略の成功も意識したビジネスリスクとしての取扱い	経済的損失（純粋リスク）
対策の主眼	業務品質の向上への対応 ステークホルダーに不公正な取扱いをしない信頼とレピュテーション維持への対応 環境変化に伴うビジネスモデル・プロセスの改善，商品改善，販売政策上の対策（販売中止等も含む）の対応	類似事故の再発防止

- コンダクトリスクは，潜在的な次元を扱い，不適切な行動の要因に着目する。
- したがって，コンダクトリスクの発現は，リスクカルチャーの適切な醸成度合と関連させて捉えることができる。
- リスクカルチャーの醸成を組織として取り組むためには，ハードコントロールにとどまらず，ソフトコントロールに配意しなければならない。
  （ソフトコントロールとは，目に見えない精神的なものに依拠した統制手法のことである。代表的なものとして，企業理念や日々の業務を通じて組織内に蓄積される価値の総体としての組織文化が挙げられる。）

の行動に影響を及ぼすインセンティブ・報酬制度を経営の手段として重視してきた。例えば，金融監督当局は，リスク管理と報酬制度との関係の重要性に鑑み，金融機関や保険会社に対してその整備に対する規制を図ってきた。この点については，**コラム8**（157頁）を参照いただきたい。

ここで，人的資本に関わるリスクをビジネスリスクとして捉えるということは，企業活動や企業価値の源泉としての人の行為そのものを，資源としてではなく，投資という視点から企業価値への影響を，広範に，そして戦略的に捉えることを意味する（**図表4-14参照**）。

このように，企業価値創造の源泉として人的資本を取り扱うということは，組織構成員の人生の幸せやモチベーションと組織業務における主体的なインセンティブとの調和に努めることを意味する。このマネジメントの失敗は，価値創造そのものの下振れを意味し，最悪のケースにおいては，企業の存続に影響を及ぼ

142

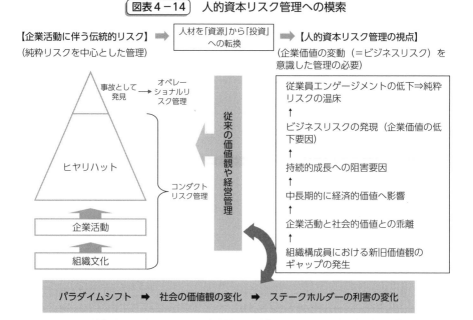

図表4−14　人的資本リスク管理への模索

す。特に，社会的価値観が大きく変化しようとしている今，企業のガバナンスと
人的資本経営におけるビジョン，価値観が社会的価値観と大きく乖離することは，
社会における企業の存続に直接影響を及ぼしかねないこととなる。そして，ビジ
ネスリスクとして企業価値に関わる個人のモチベーション（人間として有する誘
因）と組織のインセンティブ（組織の固有の目標との関連で生じる行動の誘因）
を調和させなければならない。

(2)　関連知見のレビュー

　新たな環境は成長の機会を提供する。企業が発展し経済が成長するためには，
アニマルスピリットを発揮した戦略的思考が欠かせない。しかしながら未知のリ
スクは戦略を砕き企業を破綻へと突き落とすことも事実である。シドニー・フィ
ンケルシュタインは，1997年から6年間にわたって企業の失敗事例を研究・調査
した。当時の米国は，「ニューエコノミー」という言葉が喧伝され，ITバブルが
巻き起こった時期であった。当時のITビジネスは正にリスクとチャンスの両面

を有した未知の新規事業の典型であったといえる。彼は，IT企業の失敗の原因の1つとして「経験不足の経営者」を挙げており，ビジネスには多様な経験知がリスクへの対応に有用である点を改めて次のように指摘した。

　「インターネット・バブルの頃，バブルという時代がネット企業の複合的な欠陥（経験不足の経営者，会計秩序の不足，戦略への不適切な入れ込み）を隠蔽し続けていた。しかし，風向きが変わってオールド・エコノミーが復活してきたとき，もはや彼らの放漫経営ぶりは許されず，失敗のテンポも速まった。経済の追い風を受けられなくなったとき，隠れていた欠陥は，もはや制御不能になった。」[26]

　またドロシー・レナードとウォルター・スワップは，米国におけるITバブル時とバブル崩壊後のIT起業家を対象として経験の種類という切り口で分析し，意思決定に求められる必要な経験と現実の経験の偏りを**図表4－15**のとおり提示する。そして個人の経験のみでは限界があるため，それを補うため自分とは異なる経験を積んだコーチによるアドバイスの意義を指摘している[27]。

　レナードらの研究は，確信ある決定のためには，異なる数多くの経験に裏付けられバランスのよい知識が必要であると結論づけている。ダイバーシティ＆インクルージョンの重要性が社会的価値としても経済的価値としても重要である点を示唆する意味で興味深い。
　同書は，経験知を組織内で移転・蓄積する際，次の点に留意すべきであると指摘する。
- 個人も組織も，時間がたつにつれて経験のレパートリーが増える。ありふれた経験も珍しい経験も積んで，だんだん経験の分布図を埋めていく。
- 経済情勢が極めて良好なときや極めて悪いときなど，一つの極端な経験しかないと，それ以外の状況ではうまくいかない。
- ディープスマートを育むうえで欠かせないのは，計画的な練習をする意欲だ。

26　シドニー・フィンケルシュタイン『名経営者が，なぜ失敗するのか？』（橋口寛監訳，2004年，日経BP社）P.401。
27　ドロシー・レナード，ウォルター・スワップ『「経験知」を伝える技術』（池村千秋訳，2005年，ランダムハウス講談社）P.44〜47。

図表 4 - 15 経験の分布

（起業家が遭遇する経験のレパートリー）

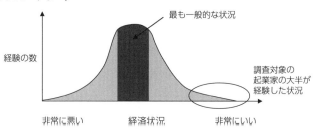

（コーチと起業家の経験の分布）

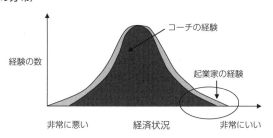

（出典）ドロシー・レナード，ウォルター・スワップ『「経験知」を伝える技術』（池村千秋訳，2005年，ランダムハウス講談社）P.45,49

フィードバックを受けながら計画的に練習をおこなう必要がある。

- 新しい知識を吸収するには，脳内にしかるべきレセプター（受容体）がなくてはならない。
- シミュレーションを活用すれば，現実世界での直接の経験を補える。
- リーダーに必要なのは，システム全体を理解するために幅広いレパートリーを築くこと。できれば，優秀なコーチの指導を受けることが望ましい。
- 最も強力な経験の積み方は，指導のもとでの経験だ[28]。

(3) 気候変動対応の経験知の垂直・水平的展開

TCFDは，2021年6月，提言内容の見直しを最終化し，GHG排出量など気候関

---

28 レナード，スワップ・前掲注27，P.69。

連リスク，機会の計測，管理のための指標と低炭素，脱炭素経済への移行計画を盛り込むよう推奨している。2021年6月に公表された改訂コーポレートガバナンス・コードでは，「TCFDまたはそれと同等の枠組みに基づく開示の質と量の充実を進めるべきである」と言及された。企業は開示の質・量を充実させるため，気候変動の経営へのインテグレーションの深化が期待される。

　また，ESGの「E」の代表例である気候変動リスクは，現在は任意開示となっているが，財務情報との関係，制度会計との関係が今後の検討課題となってくる。ISSBの検討内容や，並行して進められている各国ベースでの開示の義務化の流れなど，開示の深化（垂直的課題）に注意を払う必要がある。同時に，水問題，生物多様性問題などの環境項目への開示の拡大[29]，さらに社会（S）を代表する課題として，健康・社会，働き方改革や人材育成を含む労働環境や社会・地域貢献などの問題への対応の開示といった水平的課題への対応を進める必要もある。

　わが国においては，2022年6月，内閣官房が「新しい資本主義のグランドデザイン及び実行計画」の中で人的資本についての取組方針が定められた。同月公表された金融審議会ディスクロージャーワーキング・グループ報告では，「記述情報の開示に関する原則」は，現在は経営方針・経営戦略・経営成績等の分析，事業等のリスクを中心に開示の考え方を整理したものとなっているが，国際的な議論の進展を踏まえたものとする必要がある，としている。そのため，今後，サステナビリティ開示の充実を進めるに当たっては，企業価値に関連した投資家の投資判断に必要な情報が開示されるよう，金融庁において，国際的な動向も踏まえつつ，「記述情報の開示に関する原則」を改訂すべきである，と方向づけられた。

　日本国内の株式市場に上場する全ての企業に対して2023年から施行される金融商品取引法における有価証券報告書への記載義務の対象となる項目が公表された。人的資本パートに分類される項目は，人材育成方針と社内環境整備方針である。また，多様性パートでは，女性管理職比率，男性の育児休業取得率，男女間賃金差異である。

29　例えば，TCFDの枠組みを拡大する動きとして，自然資本等に関する企業のリスク管理と開示の枠組みを構築するために設立された自然関連財務情報開示タスクフォース（Taskforce on Nature-related Financial Disclosures：TNFD）が検討を続けている。2022年3月にフレームワークのベータVo.1版が，2022年6月に同Vo.2版が公表されている。

　投資家は，人的資本を実質的に企業活動を左右する重要な要素と考えている。特に外的環境が大きく変化する時期だけに，変化に対する企業の生き残りを判断する上で，経営者の明確な戦略を見極めようとしているものと考える。その背景を踏まえるなら，開示においては，人材戦略において何が最も重要なのかを特定し，どのような取組みをいつまでにどれくらいの時間をかけて実行するか，を可能なかぎり明確な数値で表現する必要がある。人材育成においては，経営戦略と連動した人的ポートフォリオを今後どのように作っていくか，そのロードマップを示すことが重要である。人口構造の変化を踏まえて，中途採用と新規採用のバランス，現在の人材のリスキルをどうするか，など企業戦略の固有性を意識した整理が必要と言える。

　人的資本に関する広範な開示については，非財務情報を網羅的に開示するサステナビリティ報告書と，財務・非財務を統合して掲載する統合報告書の中で任意開示されることとなる。ただ，両報告書は，人権を守る，差別をしないなどのネガティブな行動をしていないことを発信する傾向が多く，企業の持続的成長力について十分発信していないとの指摘もある。そのため，人的資本だけを括り出して人的資本報告書を発行する企業も出てきている。

　企業の対応としては，例えば，「人的資本可視化指針」の中で，TCFDの枠組みが参照されているとおり，これまでの気候変動問題への準備を踏まえて，水平的，垂直的展開を図っていくこととなろう（**図表４−16参照**）。

図表４−16　気候変動リスクの経営管理のESG管理への展開

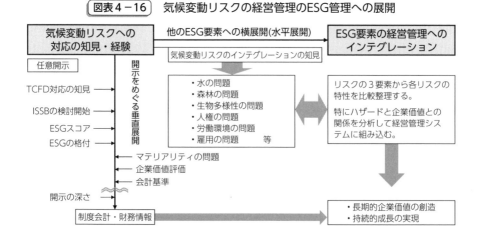

⑷　人的資本リスクへのアプローチ

　人的資本についてリスクの視点から整理しておきたい。同リスクは，ビジネスリスクと純粋リスクの両面を持っている。つまり，企業が人材を投入して，期待した価値創造の成果をどの程度挙げられるかについては，期待以上・以下の両面が想定される。その意味ではビジネスリスクである。同時に，ヒューマンエラーによるオペレーショナルリスクの発現や不祥事が発生すると企業に損失のみを発生させることとなり純粋リスクの側面で捉えなければならない。ただ，期待を下回る成果しか挙げられない事態も，企業文化の悪化や内部統制上の不備などから，純粋リスクが発現するケースも，人的資本管理の問題から引き起こされたものと整理するなら，両者は同根である。このように，人的資本管理に関わるリスクは企業にとって非常に広範な意味を持つ。

　人材版伊藤レポートでは，経営環境の変化に対し，多様な個人による多様な視点からの対応を可能にする「動態的な人材ポートフォリオの構築」の必要性が指摘されている。

　ビジネスリスクについて，気候変動リスク（移行リスク）に対するシナリオ分析の経験を踏まえて，人的資本経営に関わるリスクへのアプローチを考えてみたい。

　移行リスクも人的資本リスクも同じくビジネスリスクといえが，人的資本リスクと気候変動リスクとの相違点もある。気候変動リスクにおいては，IPCCやIEAなど参照すべき温暖化シナリオが存在し，このシナリオに沿うように炭素税が課せられるという前提を置き，現GHG排出量から企業価値への影響を推定できる。そして，炭素税負担による企業の利益への直接のインパクトを回避し，長期的視点から収益を維持あるいは拡大しようとすると，脱炭素技術などへの投資，あるいはビジネスモデル変革に伴う費用構造の変革を進める必要がある。このように，企業の戦略に基づく将来のPL，BSを予測する形で，長期的な企業価値へのインパクトを予測する方法をがとられている[30]。

30　詳しくは，後藤茂之，鷲地隆継編著『気候変動時代の「経営管理」と「開示」』（2022年，中央経済社）第Ⅵ章（P.127〜196）。

　これに対して，人的資本経営におけるビジネスリスクについては，むしろ経営として，人的資本を活用した中長期の企業価値目標をいかに策定するかが分析の基準となる。そして，この目標を達成するためのKPIを設定することが分析の前提となる。シナリオやKPI自体は固有性が強いものである。ただ，ISO30414によって，重要な指標が標準化されており参考になる。またこのような形で，企業間，セクター間での標準化につながるなら，ベストプラクティスの共有や投資家とのコミュニケーションを通じて企業価値に対する理解も深まってゆくことが期待される。

　気候変動と人的資本へのアプローチは異なる特徴を有するものの，シナリオ分析という枠組みでは共通して一般化できる。両者を対比する形で整理すると，**図表4－17**のとおりである。

　これを対応プロセスとして一般化すると，**図表4－18**のとおり整理できる。

　また，企業のESGへの取組みが市場関係者の意思決定により色濃く反映されてくるのにともなって，ESGスコア自体もさらに精緻化され，ESGスコアといった第三者機関による各企業活動が指標化されるなら，時系列的変化を含めた連動性のある分析も期待できる。

(5)　人的資本と企業戦略

　各企業が保有している資源こそが持続的競争優位の源泉であるという立場をとり，企業それ自体の内部資源であるケイパビリティを重視する戦略論が，ジェイ・B・バーニーに代表される「資源依存理論」である。

　バーニーは「企業ごとに異質で，複製に多額の費用がかかる経営資源に着目し，これらの経営資源を活用することによって競争優位を獲得できる」[31]とする。つまり，企業の業績は企業の内部資源によって決まる。企業が競争優位を獲得できるのは，参入（移動）障壁によって競争を回避しているのではなく，優れた経営資源を保有しているからである。この競争優位の経営資源は市場では調達できな

31　ジェイ・B・バーニー『企業戦略論―競争優位の構築と持続―上　基本編』（岡田正大訳，2003年，ダイヤモンド社）P.242。

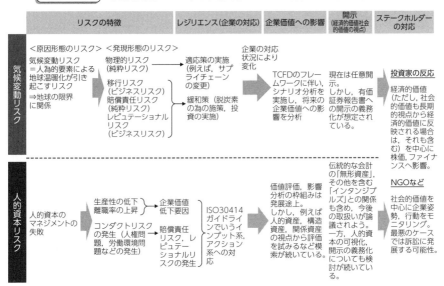

図表４−17　気候変動リスク，人的資本リスクの特徴と企業の対応の現状

い。市場で調達できれば他社も調達するので，その資源は競争優位を失うからである。模倣されない経営資源の戦略的蓄積が競争優位を生み出す，との考えである。

　経営資源が競争力を有するためには，次の２つの前提がある。各企業はそれぞれ違った経営資源を持ち（経営資源の異質性），そしてその違いは長期間にわたり存在する（経営資源の固着性）ことである。バーニーは，重要な経営資源として次の４つを提示する[32]。

① 　財務資本：多様な金銭的資源，資本金，借入金，内部留保
② 　物的資本：技術，工場，設備，立地
③ 　人的資本：経営者，従業員，人材育成訓練，従業員の経験・判断・知性・人間関係・洞察力
④ 　組織資本：個人の集合体としての属性，公式の組織構造，公式・非公式の計画，管理調整のシステム，企業内部グループ間の非公式関係，他企業との

32　ジェイ・Ｂ・バーニー・前掲注31，P.243。

図表4-18 ESG要素に対する企業価値評価のプロセス

基礎事項の準備的分析			シナリオ分析の実施		
<トップダウンアプローチによる企業価値への貢献推定> 事業部門ごとに非財務要素（ESG）と財務要素による企業価値貢献割合を参考情報から経験値的に推定 （参考情報） PBR, ROE, IIRCの6つの資本など	<非財務要素の重要事項の洗い出し> SASBのMateriality mapを活用し、重要要素をセクター別にリストアップし、自社の長期戦略や左記貢献割合などから考慮すべき優先事項を洗い出す	<ESGスコアによる重要要素の業界内相対評価> 自社のスコアと競合他社のスコアを比較 優位点と劣位点を抽出 3段階の相対評価を実施	<シナリオ設定> 気候変動はTCFDで奨励されているIPCC, IEAなどの公表シナリオを採用 その他のESG要素は、左記の準備的分析で整理した情報を踏まえ、TCFDの考えに準拠してシナリオを設定する	<機会・リスク分析> 移行リスク、物理的リスク、賠償責任リスクに分けて、「5Forces」などの手法を使って機会・リスクを整理する 重要なESG要素について、純粋リスクに関しては、訴訟などの情報、ビジネスリスクについては、自社の長期戦略策定における論議を踏まえて機会・リスクを整理	<財務インパクト分析> 利用可能な公表データ、内部データを選択（データ品質を考慮し、ケースによっては幅で捉える） 自社の将来のPL、BSへの影響を整理 ハイレベルで将来キャッシュフローのインパクトを予測 インパクトの時間軸を想定して現在価値（PV）化 現事業ポートフォリオのインパクトを把握

<分析における留意点>
・非財務要素の市場取引関係者の意思決定への反映は、時間軸と共に変化する。また、分析に利用可能なデータも制約がある。したがって、これらの状況を踏まえた上で分析し、分析結果のうち説明責任を十分果たせる領域について開示を行う。また、データの制約などの関係から開示は時期尚早と判断される領域については、内部管理用として活用する。
・外部環境は、時間の経過とともに変化するため、上記枠組みを定期的に検証し、分析を精緻化し、開示用か、内部管理用かの判断も見直す。

関係

　経営資源の競争力の要件として4つの問いを重視する。これらは頭文字を取ってVRIOフレームワークと呼ばれる[33]。

① 経済価値（Value）：その経営資源は外部環境の脅威や機会に適応することを可能にするか。

② 希少性（Rarity）：その経営資源をコントロールしているのはごく少数の競合企業か。

③ 模倣困難性（Imitability）：その経営資源を獲得または開発する企業は、すでに保有する企業に比べてコスト上不利か。

④ 組織（Organization）：価値があり、稀少で、模倣コストの大きい経営資源を活用するために、組織的な方針や手続が整っているか。

　このVRIOの視点から企業価値への貢献において重要な要素を洗い出し、企業戦略や中長期経営戦略との連動を意識して長期企業価値創造に関わるKPIを抽出

33　ジェイ・B・バーニー・前掲注31, P.250。

することが実際的と考える。

4　シナジー効果とレジリエンス効果

(1)　人的資本と企業価値の向上

　価値創造ストーリーの策定においては，人材を資源と考えるのではなく，投資と位置づける必要がある。そのためには，経営として想定している目標達成のために乗り越えなければならない課題を抽出し，それを達成するための重要なドライバーとなる要素を洗い出すことになる。

　現状のレベルを引き上げるための方策として，これまでの自社の取組みの実績や強みを明確にし，提示する戦略手段の妥当性について，例えば，前述の資源依存理論の視点を参考にして説明する必要があろう。また，目標達成における時間軸や他の資本とのシナジーの考え方など，企業価値（目的変数）の向上のための重要要素（説明変数）の関係，その変化を示す指標の設定が目標達成に向けて説得力を持つことが重要となる。

　価値創造ストーリーを合理的に構築することの重要性は高まっている。その際，人的資本や自然資本，社会・関係資本など非財務に関わる情報同士，財務と非財務情報間のつながりを意識する必要がある。重要な非財務情報が将来の企業の財政状態や経営成績に与える影響につなげていくことによって価値創造と結びついていくこととなる。そして，KPIなどの進捗と企業が生み出す将来のキャッシュフローの動向をつなげることにより企業価値創造ストーリーを精緻化することが必要となる。

(2)　シナジー効果の発揮

　企業活動は，これまで整理してきたとおり，社会的価値への貢献につながり，経済的価値を提供することを目的としている。この点を踏まえると，組織の中で価値創造に対して，主体的貢献を担う人的資本の活用と，企業外部の各種ネットワークとのシナジー効果は極めて重要と考える。

　個人の多様な働き方に対応できない企業は，人材に恵まれず，サービス競争力の低下を生むかもしれず，事業の発展を阻害する要因となる可能性がある。また，人的資本以外の資本はそのままでは不活性であるが，人的資本は，ミッションを達成し，利益を生み出すことに主体的に寄与する。ただ，従業員に取り組みたいと強く思わせるのは，強制的なアプローチではなく，従業員が自ずと引きつけられるような仕事や組織でなければならない。従業員エンゲージメントの重要性が増大している。

　人や企業の信頼と社会資本の水準の高さは，2つの面で無形資産の重要な前提となるものと考えられている。その理由は，第1に，それは各種無形資産の間のシナジーをつくり出す各種相互作用を後押しするからである。第2に，信頼は無形投資のルールを取り巻く確実性を提供してくれるからである。企業が組織能力を発揮するためには，企業は組織の持つ物理資産と知的資産，関係資本，人的資本から価値を引き出さなければならない。つまり，組織資本（有形，無形），関係資本[34]，人的資本は統合的に管理されなければならないこととなる。ここで，人材は，無形の知的資本の不活性な状態，有形資本—材料や装置等—の受動的な状態を，オペレーションによって効果を生み出すように活性化させる触媒であると考えられている。

　社会・関係資本の定義と形態は様々である。これらの様々な定義を稲葉陽二が以下のように包括的に整理している。本書では，この整理に基づきその意味を広く捉えておきたい。

　「基本的にはみな同じ方向を向き，人々や組織の間に生まれる協調的な行動を分析するという課題に取り組み，その基本的な構成要素としては「社会全般における信頼，互酬性（相手を特定しないお互い様の規範）の規範，ネットワーク」を含んでいる。さらに最近はよい面ばかりでなく，むしろ公害と同様の負の外部性（外部不経済）を認識し（ている）。」[35]

　また稲葉は，人が様々なネットワークの一員となって，それとの関係で様々な

34　関係資本とは，顧客から規制当局（政府，各種団体等）にいたる，外部の存在に対する知識やそれらとの関係に基づく価値創造の源泉となる資本を意味する。

35　稲葉陽二編著『ソーシャル・キャピタルからみた人間関係—社会関係資本の光と影』（2021年，日本評論社）P.13。

影響を受ける様子（つまり人と社会・関係資本との関係）を，「人は社会という箱のなかで生きている」，という比喩を使って説明している。社会の中で活動する企業は，社会の価値観を理解し，社会との関係を意識していくことが求められる。稲葉の人と社会資本の関係を，企業に置き換えてみると，社会と企業との関係に関する基本的な視点を理解できるので，以下，関連する部分を抜粋して紹介しておきたい。

　「人は生まれながらにして社会という箱のなかで生きている。歳を重ねるに従い，その箱は徐々に大きくなっていく。この箱は自分で大きさを調整できる部分もあれば，自分自身ではどうしようもない部分も，ある。また，最初は自分の意思で大きくしたつもりが制御不能に陥る場合もある。悪いことに，よかれと思っていた部分が自分を脅かすことさえある。その箱から逃れることはできず，最悪の場合は自分を押しつぶす妖怪のような存在になることもある。その一方，箱のおかげで，自分の才能を開花させることができ，幸せな人生を後押ししてくれることもある。」[36]

　ネットワーク効果（あるいはネットワーク外部性）という用語がある。製品やサービスの価値が利用者数に依存していることに着目した概念である。特にデジタルを活用したスタートアップ事業におけるマーケティング効果の1つとして使われることが多い。

　経済学的には，外部性は，ある行為の結果が当事者ではない第三者に影響を及ぼすことを意味することから，ネットワーク外部性とも呼ばれる。伝統的な例としては，電話やFAXなどのサービスの場合，利用者が増えれば，そのサービスの価値が増える現象として説明される。同様の現象のことを経済学では，古くはバンドワゴン効果と呼び，多くの人がサービスを利用していれば，人はそのサービスを利用しようとする誘因が働き，さらに利用者が拡大するといった利用者の心理的側面から説明されていた。

　ただ最近使われているネットワーク効果（あるいは外部性）は，参加する人が増えれば需要と供給の関係からそのサービス自体も向上しそのサービスの価値やそのサービスから得られる利便性が高まるという側面に関心が払われている。

　今後企業は，非財務要素の1つとして社会・関係資本に関心を払って，戦略やリスクを検討する必要が出てこよう。その場合，最近のネットワーク効果の研究

36　稲葉陽二・前掲注35，P.24，25。

は参考になる[37]。

　社会・関係資本と企業価値との関係の蓋然性について考えてみたい。

　これまでの財務要素を中心とした経営管理の世界において企業価値分析は，投入する財務資本や価格評価されている諸資源とそれらの結果としての価値増加や利潤の発生との関係を分析する経験を積み上げて現在の財務管理が構築された。これは，市場経済における長年の実績と財務分析における多年の経験知によって可能になったものである。ただ，今後これらの要素に加え，例えば，IIRCが想定している非財務資本を考慮しようとするなら，これらの要素が上記の財務要素間の関係性の中でどのように相互作用を引き起こしどのような結果に結びついているのかを解明していかなければならない。

　これらの要素の働きが企業価値へと結実していく蓋然性を説明するためには，その被説明変数たる企業価値に説明変数としての資本がつながっていく関係性の構造を一定の実績に基づく説得性を付与しなければならない。このためには，財務要素の分析がそうであったように，非財務要素に関する長年の分析の蓄積と経験知の共有が不可欠なものとなろう。非財務要素に関わる経営管理は，今入り口に立ったところといえる。

(3)　リスク管理とレジリエンスの向上

　ビジネスリスクには，企業価値に対して期待値を上回る可能性と下回る可能性の両面がある。企業価値に対する社会・関係資本の影響はビジネスリスクに該当する。戦略上，そのメリットを活用していくとともに，そのダウンサイドリスクについては，リスク管理として適切に対応していく必要がある。

　稲葉は，社会・関係資本のダークサイドについても例示している（**図表4－19参照**）。そして，その特徴を4つにまとめている。

37　スタートアップ事業におけるネットワーク効果との関係をテーマにしたアンドリュー・チェンの『ネットワーク・エフェクト』（大熊希美訳，2022年，日経BP）では，ネットワーク効果に関する転換点，脱出速度，天井，参入障壁といったステージごとの対応が検討されている。
　　今後，この領域の研究が，本書で述べたシステム思考も踏まえて，関連する様々な知見が蓄積されることを期待したい。

図表4－19　社会・関係資本の負の外部性

- 社会・関係資本の当事者以外の第三者への影響（外部性）は好ましい影響を与える正の外部性ばかりではなく，負の外部性もある（「ダークサイド」と呼ばれることもある）。
- 負の外部性は，犯罪を助長したり，不平等の助長や，不祥事の温床になるケースもある。
- 稲葉陽二は，ダークサイドを扱う4つの切り口を提示し，下表のとおり整理している。
  ① 全てのクラブ財としての社会・関係資本が潜在的に負の外部性を持つ
  ② クラブ財としての社会・関係資本がそのメンバーにも負の外部性を与える
  ③ 外部性を私的利益のために内部化すると社会全体がその負の外部性を被る
  ④ クラブ財・動的財としての社会・関係資本に起因する負の外部性が公共財としての社会関係資本＝社会全般への信頼を壊す

【出し手（加害者）と受け手（被害者）から見た社会・関係資本の負の外部性】

負の外部性の種類	発生源（加害者）	具体的内容	原因となる社会・関係資本種類	被害者	毀損する社会・関係資本
反社会的活動	グループ	目的と活動内容が公益に反する，暴力団など	クラブ財	マクロの国民	一般的信頼
しがらみ	グループ	目的と活動内容が公益に反し，やめたいのにやめられない。	クラブ財	マクロの国民，グループ外の人々	一般的信頼，一般的互酬性，他者のネットワーク
			クラブ財	グループのメンバー	―
社会・関係資本の外部性の内部化	個人	コネの悪用	私的財	マクロの国民	一般的信頼
	グループ	グループ内のネットワークの濫用（無意識），公務を通じた知人へのちょっとした便宜の無償提供	クラブ財	マクロの国民，グループ外の人々	一般的信頼，一般的互酬性
			コミュニティの一員としてのクラブ財	マクロの国民，グループ外の人々	一般的信頼
社会・関係資本の偏在	個人	孤立（ネットワークが作れない），社会的孤立，引きこもり	クラブ財	個人，国民	社会・関係資本全般
	グループ	グループ外の人々を疎外，村八分	クラブ財		

（出典）稲葉陽二編著『ソーシャル・キャピタルからみた人間関係―社会関係資本の光と影』（2021年，日本評論社）P.38（本書の中では「社会・関係資本」の表記で統一している）

1．クラブ財としての社会・関係資本の持つ排除性の弊害が生じる。
2．クラブ財として社会・関係資本を形成するグループや組織メンバーにも外部性が発生する。
3．社会・関係資本の正の外部性を個人や組織が私利のために内部化して，社

　会全体の公益を犯す負の外部性を生じさせる。
4．第3の社会・関係資本の悪用は，社会を分断し社会全体の信頼を壊す可能
　性がある。

　ITバブル時におけるIT起業家の破綻の要因となった経験知の種類については
既に説明した。未知のリスクに対する対応において，異なる経験知の交流は重要
である。また，異なる経験に基づく能力やスキルは破綻を回避するのに効果が
あった可能性がある。今後の組織のレジリエンスを考える場合においても，異な
る視点からの経験値の存在は不可欠といえる。それは，幅広いステークホルダー
との関係強化の意義を示唆する。山内直人は，社会・関係資本が防災や震災復興
にも重要な役割を果たしていると事例を挙げつつ社会・関係資本の重要さを指摘
している。参考になるので，パネル討論資料から抜粋して紹介する。
　「阪神淡路大震災のときにも，あのときは建物が倒壊して被害を受けたケース
が多かったのですけれども，助かった人の多くは隣人に助け出されたというよう
に言われています。そういう時は，消防などが来るのを待っている間にも人が亡
くなるわけですから，コミュニティの中の共助というのが非常に重要だというこ
とが言えると思います。それから，仮設住宅の建て方についても，住宅のレイア
ウトの仕方，たとえばコミュニティスペースを作るかどうかというのが，そのあ
とのクオリティオブライフに非常に大きな影響を与えているということが，阪神
のときの経験で分かってきました。例えば何十軒かに1軒，住民が集まれるス
ペースを作るとか，あるいは玄関を向き合わせに建てるとか，そういうソーシャ
ル・キャピタルを育むような工夫が重要だということが分かってきて，東日本大
震災でもその経験を生かして仮設住宅を建設したところがあります。仮設住宅に
移るときもその地域のソーシャル・キャピタルをできるだけ維持するような形で
移るということが非常に大事なのだと言われています。」[38]

38　山内直人「地域再生におけるソーシャル・キャピタルの役割」パネル討論資料1，P.77. 2012.
　10. 22.第17回厚生政策セミナー「地域の多様性と社会保障の持続可能性」（資料は，19824808.
　pdf（ipss.go.jp）から入手可能）。

報酬制度のガバナンス上の活用

　リスク管理において，人の行動，組織の行動が引き起こすリスクは，コンダクトリスク，オペレーショナルリスクとして常に重要関心事となってきた。これらのリスクの発現は，企業の不祥事につながりレピュテーションを低下させ，操業停止や訴訟の提起などを引き起こし，企業価値を低下させ，最悪の場合は，破綻に至る純粋リスクとして認識されている。

　人の行動に係るリスクをいかにコントロールするかに関連して，組織の中における経営が対処しうる直接的な手段の1つとしてのインセンティブ・報酬制度は，リスク処理手段としてこれまでも重視されてきた。個人の行動を動機づけるモチベーションと，組織の期待する行動に組織構成員をリードしようとするインセンティブは必ずしも一致しないこととなる。もちろん個人と組織の目的が異なる以上やむを得ないことであるが，両者が大きく乖離すればコンダクトリスクの温床となることも事実である。監督当局がガバナンスシステムの一環としてインセンティブ・報酬プランを重視し，その枠組みを監視しようとする意図が理解できよう。特に金融・保険業においては，重大な問題の発生後の対策として，ガバナンスの強化，コンダクトリスク，オペレーショナルリスク管理の強化が繰り返し実施されてきた。金融危機（概要についてはコラム2を参照）の発生を教訓にして各国の監督当局が連携してその再発防止のための協議を行った。その中で，役職員に対するインセンティブ・報酬制度の見直しが実施された。ここでは，欧州の保険事業に課せられる経済価値ベースの規制資本の枠組みである欧州のソルベンシーⅡの中で取り入れられている報酬制度について紹介しておきたい。

　ソルベンシーⅡではガバナンスシステムの一環として，報酬制度に言及されている（the Commission Delegated Regulation Article 275）。これを受け，欧州保険年金監督局（the European Insurance and Occupational Pensions Authority：EIOPA）はガバナンスシステムのガイドライン（Guidelines on system of governance 14 September 2015）を公表している。これによると，保険グループにとっての重要なリスクを反映し，リスク管理，内部統制システムを適切に維持するため，保険事業の重要な意思決定，経営や監督，事業運営において重要な役割を果たす人物（Sol Ⅱ Staffと呼んでいる）の報酬に関して，その活動と事業のリスクを十分考慮した制度にすべき旨を規定している（図表参照）。

　また，英国健全性監督機構（PRA）は，保険会社に対し報酬方針（Remuneration Policy Statement）やその運営状況を所定の様式（Template）で，固定報酬，変動報酬，繰延報酬等の種類ごとにその状況を記述しPRAに報告することを要請している。

図表　ソルベンシーⅡ報酬制度の特徴

Key individualの具体的な調整

会社ベース，ユニットベース，個人ベースのパフォーマンスマトリクス	■会社は，利益又は価値創造に関する測定基準によって行動に制約を加える危険を認識すべきである ■上記計測は，リスク調整されたバランススコアカードの一部を構成するにすぎない
財務，非財務要素を含む個人の評価基準	■財務・非財務基準から成り立っているバランススコアカードは，個々人の業績評価に適用される ■個々人の業績は，規制要件の遵守，効率的なリスク管理を反映しなければならない
リスク調整したパフォーマンスの計測	■会社は，どのようなリスクと資本コストに直面しているか，統合ベース及び個人ベースで確認しなければならない ■会社は，リスクテイク期間にわたって，リスクに見合った基準で計測されたリスク調整リターンを考慮しなければならない ■裁量的要因は，適宜地域別に考慮すべきである
変動報酬のかなりの部分について，少なくとも3年延滞される	■かなりの部分（substantial portion）とは変動報酬の40％にあたる ■据え置かれる報酬とは，経過期間を超えた部分ごとにリリースされる ■長期インセンティブは，繰り延べ期限に向けて，実現価値に基づき査定される ■会社は，繰り延べ期限内で検証・調整を実施する

　最近では，報酬制度の考慮要素としてESGが注目を浴びている。FTSE 100種総合株価指数企業の90％以上がインセンティブにESG施策を組み込むことを計画している，といわれている。TOPIX100の2022年3月決算会社82社を対象にした有価証券報告書の「役員の報酬等」にESG要素を報酬体系に含めている会社は26社で全体の32％であった[39]ことを考えると欧州の報酬制度へのESG浸透は進んでいるようである。

39　綿貫吉直「ESG要素の役員報酬への反映状況に関する事例分析」ディスクロージャー&IR総合研究所『Disclosure&IR』（2022.11.Vol.23，宝印刷）P.23。

　なお，社会・経済の環境や社会的価値観の変化に伴い企業行動は変えるべきである。同時に，労働環境の変化によっても変えざるを得ない。新型コロナウイルスによって企業活動は変容を余儀なくされた。ウイズコロナにおけるクライアントとの新たなコミュニケーションのあり様やリアルとリモートの労働環境を踏まえ，報酬制度についても企業は見直しを進めている。例えばドイツ銀行では，HRレポートの中で，報酬制度も経営環境，労働環境の変化に伴い見直していかなければならないと指摘し，銀行業務にとって前提条件となる資本，流動性，リスク受容力といった制約条件を満たしたうえで，報酬制度における変動報酬（Variable compensation）に関する業務の評価，価値，指標の見直しを行ったと報告している[40]。

40　ドイツ銀行2020年度版HRレポートP.71〜77。

第5章

動態的リスク管理の導入

ESGという新たな要素による影響が定常状態に至るまでは，企業価値への影響が不確実性をはらんでいる点を覚悟しなければならない。同時に企業は，時間の経過に伴い浸透していくESG要素の影響によって市場関係者の意思決定や行動が変容することを意識しなければならない。

本章では，このような企業価値への変動状況をモニタリングし，リスク管理体制に組み込むといった動態的リスク管理の意義を整理するとともに，その導入のために磨かなければならない技術について検討する。

1　現代企業が直面するERM上の課題

第2章で確認したように企業価値の評価についての考え方が変化している。このような動態的状況に呼応してリスク管理機能も補強されなければならない。かつて，企業の業績は，期間損益会計に基づく利益に大きな関心が払われてきた。そのため，リスク管理に関わる指標は必ずしも経営管理の中枢に置かれていなかった。これは，利益や企業価値の概念が根本的に変わってきたことから理解できる。つまり，期間損益が過去の確定数値に基づき会計原則に従った記録によって計測した実現利益であったのに対し，リスク管理の目的は，将来の企業活動によって生成される将来のキャッシュフローについて予測される期待値と実際の着地数値との間に存在する変動幅を前提として，その変動を適切に管理しようとすることにある。

会計の世界では，このように将来のキャッシュフロー創造能力に着目した枠組みが国際会計基準である。投資家が投資の判断において重要視する指標が，国際会計基準やリスク管理で前提とされている経済価値ベースの枠組みが重視されるようになってきた。このような変化がリスク管理を経営管理体系の柱の1つに据えられるようになってきた背景にある。

ただ，さらに新たな変化が起ころうとしている。将来の企業価値の予測において企業活動と社会的価値との関係が重視されてきているからである。企業が社会的価値への貢献の視点を取り込み，企業の存在価値と企業価値への影響が拡大するにつれ，投資家が，企業活動と社会との相互関係に関心を払わざるを得ないからである。

　リスク管理の趣旨からして，企業価値を変動させるあらゆる要因がリスク管理の対象となる。したがって今後，ESGに関わるリスクをERMの枠組みに統合していく必要があるが，ESGリスクには，「企業が環境，社会の要因などの変化から受けるリスク」と「企業が環境，社会などの要因に与えるリスク」の両面がある。企業は双方を統合して管理しなければならない。

　この場合前者については，企業活動の前提となる環境，社会から企業がどのような影響を受けるか，そのリスクの特定，評価を行うことで，自社のビジネスモデルの特徴との関係や，競争優位，劣位を分析し，その対応のためにいかなる戦略を打って機会に結びつけるか，またいかにダウンサイドリスクを抑制する対策を打つかを検討しなければならない。後者については，企業活動の中身を社会的価値との関係で検証し，環境，社会に対して悪影響を与えていないかを，企業倫理に立ち返って確認しなければならない。悪影響を及ぼす可能性が確認されれば，それは社会的価値観とのギャップを意味し，その乖離を放置すれば，将来のキャッシュフロー創造力の低下（ビジネスリスク）や賠償責任リスクや評判リスク（純粋リスク）につながる。なお注意が必要なことは，社会状況は常に変化しているので，リスク動向の確認と対応策の妥当性，その効果について定期的に検証する必要がある点にある。

　ここで社会的インパクトについて考えてみたい。これは，社会的活動がもたらす変化，成果，影響のことを意味する。財務インパクトとは異なるものであるが，測定可能な社会的インパクトを評価することにより，社会課題の解決に向けた取組みをステークホルダーに発信することができる。ただ，途上国への衣服の寄付といった結果（アウトプット）が，生活の質向上といったインパクトの定量化については，測定上の信頼性，普遍性，比較可能性などの観点から困難な要素を含んでいる。インパクト投資においては，リスク・リターンに加え，社会的インパクトを評価の軸に置くものであるが，評価の困難さが実態以上に喧伝する「インパクト・ウォッシング」という課題も提起することとなる。現在評価に関して複数のイニシアチブが立ち上がっている状況にある。

　新たなリスクを取り込む際には，まずリスクの「特定・評価」を実施する必要がある。現在リスク管理の中で取り扱われている伝統的リスクも，かつては未知のリスクであった。経験知を蓄積した結果，その特性を把握し，今日のようにリスク量を計測することも可能となっている。このようにリスク管理プロセスは

PDCAサイクルの継続の中で進化・精緻化させていく必要がある。

　企業価値に及ぼす影響を予測するためのアプローチは2つに大別される。1つは過去の現象に関わる客観的データから，その中に潜むパターンを見出し，将来は繰り返すという考え方の下で予測するものである。もう1つは，新たなリスクやリスクの変化に対して，熟練者の経験に基づいて将来を洞察して，主観的な信念の程度に基づき将来への影響を予測するというものである。前者を定量的アプローチと呼び，後者を定性的アプローチと呼ぶ。これまで経験のない事象やリスクについては，限られた情報・データから洞察力を駆使してシナリオを想定してその企業価値への影響を定性的に分析しようとした。このようなアプローチから得られる経験知を蓄積した後，リスク構造のモデル化と計量化を試みるといったステップを踏むこととなる（不確実性のリスク化プロセス）。

　イアン・スチュアートは，われわれの不確実性に関する捉え方が時代とともに変化していることを指摘し，6つの世代に区分して説明している。不確実性の存在を所与とした今後の対応において参考になるので，少し長いが以下要約して紹介しておきたい[1]。

　不確実性の第一世代は，未来に起こることはすべて運命だとする考え方である。
　第二世代は，第一世代のようにあらゆる現象を説明する融通の利く信念体系は，実は何も説明していないことも意味すると考えるようになり，これまでとは異なる方法（科学）で論理的推論に基づいて世界を考えるようになった。そして，先行きがわからず不確実なのは，無知による一時的なものにすぎないと考えるようになる。
　その後，われわれは，科学によってある事象がどのくらい確かなのかを定量化する方法（確率）を発見する。確率論とその応用である統計学が，不確実性を支配する時代が第三世代である。
　ところが，20世紀の初めになると，ニュートンの発明した運動および重力の法則によって物質の世界をより精緻化して物理現象が検証されるようになる。古典

1　イアン・スチュアート『不確実性を飼いならす─予測不能な世界を読み解く科学』（徳田功訳，2021年，白揚社）P.9〜23。

物理学では確実とされた粒子の運動の法則が，原子よりも小さいスケールの物質には当てはまらない。量子の世界では，与えられた場所に粒子が局在している場所は，粒子の速さを明らかにすることができず，確率でしか表すことができないこととなる。結果，量子現象は規則で表せないほど不確実性を有するほどぼやけてくることとなった。これが第四世代だと説明する。

　物理学が量子論の問題で足踏みしている間に，数学が新しい道を切り開いたという。これまでランダムなプロセスの反対は，決定論的なプロセスだと考えられていた。決定論では，現在の状態が与えられれば，可能な未来はただ１つしか存在しないというものであった。しかし，決定論であっても予測困難な問題が生じるというカオス理論（非線形動力学）の存在に気づいた。つまり，システムの一部の特徴が予測可能で残りは予測不可能という事例は珍しくない。これが第五世代である。

　そして，第六世代は，様々な形の不確実性があり，それぞれはある程度まで理解可能であることを前提に不確実性に対処しようとする世代である，と説明する。例えば，イングランド銀行がインフレ率の変動予測を公表する際ファンチャートを使う。このグラフは，予測されたインフレ率の時間発展を示すが，１本の線ではなく，濃淡のある帯で描かれている。時間が経過するにつれて，帯の幅は広くなり，確実性が失われていくことを示している。色の濃さが確率の高さを示し，暗い領域は明るい領域よりも確率が高いことを表している。濃淡のある帯には，予想の90％が含まれている，と説明する。

　「将来について不確かである」と「将来は不確かである」とはニュアンスが異なる。前者は自分が十分な情報を持っていないことを表現しており，十分な情報があれば意思決定に必要な予測ができることを意味しているが，後者は意思決定の対象となっている事象そのものが不確実性を含んでいるため，確定的な意思決定が難しいことを意味している。これまでの経営環境が質的に変わっていく中，われわれは思考停止に陥らずに不確実性にいかに合理的に対応していくべきなのかを検討しなければならない。企業を取り巻く環境が動態的で不確実性が高ければ高いほど，伝統的なリスク管理手法を直接適用することが難しくなる。イアン・スチュアートが指摘するとおり，不確実性の存在を所与としていかに積極的にこれを取り込んで対応していくかが今問われている。

2　ESGに対応するための技術

　われわれは，新たなリスク社会への移行過程の中で活動している。これまでの章で検討してきたように，企業価値の変動はESG要素によって拡大し不確実性を高める。そして，ESG要素が市場関係者の考え方の中へ浸透していくにつれ，企業価値もより動態的になる。この点に着目するなら，動態的リスク管理体制の構築を急ぐ必要がある。ここでは今後の課題とともにそれに対応していくためにどのような技術を強化していかなければならないかについて考えていきたい。

(1)　システム思考による洞察力の強化

　第1章，第2章で，移行社会の過程において社会システムが変化しようとする様子をシステム・ダイナミクスの視点で捉え理解することが有用であることを指摘した。第1章2で説明したとおり，今後企業が自然資本を長期戦略における重要要素として取り込んでいくためには，自然界や生態系のシステムの変化が企業の内部システムにどのような影響を及ぼすかを理解する必要がある。

　このような複雑なシステム全体を鳥瞰しようとして，われわれはモデルを作って分析する。しかしモデルは現実の世界を単純化したものであるため，それを活用する際には注意が必要である。参考までに，ドネラ・H・メドウズの指摘を要約して紹介しておきたい。

　「ゆりかごから墓場まで」を考えることが重要かどうかは，「誰が，何の目的のために，どのくらいの時間軸で知りたいのか」による。長期的には，すべてのフローが重要となる。つまり，十分に長い時間軸があれば，鉱山やゴミ捨て場すら，地球の大きな地質学的循環によって，物質はあちこちに移動するので，地球という惑星においては，物理的なものは全て，どこからか生じ，どこかへ行き，動き続けているからである。だからといって，モデルは地球全体を含む全てのつながりをたどっていかなくてはならない，というわけではない。何かを理解しようとすると，単純化し，境界を設けなければならない（この境界を，高度に抽象的なフローを描写するモデルにおいてシステムの雲として表現し，雲からの出入りとして記述する）。ただ，「境界は自分たちが人為的に作り出したものだ」というこ

とを忘れてしまうと，境界は問題を生み出す可能性がある[2]。

　変化しつつあるリスクや新たなリスクへ定量的アプローチを適用することは難しい。そこで，利用可能なデータを活用して企業価値への影響について一定のシナリオを想定してそのインパクトを予測するアプローチがとられることとなる。これを定性的アプローチと呼ぶ。シナリオ設定においては，価値を変動させる重要な要素を抽出する必要がある。そしてその要素が関連するシステムの構造と価値に及ぼす相互作用を観察する必要がある。この作業には，現在の環境前提がまったく異なるものとなる可能性を想定せざるを得ない。その場合，価値に対して非連続な影響を及ぼす可能性があることを覚悟しなければならない。つまり，社内目線で目標を作成する手法（Inside out approach）ではなく，社会の目線から目標を作成する手法（Outside in approach）を意味する。

　これまでの短期・中期の事業計画策定がフォワードルッキングに基づくアプローチであったのに対して，長期計画はバックキャスティングに基づき，短・中期計画とは非連続のものとなろう。この非連続性をリスク管理の観点から可視化する必要がある。一般にリスクの状況を確認するツールとして利用されるリスクマトリクスに時間軸を組み込み，動態的リスクマトリクスを作るとわかりやすい。例えば，**図表5－1**で例示したイメージである。現状のリスク状況（短期，中期的視点）と今後のリスクプロファイルの長期的な変化の方向（長期的視点）を同じマトリクス上に表示することにより，短・中期と長期の間の非連続性を可視化することができる。このマトリクスを定期的に見直すことにより，その間の環境変化を確認することができよう。

(2)　洞察力を誘発するオープン型組織の醸成

　ESGリスクがソーシャル化し，システミック化する可能性がある点については，**第1章3**で指摘した。これらのリスクへの対応に企業が失敗すると大きなインパクトを受ける可能性があり破綻する危険も否定できない。これを回避するために

2　ドネラ・H・メドウズ『世界はシステムで動く―いま起きていることの本質をつかむ考え方』（枝廣淳子訳，小田理一郎解説，2015年，英治出版）P.155～159。

図表5－1　動態的リスク管理におけるリスクマトリクス

- 動態的な環境前提の変化を取り込んだバックキャスティングにより，長期的なハザードの変化による企業価値へのインパクトを，既存のリスク管理枠組みと連動させる必要がある。
- バックキャスティングから見えてくるインパクトは時間軸，不確実性の両面から伝統的リスクとは同質には扱えないものの，短期・中期リスクポートフォリオと，将来新たに登場する可能性のある長期的リスクを，企業の価値へインパクトを及ぼす可能性という視点から統合して鳥瞰しておくことは重要となる。
- また，短期・中期で確認され，現在対応しているリスクについて，バックキャスティングの検討の中で予測される将来のリスクの変化の方向性を認識することにより，不確実性と企業価値への影響の方向性を追記しておくことは，より長い時間軸での対応の視点を提供することとなろう。
- これらを1つのマトリクス（不確実性と企業価値への影響という2軸）上に表示することにより，短期・中期／長期の関連を意識した，戦略検討，リスク管理計画を検討するにおいて有用と考える。（下図のイメージ参照）

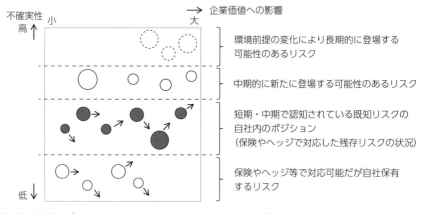

(出典) 後藤茂之『リスク社会の企業倫理』(2021年，中央経済社) P.205

は，個別リスクへの対応に集中するだけでなく，そのリスクが関連するシステムに波及する可能性も含めシステム全体を俯瞰する必要がある。例えば気候変動リスクを検討する場合，長期的視点でみたときに起こり得る技術革新が様々なシステム（気候システム，経済システム，エネルギーシステム，通信システムなど）へ波及することとなる。これらの影響全体を想定し，ビジネスモデル自体を変革しなければならない。これは，例えば，**第4章**で説明したデジタル革命に伴うビジネスエコシステム（**図表4－11参照**）への変革を例示したのと同様である。気候変動に伴う自然インフラの変化やデジタル革命によるビジネスの基本インフラの変化にもかかわらず，企業自体のシステムが従来のままだと，広範囲に摩擦

を引き起こすこととなる。企業のレジリエンスが大きく低下することとなる。

　不確実性が高く多様性に満ちた未来への対応にはこれまでの経験知が直接適用できない。そのため，多様なアプローチを可能とする創発的戦略[3]の実践ができる組織を醸成しなければならない。既存の初期設定（前提条件）から抜け出すイノベーションの多くは異種交配の中で創られていることがこれまでの研究で明らかにされている。これは，融合のイノベーションと呼ばれている[4]。この融合を可能にする要素としてアイデアの多様性が重要である。しかし，組織の中で，組織的な統制のとれた活動力の発揮と，多様性を活かした行動を両立させることの難しさはこれまでの研究でも指摘されている。

　組織にはヒエラルキーが存在し，指揮系統が整備されているが，ヒエラルキーのあらゆる層から意見やアイデアを引き出したり，組織の中で自由に意見交換することを阻害する要因があることが知られている。例えば，支配的なリーダーが存在すると，場の流れを決めてしまうため，メンバーはリーダーの意見に合う情報ばかりを共有し始め，反論材料は無意識のうちに隠蔽され多様性は失われるような現象が起こる可能性がある。このような状況のことを，集団の構成員がみな同じ判断をして一方向に雪崩れ込んでいくという意味で，情報カスケードと呼ばれており，イノベーションの発揮を阻害する。

3　戦略論では，初めから意図され計画されたものだけではなく，現場の行動の1つひとつが集積され，その都度，学習する過程で戦略の一貫性やパターンが形成されていくタイプの戦略の重要性が指摘されている。これを「創発的戦略（Emergent strategy）」と呼び，トップダウン型の計画的戦略（Deliberate strategy）」と対比して論じられている。実際には，この両者が補完し合うことが重要とされる。

4　マシュー・サイドは，アイデアは物理的なものと違って収穫逓減の法則の影響を受けず，情報のスピルオーバー効果を持つと指摘して，過去の社会の発展の要因について，次のとおり説明しており参考になる。「アイデアや情報がいったん共有されると，たんにその知識を持つ人の数が増えるというばかりでなく，ほかのたくさんのアイデアと融合される機会も増える。…多様性に富んだ社会的ネットワークの中で，既存のアイデアに触れ，新たなアイデアをひらめき，ほかの技術との融合を図って大きな発見をした。つまりイノベーションは，一個人が舞台の中央に立てば起こるというものではない。人々がネットワークの中で複雑につながり合う中で，新たなアイデアや技術が生まれるのだ。」と指摘する（マシュー・サイド『多様性の科学』（トランネット社訳，2021年，ディスカヴァー・トゥエンティワン社）P.196，197）。

(3) 開示とステークホルダーとのコミュニケーションの強化

　将来の正確なシナリオは誰にも描けない。しかし，不確実性をはらんでいるものの，将来をどのように予測し，どのように対応したいかは明示できる。現在のESG開示の課題の1つとして指摘される点は，非財務情報の開示について，GRIスタンダード，ISO26000，国際統合報告フレームワーク，SASBスタンダード，価値協創ガイダンス，TCFDガイダンス，環境報告ガイドラインなど様々な枠組みが公表されている。しかし，世界標準がまだ存在していないことから，各企業によるこれらの追認に基づく開示では，その影響，効果，取組みの違いの比較が困難となる。

　今後の開示においては，社会の価値観と企業倫理の考え方を整理し社会的価値への貢献の方向性と，長期戦略，企業価値とを関連づけて経済的価値の拡大のストーリーについて提示する必要がある。そのためには，ESG要素とビジネスモデルとの関係から重要課題の特定（マテリアリティ分析）が十分なされる必要がある。

3　不確実性を前提にした対応力の強化

(1) ESGリスクへの取扱いの困難性

　伝統的なリスク管理では，将来の出来事の発生の可能性を確率という指標を使うことにより，その程度を評価する。利用可能なデータを使った統計処理は，科学的合理性を担保することとなる。しかし，統計上の取扱いについて注意も必要となる。例えば，かつてスペースシャトルの打ち上げにおいて，重大事故の確率は100万分の1と推定されていたという。実際の打ち上げは130回ほど実施された。このうち，実際に2回乗員の死亡事故が発生している。この事実から計算すると，死亡リスクの発生確率は，0.015（1.5％）ということになる。スペースシャトル計画は既に終了しているため，データ的に決着したことになる。もし仮に打ち上げが続いているとするなら，その確率はさらに低下し続けていたかもしれない。このようにデータの少ない事象に対するアプローチには難しさが伴う。

(2)　確率論的アプローチの転換

　これまでのリスク評価は，過去の傾向が将来も繰り返すことに重きを置いた統計手法（頻度主義）を活用してきた。しかし過去の傾向が今後変化する状況ではこの手法を直接利用することはできない。

　観測できないデータが存在したり，不確実性が高い中で，将来を予測する統計手法のことを，ベイズ主義と呼んでいる。頻度主義においても，足元で起きた結果データ（これは将来のトレンドを反映したものとなっていると考えるなら）は，追加されて，過去のトレンドの一部を構成することとなる。しかし，このトレンドの全体への影響は利用する全データの数を100とすると，直近のデータ個は1/100のウエイトとして反映されることとなる。これに対して，ベイズ推定では，過去のトレンドから導出された確率分布を事前分布とすることによってこれまで使用してきた評価を踏襲すると同時に新たな枠組みを反映した直近のデータを反映させて事後確率を導くことになる。動態的管理においてベイズ推定の利点を活用する余地は拡大する。また，静態的アプローチが可能な短・中期計画と長い時間軸で非連続な変化を想定する必要がある長期計画のつながりをどのように意識的に連動するかについて組織内で共有しておく必要があろう（**図表 5 − 2 参照**）。

図表5−2　短・中期管理と長期管理の相違と連動の違い

ベイズ推定：データにバイアスがあったり，観測できないデータが存在する中で，合理的な意思決定を行うテーマに向いている
（例）
・購買心理の推定　　　　　　（分析手法例）
・新たなリスクの推定　　　　・ベイズ推定

・ベイズ主義

頻度主義

頻度主義：データにバイアスが少なく，予測がメインのテーマに向いている
（例）
・広告のクリック率の予測
・画像認識　　　　　　　　　（分析手法例）
・自動翻訳　　　　　　　　　・線形回帰

環境前提の違いと
戦略・リスク管理へのアプローチの違い

短・中期の対応
環境前提が大きく変化しないこと，これまでの経験値から将来に対する多くの法則性が活用可能な環境下，重要な要素に着目し，原因・結果の関係を線形回帰で捉え，戦略・リスク管理の計画（P）を立て，実施（D），検証（C），改善（A）の経営管理を回すことが可能となる。

長期の対応
環境が動的に大きく変化する中で，企業が置かれている社会・経済システム全体の変化による企業価値のシナリオを立てる。フィードバック・ループによるアクセルとブレーキの両面の影響からシステムの原型を理解し，今後の企業価値に関係するシステムの変化と企業活動との関係を予見し，経営の意思として戦略・リスク管理を進める。

長期的環境が大きく変化する状況においては，企業価値管理は，これまで以上に時間軸と質的変化を意識した経営管理が求められる。
短・中期の取組み（静態的管理）と長期の取組み（動態的管理）は，基本的な環境前提が異なるため，その打ち手（戦略・リスク管理）は，直接的に結びつくことはないが，時間軸を意識してハイレベルで連動させる必要がある。

(3)　不確実性の分析に関わるデータ品質とモデルガバナンス

　ベイズ推定の継続が，利用可能なデータ数の増加に伴ってネイマン・フィッシャー推定結果へと近づいていくと考えるならば（図表5−3参照），時間の経過に伴い定常状態に近づく過程で短・中期予測と中・長期管理がリンクすることとなる。そうであるなら，事前確率をベイズ更新し，不確実性を段階的に取り除いていくといった統治は，不確実性に対する意思決定に統計的合理性の担保となろう。

(図表5-3) 　ネイマン・フィッシャー推定とベイズ推定の共通の「最尤（さいゆう）原理」

「最尤の原理」とは，「世の中で起きていることは，起きる確率が大きいことであるという原理のことである。

ネイマン・フィッシャー推定における点推定は，起きるか起きないかといった現象の確率を推定する際，正規分布を想定した期待値に当たる確率で捉える。これが最尤推定である。

一方，ベイズ推定では，事前確率から事後確率へ移行する際，新たな追加情報を加えることによって，１つの結果が出たため，その結果に反する可能性を消滅させ，正規化することによってベイズ更新して事後確率を導き出す。つまり，条件付確率を最も大きくする原因を選んでいる。これは最尤原理を使っていることを意味する。

換言すれば，ネイマン・フィッシャー推定は，既に大量のデータが存在し，確率分布が導出できる場合の最尤原理を使った推定であり，ベイズ推定は，十分なデータがない中での事前確率を前提に追加情報を頼りに段階的に最尤原理に基づき推定を精緻化していくアプローチと整理される。

この両者の関係は，数の通り視覚的に説明できる。

【ベイズ推定の繰返し効果】

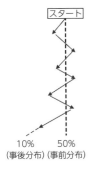

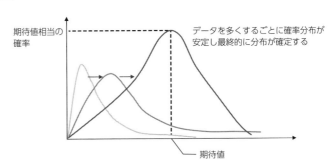

　次に，データ品質について考えてみたい。新たなリスクに対する企業の取組みは今後とも続けられる。当然その開示情報には不確実性が内在する。市場関係者はこれらの開示情報を判断材料として意思決定を行うこととなる。不確実性が高まるものの企業への開示要請は強まるため，企業としては，不確実性の存在を断念材料にするのではなく，むしろ不確実性を前提にした分析を試みる姿勢が必要になる。未知のリスクについては，実際に何らかの施策を試みた結果データが現時点で存在しない中での一定の前提に基づく予測にすぎないがゆえに，予測モデルやデータ品質に関する説明責任に留意しなければならない。そこで，直接的なデータ数が十分ではなく，加工してデータを確保しなければならない場合，例えば，粒度の異なるデータから二次データを加工するとか媒介変数を使って導き出

174

したデータを利用する必要があったケースなどにはデータ品質の問題に直面することとなる。

　この問題を直感的にわかりやすい例で考えてみたい。再現期間の長いイベントの将来予測をしたり，長期的時間軸で事態の変化を分析するときには，統計処理のために使用するデータも過去の長期データを収集する必要がある。例えば，地震や噴火の発生状況の特徴を比較するといった場合を考えるとわかりやすい。よく日本では，地震や火山の活動が静かになる静穏期とより発生頻度が高まる活動期を区別する考え方がある。過去の記録からみると，3・11以降，9世紀の平安大地動乱期の再来で，およそ1000年ぶりの活動期に入ったと考える見方があるが，巽好幸は，寺田寅彦の「天災は忘れた頃にやってくる」といった戒めを引用して，データ品質の問題も指摘して活動期再来説の鵜呑みは危険であると次のとおり説明している。

　「9世紀には，奈良時代以降整備が進んできた律令国家が成熟期を迎えていた。中央集権国家の中心であった京には，全国からいろんな情報が集まっていた。…ところが同時に，律令制における地方の租税収取が徐々に困難となり，この国の体制は地方分権的な王朝国家へと変わり始める。その流れはどんどん加速し，鎌倉，室町，戦国時代へと，国内の政情は不安定になっていった。こうなると国家としての情報収集能力は低下し，地震や噴火の情報が記録として残っていない可能性が高くなる。このことを裏付けるように，17世紀になって江戸幕府が成立すると，地震，噴火とも数が増えてくる。」[5]

　GHG排出量計測における基準である金融向け炭素会計パートナーシップ（Partnership for Carbon Accounting Financials：PCAF）の事例は参考になる。気候変動に関する現在利用可能なデータには制約がある。地球温暖化対応における判断基準の基本となる企業のGHG排出量の計測方法自体も細部において整合性がとれているわけではない。つまり，データ自体の不足だけではなく，データ品質に関する課題から生じる不確実性も意識しなければならない。GHGの計測方法の枠組みとしてGHGプロトコルが公表されている。しかし，企業が直接排出するGHGの二酸化炭素換算排出量（CO2e）（スコープ1）や企業が購入する

5　巽好幸『富士山大噴火と阿蘇山大爆発』（2016年，幻冬舎）P.25～27。

電力，熱，蒸気によって生じるCO2換算排出量（スコープ2）の計測は比較的可能性が高いが，サプライチェーンに関わる排出量（スコープ3）の把握には困難が伴う。そこで，実務では利用可能なデータを活用してその計測に取り組んでいる。例えば，トップダウン的に，産業連関分析による環境拡張インプット，アウトプットモデル（Environmentally-Extended input-output：EEI-O）による推計で対応するなどの工夫がなされている。利用可能なデータの品質上の課題に対して，PCAFは，データ品質に関するスコアの定義づけをして，スコアを付与して計測しようとしており，参考になる。

　チャールズ・マンスキーは，データ分析と意思決定に関して興味深い示唆を提示している。本書における検討に関して参考になる点をいくつか紹介しておきたい。
　「仮定＋データ→結論という関係があるとする。その場合，手に入るデータが同じだとするなら，科学的手法では推論は上から下の方向になると考えられる。だが方向を逆にすれば，あらかじめ決まった結果になるような仮定を探すこともできる。それゆえ，政策アナリストが科学的な体裁をとりながら，ある特定の主義主張の政策提言を行うための分析となってしまう危険もある。また，過去のデータの傾向から将来を予測する場合，それが説明力をもつのは過去の環境前提が将来も変わらない場合のみであるはずである。しかし，このような不変の仮定をもとにした推論は，希望的推論にすぎない。」[6]

　温度計で液体の温度を計測する場合，必ず計測誤差が伴うので，温度をそのまま実際の温度と考えるわけにいかない。計測値は，実際の温度の平均値をとるが，一定の標準偏差を持つ正規分布の誤差を持つものと認識される。特定のリスクを評価するためのモデルが作られることが多い。しかしモデルはあくまで現実の世界を単純化したものであり，事象のすべての動きを捕捉したものではない。それゆえ，現実との誤差の存在を意識しておく必要がある。**図表5－4**で示したように様々な誤差が存在する。

6　チャールズ・マンスキー『データ分析と意思決定理論』（奥村綱雄監訳，高遠裕子訳／2020年，ダイヤモンド社）P.65, 66, 71, 74を参照した。

要　因	誤差の種類
データの質と量	パラメータ誤差
モデルの選択	モデル誤差
パラメータ推定	パラメータ誤差
シミュレーション作業	シミュレーション誤差

図表5－4　モデルと誤差

　このような性格を持っているため，モデルが恣意的に利用されたり，自社に有利なアウトプットを見出すために分析がなされる（チェリーピッキング）と，その客観性，合理性が失われ，企業の開示に信頼性が寄せられなくなる。このため，使用するデータ，手法，計算前提の妥当性（統計的品質）を担保し，恣意性を排除した強固な統治の下で開発・運営される（モデルガバナンス）必要がある。さらにこのような形でアウトプットされた情報を実際の経営や業務管理に使用する中でその有用性を検証（ユーステスト）する必要がある。

(4)　リスク心理への理解とリスク文化の醸成

　行動科学者やリスク分析の専門家の間には，「危険補償行動（Risk compensation behavior）」という概念がある。これは，例えば，道路が整備されれば，当然，事故は減ると考えるのは自然である。しかし安全対策が進み，身の回りの環境の危険性が低下したと感じられると，まるでその埋め合わせをするかのように，以前よりも危険性が高い行動をとる傾向が人間にはあることが知られている。これを危険補償行動という。つまり見通しが悪い道路を整備しても，思ったほど交通事故が減らないことがしばしばあり，それはドライバーが以前よりも危険な運転をするようになったからだと考えられる。

　危険補償行動は，環境の変化によって生じるだけでなく，慣れや訓練によって，自らリスクをコントロールできるようになったと感じる場合にも生ずる。例えば，運転免許を取得したばかりの頃は安全運転を心がけていても，運転歴が長くなると制限速度以上のスピードを出したり，無理な追い越しをしてしまったりする，シートベルトの着用が法令で義務づけられている国々で，交通事故による死亡者数が思うように減らない，アンチロック，ブレーキシステムを装備したタクシーが装備していないタクシーよりも事故率がわずかに高くなる，といった現象の背景として，このような人間のリスク心理に根ざした原因が指摘されている。

　さらに，われわれの行動に関しては，「リスク・ホメオスタシス理論」も提示されている。ホメオスタシス（Homeostasis）は「恒常性」と訳される。これは，人には固有の危険性の閾値があるという考え方である。ある領域でリスクが軽減されると，意識的であろうとなかろうと，自分が快適と感じるリスク温度に戻るまで，他のリスクを引き上げようとする傾向が人にはあるというものである。この理論に従うなら，リスクを調整する人々の固有のサーモスタットと社会の設定する温度設定との間でフィードバック・ループを構成することもありうる。つまり，リスクに対応しようとするなら，単に法律で規制するだけでは十分な効果を得ることはできない。個々の人々のリスク温度自体に働きかける必要があるということになる。ここに組織構成員のサーモスタットに影響を与える組織のリスク文化を意識する必要がある。

　2007年から起きた一連の金融危機の教訓からリスク文化に関心が高まり，各国の金融監督当局が協力して対応を強化したことは記憶に新しい[7]。

4　動態的リスク管理体系の構築の視点

　経営管理が，時代の変化に対してその本来の機能を果たしていくためには，経営管理体系が自己組織化能力を持つ必要がある。経営管理体系にリスク管理機能が組み込まれている場合，企業価値の変動（＝リスク）要因を特定し，評価する。そして，企業破綻のような事態にいたるのを回避し，企業活動を維持できるように事前にリスクを処理し，その実効性をモニタリングし，必要なら改善策を打つというプロセスが働く。新たなESGリスクについては，エマージングリスクとして認知し，企業価値へのインパクトがシナリオ分析によって確認され，戦略の修正，リスク管理の強化へとつなげていく。このようにリスク管理体系が機能する仕組みは存在する。ポイントは，その対応スピードと実効性を伴っているかという点にある。

　企業のリスク管理には，これまで多くの破綻といった失敗を味わいつつ，都度

7　本書では，第4章3でコンダクトリスクとの関係で組織文化について触れた。金融危機の教訓を踏まえた金融機関に対するリスク文化強化に関わる取組みについては，後藤茂之『ERMは進化する』（2019年，中央経済社）P.152〜155を参照いただきたい。

178

その枠組みを改善強化してきた歴史がある。リスク管理強化の主眼は，企業が直面する変化を先取りして自己組織化を進めていくことにある。本書がテーマとしているESGリスクの特徴は，企業が環境，社会の要因などの変化から受けるリスクと，企業が環境，社会などの要因に与えるリスクの両面を持っている点にある。そしてESGリスクは，社会システムの構造変化に関連して登場いているため，様々な経済主体の相互作用の中で変容し，ソーシャルリスクとして影響を及ぼす。ここで，これまでの章における検討を踏まえてソーシャルリスクとしてのESGリスクへの対応の枠組みを整理しておきたい（**図表5－5，5－6を参照**）。

図表5－5　ソーシャルリスクへの対応の視点

複雑なシステムの複合体から成り立つ社会システムにおける課題を企業がソーシャルリスクへの対応という視点も踏まえ，いかに解決しようとするかについてのアプローチを描写してみる。（　）の中には，気候変動問題に関係するキーワードを示している。

① ソーシャルリスク（地球温暖化）の構造を長期的視点で見据えたときに重要となる要素（GHGの大気中濃度の上昇）に着目し，システム・ダイナミクスの視点（気候システム）から理解して，課題を生み出す仕組み（GHG排出を伴う経済活動と気候システムの臨界点の理解）とその解決に必要なレバレッジ・ポイント（脱炭素への取組み）を洗い出す。
② レバレッジ・ポイントへの対応策の選択肢と将来への帰結を予測し（気候シナリオに基づく気温上昇とその影響の予測），緩和策（パリ協定に基づく脱炭素への取組み），適応策（レジリエンス対応）を検討する。
③ ②の対応の方向性を踏まえて，自社のビジネス・モデルとの関連付けと長期戦略，リスク管理の視点から対応策を検討する。
④ 過去の延長線上で将来を予測できないケースにおいては，シナリオとして将来の経営環境を予測し，そのシナリオにおける自社事業がその環境でどのような影響を受け，どのような対応が可能か分析する（シナリオ分析）。
⑤ ④の分析を踏まえて，長期戦略に基づき企業価値へのインパクトを予測する（長期の企業価値分析）。
⑥ ⑤の分析を踏まえ，企業価値の変動を分析し，リスク処理を検討する（長期のリスク管理）。
⑦ ①～⑥までの分析を通じて，検討すべき重要な要素をトリガーポイントとして設定し，その臨界点やシステムのレジリエンスなどを考慮し，エマージングリスクのモニタリングやストレステストなどを行うことにより，トリガーポイントマネジメントを実施する。
⑧ ⑦の結果を踏まえ，適宜長期の経営計画の見直しをする。

図表5－6　ソーシャルリスク管理の流れと留意点

プロセス	ソーシャルリスクの構造分析		リスク管理プロセス			
	経営環境分析	社会的・経済的課題の抽出	ソーシャルリスクの特定	ソーシャルリスクの評価	リスク処理	リスクの検証・改善
実施内容	社会・環境の構造をシステム論的に確認し，構造変化に関する重要要素を洗い出す	社会・環境のシステムにおいてレジリエンスの観点からその脆弱性を洗い出す	自社のビジネスモデルに影響を及ぼすリスクを特定する	社会的価値の視点から社会と企業の存在意義への影響を確認し倫理的視点から対応方針を検討する。経済的視点から企業価値の変動を分析し，リスク評価を実施する	社会的価値，経済的価値の変動に対していかに適切に管理するか，その対応策を検討する	その後の社会・環境の構造について，その変化をモニタリングし，重要要素の変化と社会・環境システムへの影響を検証する。そして，リスク管理プロセスを検証し，必要な是正を実施する
利用可能技術	■ 経営環境を質的に変える原因となる重要要素（トリガーポイント）の変化に着目したマネジメントの構築 ■ システム・ダイナミクスの知見を活用したバックキャスティング（トリガーポイントマネジメントについては，第6章2を参照）		ベイズ推定の活用		■ ポートフォリオ管理（ダイベストメント，エンゲージメント） ■ 統合的リスク処理	トリガーポイントマネジメントの継続

　グローバル社会に大きな傷跡を残した金融危機を二度と発生させない目的で各国政府と金融当局は連携し，金融安定理事会を中心に金融機関のリスク管理を強化する規制改革を推進した。これらの改革の中で特に注力されたものの1つは，リスクを先取りするフォワードルッキング性の強化である。

　金融・保険会社は，リスク選好方針を予め明確にし，その基準との対比で，ある特定のリスク（例えば，金融危機における不動産価格の下落によるシステミックリスク）に対して脆弱となっていないか，偏ったポートフォリオになっていないかをモニタリングし，早期是正を図る体制の整備を進めた。また，事業計画策定時において，考慮すべき重要なリスクの洗い出し，その後のエマージングリスクのモニタリングを通じて新たなリスクの発見と同リスクに対するストレステストを実施し，戦略の期中見直しを急ぐなど（**図表5－7参照**），レジリエンス強化を進めた。

図表5－7 リスク管理におけるPDCA

マネジメント プロセス	リスクレジスター （重要リスクの洗い出し）	エマージングリスク・ モニタリング	多様なストレステスト
P（Plan）	事業計画策定時に重要リスク事象を洗い出す。		定量的アプローチで十分捕捉できないリスクについてストレスシナリオ分析を実施し，確保すべきストレスバッファ水準を評価する。
D（Do）		定期的にヒートマップ等によってハザード，リスクファクターの変化を観察する。リスクレジスターの重要リスクを更新する。	
C（Check）	ポートフォリオが及ぼす影響を再分析する。	定期的にヒートマップを洗い替え，必要な分析を実施。	ストレステストによる影響度分析を実施する。
A（Action）	事業計画時の環境前提の見直しの要否を確認する。	ストレスシナリオの変更の要否を確認する。	リスク選好方針の見直しの要否を確認する。

戦略，リスク選好方針の修正，事業計画の修正

ストレスバッファの再設定と，資本配賦の変更

　このように環境変化への体制強化を図ってきたところではあるが，今日各企業が直面しているソーシャルリスクは，対象のスコープ，視野に入れるべき時間軸の点において留意が必要である。ここで気候変動を題材にして，経営管理に及ぼす影響について考えてみたい。

　気候変動問題に対応しようとすると，外部ハザードを地球システムといった次元に引き上げること，時間軸を20年，30年と長期に引き延ばして企業戦略やリスク管理を考えなければならない。これは，身近な経験にたとえるとするなら，ある目的地へ行くときに，最寄りの駅からの順路を検討するのと，地図を広げて，その次の目的地のことも視野に入れて，全工程について検討することの違いのようなものである。全工程を検討することによって，目的地間の関連や巡行の意味合いを検討し直し，当初想定していた巡行の順番を変更することも起こりうる。

図表5-8 不確実性が高まる下でのリスク処理，経営管理のあり様

不確実性の経営学的分類	実務上の認識上の分類	利用可能な情報と統計的管理	リスク管理上の分類
真の不確実性（発生確率が不明）	未知の未知リスク（存在すら認識されていないリスク）	無	エマージングリスクとしても認識されていない状態
	未知の既知リスク（存在の認識はあるが，特性が明らかになっていないリスク）	極めて少ない	エマージングリスクとして認識するもリスクの特性が未解明
リスク（発生確率が判明）	既知リスク（存在が認識され，対処の必要性が明らかとなったリスク）	情報量が一定蓄積する　事前確率（主観的確率も含）をベイズ推定で事後確率と精緻化↓十分な情報量が存在フィッシャー・ネイマン推定に基づく確率把握	一定の蓋然性を認識し，リスク処理の必要性を認識　リスクの特性・情報の統計的処理の方法論から下記のアプローチ方法を選択・定性的アプローチ・定量的アプローチ

静態的リスク管理体系の整備＝現在の環境の継続を前提にしたフォワードルッキングな経営管理

- 時間の経過，社会・環境の変化，技術革新，経済の発展
- 社会の価値観の変化，企業活動の見直し→企業価値評価に関する視点の変化
- 財務要素中心の意思決定→非財務要素を加味した意思決定の必要→企業価値，リスクの考慮の変化

環境前提が大きく変化する状況を組み込んだ経営管理の検討
↓
動態的リスク管理の導入
↓
追加的に検討を要する視点
一般に近未来（短期的な対応）には，過去の傾向の延長線上で推測可能（リスクは繰り返す）。しかし，ハザードの変化の時間軸が極めて短いか，あるいは長期的なリスクへの対応を意識した場合，リスクの変質を考慮しなければならない。
↓
リスクの変化に対してシナリオを設定した定性的アプローチを積極的に活用して対応する必要がある。
↓
動態的経営管理の強化

このように，考慮すべき要素を拡大し，時間軸を延長することは，戦略思考に大きな変化をもたらす。当然リスク構造も大きく変化する。このような世界では，フォワードルッキングをベースにした静態的リスク管理では十分対応できない。そこで**図表5-8**で示したように動態的リスク管理を導入しなければならない。

第 6 章

ESG時代における
動態的経営管理の構築

184

これまでも企業が危機的事態に直面するたびに企業統治（ガバナンス：G）の
あり様が検証され，強化されてきた。一般にガバナンスは企業を指揮・統制する
機能として戦略やリスク管理といった経営機能の上位概念で捉えられている。し
かし，「はしがき」で述べたとおり，本書では，E（環境），S（社会）といった
新たなリスクをいかに経営管理の中に組み込むかといった内部統治の視点からG
を取り扱ってきた。ESリスクは社会の変化といった文脈の中から登場している
ことから，ESリスクへの対応の失敗は，企業の存在意義を問われかねないイン
パクトをはらんでいる。社会の価値観を長期戦略に取り込んでいくことは，組織
を時代の変化に対して適切に方向づける「指揮」に関わる企業統治の重要機能で
ある。ここで社会の価値観と企業内の価値観における乖離の拡大は，ESリスク
発現の温床を創り出し，ソーシャルリスクへと発展し企業破綻の危険につながる
こととなる。この事態を回避するためにも動態的経営管理への変革は不可欠であ
る。この意味からも，ES要素によって引き起こされる企業価値の変動といった
リスクをいかに管理するかといったガバナンスリスクへの対応を急ぐ必要がある。

　第3章，第4章で，ESリスクを具体的にイメージして論を進めるために，気
候変動リスクと人的資本リスクを取り上げ，その対応について検討した。これら
を踏まえて，第5章で，動態的リスク管理の導入の必要性と視点を提示した。本
章では，動態的リスク管理の導入を前提に，経営管理の主目的である企業価値の
持続的な成長を実現するための動態的経営管理体系構築に関する留意点と今後の
進化のための課題について検討する。

1　経営戦略の策定と戦略のパラドックス

　企業は中期経営計画を策定するために，将来を予測し，企業価値に影響を及ぼ
す要素に対して，準備（攻めと守り）をして，目標とする企業価値向上を果たす
ための計画を立てる。しかし，企業の周りが絶えず変化しているため，常に未知
のものの存在，不確実性の事実を受け入れなければならない。不確実性の高い将
来の経営環境を予測することは難しい。つまりいきなり氷山の上に見えるもの
（今後起きるであろう事象）を予測することはできない。そのような場合には，
何が起こるのかを知ろうとするのではなく，事象の背後に着目して，なぜそのよ

うなことが起こるのか，それはどういう構造で起こるのかを繰り返し問い続けることによって，対象の構造を，１つのシステムとして捉えるアプローチが大切である。なぜなら，われわれは知るのが最終目的ではなく，いかに対応すべきかを検討するのが目的であるからである。

　企業が戦略策定時の分析を行うとき，シナリオプランニングという手法を活用することがある。これは，過去の延長線上で未来を予測できないケースにおいて，未来のビジネス環境の構造が変化する場合に使われる。このようにシナリオ作成のプロセスの中で，環境の構造的な変化を予測する必要がある。未来を正確に予測することはできないので，通常複数のシナリオを作成することとなる。そして，それぞれのシナリオごとに自社の事業の仕組みがその未来の環境でどのような影響を受けるのか，またこの状況に対してどのような対応が可能でその結果としてどのような効果が期待できるのか，など検証することとなる。この場合，検証結果として一定の前提つきで企業価値を推定でき，かつそれぞれのシナリオが起こる確率を推定できるのであれば，将来の企業価値に関する確率加重平均による期待値も推定することができる。

　企業は，自らのビジネスモデルと，経営が目指す目標に照らし，これらに多大な影響を及ぼす潜在的に重要な要素（ドライビングフォース）を特定し，未来に対する適切なシナリオを探り出す必要がある。そして，シナリオから具体的な機会と脅威を抽出し，適切な対応の準備をしなければならない。

　シナリオプランニングを策定する過程で，企業にとって未来を左右する分かれ道になるトリガーポイントを抽出して，その後の変化をモニタリングすることが重要である。特にパラダイムシフトが起こっているような環境においては，今後ドライビングフォースの変化の影響で社会がどのような方向に変化しようとしているのか，その基本トレンドを理解することが重要である。この基本トレンドの変化は戦略の変更を意味するからである。

　企業活動は将来への働きかけであり，将来が不確実である以上，企業が想定した期待通りの結果になることはむしろ少ない。それはたとえ企業が持てる資源を全て投入し自らの戦略に強くコミットしたとしても，その成功を保証するものではない。このような状況をマイケル・E・レイナーは，「戦略のパラドックス」と呼んだ。レイナーの説明を要約すると次のとおりまとめられる[1]。

　戦略のパラドックスはコミットメントと不確実性の不一致によって生じる。最も有効な戦略とは，明日の状況に最も適したコミットメントに基づく戦略であるがそのコミットメントは今行わなければならない。だが将来は不確実であり，明日の状況がどうなるかは誰にもわからない。成功とはほとんどの場合，正しいと判明したコミットメントが幸運にも現実と一致した結果である。実証研究によれば戦略的リスクを回避する企業は生き残っても，繁栄することはない。戦略的リスクを受け入れる企業は大きな成果を収めるか，完全な破滅を迎えるかのどちらかである。そして，最も徹底的なコミットメントが求められる戦略を推進する組織は，最も高い利益を生み出すが，破綻する確率も高いことを示唆している。

2　トリガーポイントマネジメントによる俯瞰

(1)　時間軸の悲劇のジレンマ

　実務で困難な課題にぶつかったときに誰でも感じることであるが，重要な課題は突然出現するわけではない。重大な事故の前に小さな事故や膨大なヒヤリ，ハットが存在するという経験則（ハインリッヒの法則）の示すとおり，注意していればその兆候はかなり前から存在していることが多い。重要な課題への対処において大切なことは，問題が大きくなる前の早い段階から準備し対応していくことであるといえる。今後の企業を取り巻くESG環境は長期的視点で社会に質的に変化を及ぼす。ただ前節でも触れたように，企業活動の足元に影響が現れるには時間の経過が伴うことに留意しなければならない。同時にこの潜在的変革要素への対応はビジネスモデルの変革を伴う可能性が強く，その対応には迅速な取り組みと慎重な準備を要することに注意が必要である。

　企業が日頃扱っている情報には，過去・現在・未来の区別がある。そして未来については，その時間軸が長くなればなるほど不確実性の度合いが拡大する。過去の財務情報を扱う現行の期間損益会計は，過去の事業推進や投資の成果を記述

1　マイケル・E・レイナー『戦略のパラドックス』（松下芳生，高橋淳一監修，櫻井祐子訳，2008年，翔泳社）P.8，9。

するものであり，遅行指標の典型といえる。会計は標準化されることにより，企業の業績を報告するための重要な情報として貢献してきた。しかし，将来の環境の変化が激しければ激しいほど，将来を予測し，経済的視点から意思決定するためには先行指標が必要とされる。

　ここで1つのイメージを提示したい。例えば，IIRCが提示する6つの資本が企業価値を創造するストーリーを描き，長期戦略を策定したとする。そして，長期戦略を描く前提となったシナリオの今後の変化を観察し，企業価値にどのような影響を及ぼすのかをモニタリングする必要がある。

　変化には2つの流れがある。1つは，現在の枠組みの延長線上にある変化であり，短期的な変化の連続が中長期的変化につながっていく。他方新しい価値観に伴う変化は，**第1章1**で社会的投資の社会への浸透について触れたように，まず大きな枠組み自体を変化させるような長期的に目指す価値観の変化が芽生え，その長期的ビジョンが徐々に中・短期の行動変革・事象の変化へと伝播していく流れである。企業の持続的成長を考えるなら，後者の新しい変化に対応しなければならない。

　企業活動は，キャッシュのインフローとアウトフローが継続的に生じている水瓶のように捉えることができる。つまり，水瓶の残量は，時々刻々と変化する。ただ，一定の期間を捉えたときにその残量が上昇しているか，それとも下降しているかで企業価値が向上しているか否かを判断しようとする。しかし，長期的視点でこれを見た場合，短・中期的なキャッシュフローの変化によって残量が変化したとき，それを長期的・構造的変化の兆候とみられるのか否かを検討しうる態勢が組織にあるかどうかが重要といえる。つまり，企業内のポジティブフィードバックループがネガティブに変化し，それを復元するレジリエンス能力を超える状況なら，企業はビジネスモデルを含めた構造を変革する必要があるからである。

　長期的変動を考えるとき時間軸のもたらす問題に留意しなければならない。地球温暖化の顕在化は一定の時間軸を経て現実のものになるが，その対応はすぐに着手しないと手遅れになる[2]との認識が共有されている。

　企業は経営管理において，総資本営業利益率など様々な財務指標を参考にして企業活動を管理してきた。ここに非財務情報としての炭素排出に関する指標が入ってくることを考えてみたい。例えば，CO2排出1t当たりの経済的な付加価値（炭素生産性）と，従来の総資本営業利益率との関係をみると，産業ごとに炭素の排出量が異なるため，かつての財務情報をベースにした評価とは異なる評価が現れることとなる。さらに，CO2削減効果のある新技術の登場は，現在の産業のビジネスモデルに対する評価を大きく変えることとなる。一般に，一度生産施設を建設した後は，長期間の投資回収，利益確保を前提として計画されているだけに，この間多量のCO2を排出し続けるといった形でロックインされてしまう危険もある。このロックインを壊してビジネスモデルを変革することは，収益性の大幅な低下をもたらすことを意味する。この場合，企業活動に資金を提供する投資家の判断においても長期思考が必要となる。例えば株価は，企業の将来のキャッシュフロー生成能力を投資家が評価したものと考えることができるが，投資家には短期志向者もいれば，長期志向者もいる。企業のESG要素への対応の成果は，一般に短期的に現れるものではないので，長期的視点で市場関係者への浸透状況をモニタリングしなければならない。

　短・中期戦略・計画と長期戦略は同一の土俵で連続的な形で論議することは現実的でない。長期的視点でバックキャスティングを行ったとき，長期戦略と現時点からフォワードルッキングで予測した短・中期戦略の延長線上の長期予測との間には潜在的なギャップが認識される（「戦略的リスク」と呼んでおきたい（図表6−1参照）。

　長期予測で確認された基本トレンドの影響は徐々に短期・中期の事象に影響を及ぼしていくこととなり，時間の経過とともに短期・中期予測に反映されていく。

2　気候変動に関しては，2015年9月に当時イングランド銀行総裁であったマーク・カーニーがロイズで行ったスピーチ（Breaking the Tragedy of the Horizons）が有名である。この中で，カーニーは，気候変動が2050年，2100年といった時間軸で捉える課題であるとして先送りする事態があれば，それは「時間軸の悲劇」である。金融安定にとって明らかに課題となった時点では手遅れであり，次世代に多大な負担をかけないよう今行動しなければならないとして強く警告した。

図表6－1 大きな環境変化が想定される長期的予測

フォワードルッキングによるシミュレーション
（シミュレーション1）

将来を予測しようとする場合，現時点（t0）から将来の起こりうるシナリオを描写しようとするのが普通である。しかしそれは，現在すでに存在している（顕在化している）環境を前提にアンカーリングされたシナリオしか想像できない。

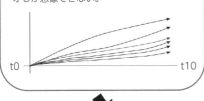

バックキャスティングによるシミュレーション
（シミュレーション2）

逆に10年後の社会・経済を変革させる主要なドライバーに着目し，10年後の環境前提を大胆に想像した上で，そのドライバーが創造する可能性の世界を描き，その世界から現在（t0）にパスを引いてみる。

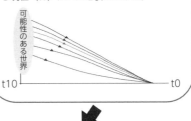

シミュレーション1（フォワードルッキング）の期待値パスと
シミュレーション2（バックキャスティング）の期待値パスを比較する。

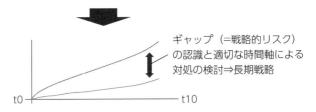

ギャップ（＝戦略的リスク）の認識と適切な時間軸による対処の検討⇒長期戦略

戦略的リスクの認知が動態的ERMの起点

（出典）後藤茂之『ERMは進化する』（2019年，中央経済社）P.54，図表1－6より抜すい

　ある時点で将来を予測し将来の目標達成の道筋を示した経営戦略は策定後の新たな情報により修正の必要がある。その予測のギャップが大きくなる場合には，当初の戦略は有効性を失うため「見切る」必要もある。ただ自信をもって見切るためには，戦略策定の前提となった構造（グランドデザイン）とその構造の重要な要素（マテリアリティ）を明確にしておく必要がある。そのうえで，前提となっている条件が変化していないか否か，問題が生じていないかを常に検証する必要がある。

　このモニタリングの様子は，気候（長期）の変化と気象（短期）の変化の関係に似ている。**図表6－2**は，気候変動と自然災害による経済的損害とそれを補償

する保険金の充足状況を説明するグラフである。

　棒グラフは毎年の自然災害による経済的損失を示している。その額は年によって大きく変動している。これは気象のランダム性を反映している。一方，折れ線グラフは10年移動平均の自然災害による経済的損失を示している。これを見るとわかるように，そのトレンドは一貫して上昇していることがわかる。このように，長期的な傾向である気候の変化とある時点の気象の変化は異なるものである。つまり，両者を同一の土俵で論ずることはできない。気候変動は，温暖化の原因となる大気中のGHG濃度の変化が，地球の平均的温度を上昇させる気候システムの長期的変化である。その変化が地球の循環システムに様々な変化を与え気象を変化させる。そしてこれに起因する，降雨，台風，洪水，その他の異常気象の発生状況を変化させる。気象の変化は，短期的に刻々と変化する気象条件や，地域固有の地形などの条件の影響も受けて様々に変化する。

(2)　変化のモニタリング

　静態的に管理するということは，変わらない前提を置くということであり，動態的に物事を見るということは，変わらないと想定していたものが変化するという前提で物事をモニタリングすることを意味する。企業の戦略策定に当てはめると，静態的なアプローチは，通常短期的な時間軸の下での管理であり，フォワードルッキングなアプローチと呼ばれている。それに対して，時間軸を長くとり，環境変化を取り込むと，例えば自然環境の変化や新技術の登場により，企業にとってのステークホルダーの範囲や対応方針も大きく変化する可能性がある。
　気候変動という要素がこれほど大きな課題として受け止められ，企業経営においても重要視される理由は，この問題がこれまで企業経営が前提にしていた枠組みを大きく変える影響力を持っているからである。産業革命以降のエネルギー改革による生産性の向上が今日の経済発展の原動力になった。しかし，負の側面として，CO_2の排出の拡大が地球温暖化を進行させていること，これを放置すると気候システムの臨界点を超えることを認識したわけである。
　気候システムが臨界点に到達するのを回避すべく脱炭素という真逆の方向に舵を切ったことは，経営も180度発想を変え，新たな企業活動を模索する時代に入ったことを意味する。

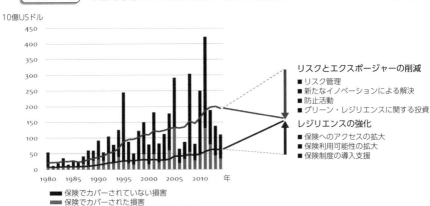

図表6−2　気候変動による経済損失の拡大と保険カバーとのギャップの拡大

（出典：Sustainable Insurance "The Emerging Agenda for Supervisors and Regulators" 2017年8月を試訳）

2021年の自然災害による経済的損失は2700億ドル，保険による損失は1110億ドルとなり，シグマ史上4番目の規模となった。洪水による損失が自然災害による世界経済の損失の31％を占めた。洪水による世界の損失が820億ドルに達したが，保険による損失は200億ドルを上回った。しかし，洪水リスクの75％に保険がかけられていない状況にある。
アジア太平洋地域の保険でカバーされていない損害は，中国−95％，日本−74％，オーストラリア−38％であった。

（出典）"Natural catastrophes in 2021：the flood gates are open" Swiss Re Sigma 2022

　企業は，1年後（短期），3～5年後（中期）に達成する企業価値の目標を立て，戦略の策定や事業計画の立案を行う。しかし，気候変動といった30年，50年後を踏まえた超長期計画を検討するためには，短・中期計画に加え超長期の対応方針を策定しなければならない。

⑶　システム思考の導入とトリガーポイントマネジメント

　リスク管理の概念的な枠組みの研究は，例えば，COSO ERMによって公表されてきている。COSO ERMの枠組みの中に，ESGを取り込んだCOSO ESG[3]の枠組みは，対象とするリスクを財務要素中心の考え方から非財務要素へと大きく拡大させた。IIRCは，価値創造の源泉たる資本の概念を拡大し，財務要素に限

定することなく，非財務要素にまで拡大させている。COSO ERMは，企業価値を変動させるあらゆる要素をリスク管理の対象にすることと定義していることから価値を創造し，それを変動させる要素である非財務要素を全てリスク管理の対象にするという考え方に至ることは自然の流れと考えられる。

　しかし現実的課題として実務を機能させるためには，管理のためにその概念が具体的に指標化できなければならない。そして，その指標と最終的な目標が合理的に連動しなければ意味を持たない。この点，財務要素の場合は，市場メカニズムによって，実務上考慮すべき様々な要素が市場を通じて調整され，かつ市場関係者に共有されているため，市場でのデータを経営管理指標に取り込むことによっておおむね様々な問題は解決されてきた。しかし，未だ市場メカニズムに組み込まれていない非財務要素において，いかにこの点を埋めていくかという問題が生ずる。もちろん今後の長い時間の経過を前提にするなら何らかの形で収斂するものと考えるが，重要なのは，収斂するまでの間，経営管理をどのようにするかという点にある。

　企業を取り巻くあらゆる事象は，空間的存在であり，同時に時間的存在といえる。リスクを動態的に見るということは，企業価値への影響を，時間的，空間的視点でその変化を見極めながらその本質を理解し的確に対応していくことを意味する。短期的な視点を重視しすぎると，刻々と変化する出来事にばかり関心が払われる弊害に陥り，出来事のレベルでしか物事を考えられなくなる。長期的視点で戦略を検討する意義は出来事への執着から距離を置き，出来事の背後にあるシステム構造の長期的な変化に目を向けることである。同時にゆでガエルのたとえが示すように，われわれの認知は，環境の突然な変化には敏感であるが，ゆっくりと徐々に起こる変化には十分対応できない傾向がある。長期的な変化は，短期的視点からみるとゆっくりとしたもので慎重に注意深く観察しないと確認できないことが多い。このような穏やかで小さな変化に意識を集中する必要がある。

　われわれの思考には，1人ひとりに固有の時間軸がある，とピーター・M・セ

3　ERMガイドラインを策定したCOSO（米トレッドウェイ委員会支援組織委員会）と持続可能な発展を目指すグローバル企業団体である持続可能な開発のための世界経済人会議（WBCSD）が2018年に公表したESGリスクを統合的リスクマネジメント（ERM）フレームワークに統合する手法のことである。

ンゲは，次のとおり指摘している。

「最も力強い学習は直接的な経験から得られる。…（われわれが学んだのは）直々の試行錯誤，つまり，ある行動をとり，その行動の結果を見て，新たにまた別の行動をとることによってである。だが，行動の結果を観察できないときには何が起こるだろうか？　…私たちの一人ひとりに「学習の視野」がある。つまり私たちは，時間的にも空間的にも，ある一定の幅の視野の中で自身の有効性を評価するのだ。行動の結果が自身の学習の視野を超えたところに生じるとき，直接的な経験から学ぶことが不可能になる。」[4]

　個々の生物は，自己を再生するプロセスを持っている。しかし，個々の生物が集まりネットワークができると，やがて自己複製分子を適者生存で淘汰していく。このようにネットワークがいったん完成するとそのもの自体を観察することができる。生物はネットワークでつながっているだけではなく，相互に連関し合いながら，ネットワークとして一体でみられる生命とみなすこともできる。このようにネットワークは関係性の集合で，いったん確立すると個々の個体ではなく，ネットワークそのものを再生するシステムとして機能することに注意する必要がある。

　さて，プロジェクトマネジメントの世界では，問題や課題が顕在化する境界といった意味合いで，トリガーポイントという用語が使われる。プロジェクトの目標達成を危うくするリスクの発生を明らかにし対策の必要性を的確に判断するためである。ここで，バックキャスティングによる環境変化の分析と，トリガーポイントマネジメントを組み合わせた動態的管理のモニタリングについて考えてみたい。

　まず，バックキャスティングにより長期の環境予測に基づく戦略についてのグランドデザインを実施する。そして，長期戦略を構築するにあたっての重要な要素（マテリアリティ）を洗い出す。これらの要素がその後の時間の経過の中で変化するなら，長期戦略を見直す必要がある。つまり，この要素の変化をトリガーポイントとしたマネジメントが必要となる。例えば，トリガーポイントに関連する今後の情報を定期的に観測することができれば，長期戦略策定時に想定したト

4　ピーター・M・センゲ『学習する組織―システム思考で未来を創造する』（枝廣淳子，小田理一郎，中小路佳代子訳，2011年，英治出版）P.163。

リガーポイントに関する今後の変化の可能性の幅の予測はグランドデザイン自体の変更の是非の判断材料となる。

3　ESGによる企業価値変動の予測

---

(1)　ESGの取組みと企業価値との関係

　企業価値の視点からESG要素の意義を，企業の立場，投資家の立場から整理しておきたい。

①　企業にとってのESG取組みの必要性

　ESGへの取組みによって，ESGの視点から新たな戦略や収益機会を捉えることによって，キャッシュ・インフローを拡大すること，あるいはステークホルダーとの関係向上を通じたリスク削減効果が発揮されれば，企業価値の将来の持続的成長に寄与し，リスクプレミアムの低下，資本コスト低下によりDCF（ディスカウントキャッシュフロー）法で評価した際に企業価値の向上が期待される。

②　投資家にとってのESG要素考慮の必要性

　上記のとおりESG要素が今後の企業価値に影響を及ぼすとするなら，ESG投資を行う投資家にとって，投資対象を選択する際に個々の投資先企業におけるESGへの取組みと企業価値への影響を考慮する必要がある。しかしながら，ESG要素は市場関係者に考慮され始めたとはいうものの，現時点で市場に十分浸透しているわけではない。ただ，時間の経過とともに浸透していく可能性が十分に想定される以上，投資家としては，この要素の影響を加味して今後の資産運用ポートフォリオの管理を進めていく必要がある。

　なお，アセットマネジャーはESG要素の配慮において，フィデュシャリー・デューティとの関係を意識しなければならない。現時点，米国（市場平均リターン達成義務を満たす範囲で容認）と欧州（ESG配慮自体を受託者責任と捉える）の立場の違いもあるようだが，少なくともESGインテグレーションにより明らかに経済的価値を減じる判断はとれないものと考える。

③　価値予測における課題

　現代ポートフォリオ理論に基づくならば，同理論の前提となっている効率的市場仮説の下においては，資本コストの低下は期待収益率の低下も意味するため，ESGを重視した投資戦略によって高いパフォーマンスを中長期的に得ることは必ずしも保証されない。また，ESGによって銘柄を絞ることでリスク分散効果を低減させ，自社ポートフォリオ内で非システマティックリスクを十分低下させられない恐れも指摘される。ただ一方，ユニバーサルオーナーとしての投資家の考えに従うなら，エンゲージメントによって，例えば日本企業の価値が向上し市場ポートフォリオ自体が上昇（市場全体の β が向上）するといった効果も考えられる。さらに，個別銘柄の超過収益 α について考えれば，ESG要素が市場に十分浸透していない状況（効率的市場仮説が成り立たない状況）の下では，企業におけるESGへの効果的対応の相違によって，超過収益 α を獲得する可能性も否定できない。

　今後時間の経過に伴いESG要素の企業価値への影響が想定される以上，市場動向をモニタリングしていく必要がある。

(2)　価値評価へのアプローチの視点

　企業によるESGの取組みを市場関係者はどのように評価しているのであろうか。企業価値の分析においてはマクロ的視点とミクロ的視点が考えられる。この違いは，変化の判断において，金融市場全体のマクロ的指標を拠り所にするか，あくまで評価対象の個別企業の価値を拠り所にして分析を行うかによって区別される。実際には利用可能な情報やデータの制約が分析方法を決定づけることもある。また両者を併用して不足する情報やデータを補いつつ分析を進めることも必要となる。

　ここで，アプローチの異なる両分析ではあるが，データが十分で，かつマクロ・ミクロのモデルの説明力が十分働く市場においては，ミクロ分析で得られた結果の総体がマクロ分析の結果と整合性をもつものと期待される。しかし，方法論や使用するデータの違いなどから当然重視する視点が異なる。そのため，大枠の方向性の同一性を確認することはできても，その具体的結果数値を紐付けて整合性を確認することは困難であろう。実務的な取扱いにおいては，それぞれのア

196

プローチの特徴，利点と弱点を承知し，分析目的との関係を十分理解したうえで，分析結果を合理的に活用していくことが重要といえる。

　投資パフォーマンスの分析において，金融資産の市場の期待収益率を計算するモデルとして資本資産価格モデル（Capital Asset Pricing Model：CAPM）が使われることが多い。このモデルは，市場参加者が等しく正しい情報を持っており，分散投資にコストがかからない場合には，分散投資によって非システマティックリスク⁵は解消されると考える。つまり，投資家が考慮しなければならないリスクは，システマティックリスクのみとなる。したがって，金融資産の期待収益率の共変動が市場ポートフォリオの期待収益率の変動で説明されることを意味する。そのため，個々の株式のリターンは，市場ポートフォリオが1単位変化したときに当該株式が何単位変化するかという意味でのリスク（β：市場全体の動きに対する感応度）と，株式固有の超過リターン（a）との回帰式として表現される。これは，市場全体の動きといったマクロデータを使い個々の銘柄の価値をその感応度で評価しようとするもので，マクロアプローチといえる。

　一方，ミクロアプローチは，最初から企業が将来生み出すキャッシュフローに着目し，将来想定される状況を勘案してキャッシュフローの合理的な予測をすることから開始する。したがって，将来のリスク要素は，このキャッシュフロー予測の過程で加味されることとなる。そのキャッシュフローは，割引率（将来のリスクフリーレート）で現在価値化され，将来の企業価値予測とするものである。このアプローチは，個々の企業に関わる詳細な信頼性のあるデータが利用可能でない限り難しい。しかし，前述のマクロ分析と違って，個別企業に固有の要素を紐付けることが容易である。

　ここで留意が必要な点は，両アプローチとも，過去のデータに基づく分析となる場合は，暗黙のうちに過去の傾向が将来も繰り返すとの前提を置いていることである。過去のデータにはESG要素は必ずしも十分反映されていない。それゆえ，今後どのように将来の価値評価に反映されていくかを加味しなければならない。

5　システマティックリスクとは，市場ポートフォリオ（例えば，TOPIXなど）の変動によって生じるリスクのことである。

　Fama-Frenchによって1993年に提唱されたモデル（Fama-French 3 factorモデル）（モデル構造については，**図表6−3**を参照）は，CAPMに，説明変数として，企業規模の差，簿価時価比率，収益性ファクター，投資ファクターなどを追加するモデルである。CAPMよりモデルの精度が高いことから，多くの実証検証で用いられている。

図表6−3　Fama-French 3-factorモデル

Fama-French 3factorモデル

- FamaとFrenchによって1993年に提唱されたモデル
- CAPMに比べ，モデルの精度が高いことから，多くの実証検証で用いられる

⇒ ESG以外の要素（マーケットリスク，企業規模の差，簿価時価比率）をできるだけ説明（後ほど付加するESG要素を明確化する）

$$R_{j,t} - R_{f,t} = \underbrace{\alpha_j + \beta_j \cdot (R_{M,t} - R_{f,t})}_{\text{通常のCAPM}} + s_j \cdot \boxed{SMB_t} + h_j \cdot \boxed{HML_t} + \varepsilon_{j,t}$$

超過収益率

市場ポートフォリオリターンとリスクフリーレートの差異では説明できない要素をポートフォリオの株の大きさと性質（バリュー株とグロース株の差異）で説明

$R_{j,t} - R_{f,t}$:	期間tにおける【企業jの株式の株式収益率−リスクフリーレート】
$R_{M,t} - R_{f,t}$:	市場ファクター（期間tにおける【市場ポートフォリオリターン−リスクフリーレート】）
SMB_t:	**規模ファクター**（期間tにおける【大型株ポートフォリオリターン−小型株ポートフォリオリターン】）
HML_t:	**スタイルファクター**（期間tにおける【バリュー株ポートフォリオリターン−グロース株ポートフォリオリターン】）
$\varepsilon_{j,t}$:	誤差項

（出典）湯山智教「ESG投資のパフォーマンス評価を巡る現状と課題」『資本市場リサーチ2019年冬季東京大学公共政策大学院ワーキングペーパーシリーズ』（2019年2月）P.9,10を参照した。

　しかしながら，後述の実証分析の状況を見る限り，現時点で同モデルを使ったとしても線形回帰式で表現できるほどESG要素が十分市場に浸透しているとは言えないようである。

(3)　ESG要素の企業価値への影響に関する実証分析

　湯山智教はESG投資パフォーマンスに関する既存研究の広範なレビューを行っている[6]。以下要約して紹介する。

6　湯山智教『ESG投資とパフォーマンス─SDGs・持続可能な社会に向けた投資はどうあるべきか』（2020年，金融財政事情研究会第Ⅱ部）P.116〜。

コロナ禍による株価下落時（2019.12.〜2020.3.）のデータ[7]に基づく分析では，各ESGスコアの高・中・低区分の超過リターンの単純平均値を比較している。強いリスク耐性が推定される高スコア区分の株価下落度合いが小さいはずであるが，そのような結果が確認されたのはRobecoSAMとISSスコア（ガバナンススコア）による区分であるが，その他のスコアでは明確な区分がつかなかった。

またESGパフォーマンスと資本コストの低下（＝企業価値にはプラス）との分析においては，正の相関を示すものもある。ただ，負債コストとの関係性は明確ではない。

債券投資とESG投資との関係では，債券の抱えるリスク（市場リスク，流動性リスク，インフレリスクなど）があるが，その分析研究は極めて少ない。ただ，ESG要素と負債調達条件とはポジティブとの研究もある。

2015〜2017年の3年間のデータによる日本の分析では，BloombergのESG開示スコアと負債コストのメルクマールとしての信用格付けとの相関は，プラスの相関を示す実証検証が多い。

PRIが債券投資におけるESG要因の考慮，信用格付けにおけるESG要因の考慮の必要性について公表している関係で，格付け会社もPRIのステートメントに賛同しESG要素を考慮する立場をとっている。ただ，信用格付けの変更を説明変数とするモデルによる分析では，これまでほとんど有意な結果はでていない。ESGスコアが信用格付けの変更を予測するファクターとして現時点では認識されていないことを示している。

また，湯山は，GPIFが採用した5つのESGインデックスについてのこれまでの投資パフォーマンスを日経平均やTOPIXといった当該市場におけるベンチマークとなる平均リターンを比較しているが，市場平均を上回っているものもあれば，下回っているものもあり，必ずしも一概にいえないが，少なくとも大幅に下回っているわけではない，としている。また，ESG指標の1つであるMSCI ACWI ESG Leaders Indexについて，その親インデックスであるMSCI ACWIとのパフォーマンスを比較し，ややESG指標のほうが勝っているように思われるが，統計的に5％有意水準でも差が出るレベルまではいっていないと思われる[8]，と

---

7 Bloomberg開示スコア，ISSスコア（ガバナンススコアのみ）Sustainalytics, RobecoSAM, FTSEの各スコアデータを高・中・低の3分位に分け，全体平均と合わせて4つの区分についての超過リターンの単純平均値を比較する分析（湯山智教前掲書P.205〜208）。
8 湯山智教・前掲注6，P.31〜34。

コメントしている。

　ESGパフォーマンスと投資効果の要因分析が困難な理由について，以下の湯山の説明も紹介しておきたい。

　「投資効果の要因のうち，ESG要因に関する因果関係を特定する統計分析技術的な問題として，株式投資リターンには，企業収益も影響を与えるし，その他のマーケット全体要因も影響を与える…回帰モデル等によって因果関係を求めようとしても，これらの説明変数間に内生性の問題や同時性バイアスが生じている場合には，推計されたパラメータが統計的の意味で一致性を有せず，仮に有意であったとしても，みせかけの因果関係が生じている可能性もある。すなわち，ESGへの取り組みが優れているから株式パフォーマンスがよいのか，業績が好調で株式パフォーマンスがよいからESGへの取り組みが優れているのか，の識別がむずかしい。また，ESGスコアは，時価総額が大きい銘柄が高い傾向がある。このため，仮に株式投資リターンが高い場合にはそれはESGスコアが高いからではなく，時価総額が大きい銘柄が多く買われたためである可能性もある。」[9]

⑷　ESGスコア活用上の留意点

　企業のESGへの取組みに関する総合評価はESGスコアと呼ばれている。ESGスコアの特徴については，コラム9（212頁）を参照いただきたい。ここではESGスコアの取扱いの留意点について考えてみたい。投資家が関心を示すESG投資パフォーマンスは，企業のESGの取組みや効果の度合いを意味する。投資家はESG投資を行うにあたって，ESG投資が結果としての財務的リターンなどの投資パフォーマンスに与える影響を把握したいと考えている。しかし，ESG投資パフォーマンスとESGパフォーマンスは異なる概念として区別する必要がある。

　また，企業のESG取組みの活動の程度を総合評価するESG（パフォーマンス）スコアとESGに関する開示自体の程度を評価するESG開示スコアについても，両者はその評価対象が異なっている点にも留意しなければならない。

　信用格付けの場合は，デフォルト率の実績などから，その格付会社が提供する格付けに対する信頼性などが事後的に検証できるものの，ESGスコアに関しては，

9　湯山智教・前掲注6，P.48。

その検証が難しい。ESGスコアを提供する諸機関の評価の枠組みが異なっていることもあり，ESG投資パフォーマンスとの相関も現時点では明確とはいえない状況にあることは，実証分析が示すとおりである。

4　さらなる分析の必要性

　経営環境が大きく変化すると，経営管理体系も再構築しなければならない。その場合，企業はまず環境変化が価値創造活動に将来どのような影響が及ぶのかを分析することとなる。これまで将来の価値変化の予測においては，関連する過去の大量のデータから導き出される傾向が将来も繰り返すことを前提にした統計的推定（ネイマン・フィッシャー推定）が活用されることが多かったが，過去の傾向から変化する状況の下では，この伝統的なアプローチをそのまま使えない。そこで，価値変動の要因となるリスクの本質を理解したうえで，利用可能なデータを活用した合理的な分析方法をデザインする必要がある。

　これまで整理してきたように，ESG要素の重要性は関係者間で認識されているものの，未だ十分浸透し定常状態に至っているとはいえない。その意味では企業の財務状況は不安定といえる。またそのような流動的な状況の下で，どのように今後の状況をモニタリングし対応していくかが課題といえる。

　リスクが変化している状況の下で，企業はどのようなアプローチをとることができるのか，気候変動に伴う自然災害への影響，ESG要素による投資価値の変化を例にとり検討しておきたい。
　検討に先立って，現在リスク管理の実務で使用されている統計手法について整理しておきたい。
　リスクは将来の価値の変動の可能性を意味する。そして将来は不確実である。そのためリスクの特徴を把握するため，期待値，標準偏差の統計値で代表させることが多い。
　ここで確率分布の導出方法としては複数考えられる。その方法論は，危険の持つ特性（過去の傾向が繰り返される，あるいは変化する）や過去データの利用可能性などから工夫しながら選択利用される。実務では，一般に次のアプローチが

とられている。

- 過去の変動の傾向をそのまま将来の予測に使って問題ないと考えられ，かつ多数のデータが利用可能な場合にはそのデータを使って，ヒストグラムを作り確率分布をフィッティングし，確率分布を推定する（ネイマン・フィッシャー推定）。

- また，過去の傾向が徐々に変化しようとしている動態的状態にあるとき，直近のデータによる傾向を加味して多年のデータから観察された過去の傾向を修正する形で将来の統計値（発生確率）を事後確率として推定する。つまり直近のデータによる統計値と過去の統計値を等分に扱って正規化修正する（ベイズ推定）。

- 危険の再現期間が長くかつランダム性の強い性格を有する上に，十分な過去データが存在していない場合（例えば，地震や台風などの巨大自然災害），利用可能なデータや工学的知見を頼りにして，イベントカタログを作り，仮想空間で自然災害を多数発生させ，多数のシナリオの集合として確率分布を導出することによって統計値を推定する（モンテカルロ・シミュレーション法）。

いずれの方法も統計手法を使った将来の予測であり，過去のデータを使った将来推定である点では，共通している。ただし，利用可能なデータの制約，統計推定の安定性，関連する知見の利用の要否など総合的に考慮し，実務に合理的と考えうる方法論を採用して発達してきている（**図表6-4**参照）。

図表6-4　リスク管理実務における統計手法

利用するデータと分析手法に着目して，3手法の特徴をイメージ化して整理すると次のとおりである。

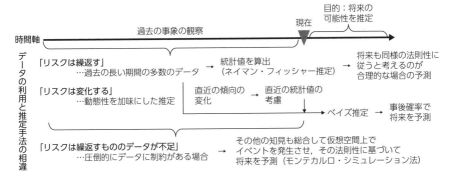

(1) 自然災害による影響の予測

　気候変動の進行によって自然災害が激甚化することが予想される。気象状況は地域や地形によって大きく異なり，洪水発生の構造も複雑で，自然現象の財物への影響（損害）は，単純な線形関係では捉えられない。

　どのような強度の災害がどのタイミングで発生するかについてランダム性があるため，将来の損害を予測する統計的シミュレーション方法として，例えば，仮想の自然災害を多数発生させてその損害の可能性を予測し将来の損害に関する確率分布を導出するモンテカルロ・シミュレーション法が実務で採用されている。しかし，モンテカルロ・シミュレーションを実施するため，イベントカタログ自体を気候変動の影響を考慮したものに置き換える作業は多大なコストとロードを要するものの，実施したとしても不確実性の要素を排除しきれないため，分析結果を直接意思決定材料とすることが難しい状況も考えられる。

　TCFDの物理的リスクの分析では，自然災害の中でも甚大な損害を広範囲に及ぼす洪水損害の検討において，一定期間内に発生すると推定される最大規模の洪水の発生による最大予想損害（例えば100年に1度程度発生する可能性がある規模の洪水による損害）を推計し，自社の保有財産やサプライチェーンへの損害を予測しようとしている。すなわち，国交省などから公表されている洪水ハザードマップを前提に，例えばIPCCの代表的濃度経路（Representative Concentration Pathway：RCP）8.5シナリオに基づく知見（洪水の発生確率が4倍になる可能性）を踏まえた分析である。現在のハザードマップ上の再現期間100年の洪水の発生が気候変動により4倍の発生，すなわち再現期間は25年になる可能性があるものと仮定する。そのうえで，実際の洪水損害の推定においては，国交省がタンクモデルに基づく流域雨量指数（第1章2(2)参照）から作成したハザードマップを使うことによって，洪水発生地域と水位，これに評価対象の建物の形態，構造，所在地情報を組み合わせてその損害を個別算出する方法である。なお，この分析においては，何点か前提を置いていることに留意が必要である。例えば，気候変動による大幅な適応策（抜本的な堤防の増強など）を講じる計画がないこと，また建物の状況も変わらない前提を置くことによって現在のハザードマップによる洪水損害を推定している。

　より直観的で簡易なモデルを使ってスピーディに業務の意思決定に利用するためには，地球温暖化を反映した降雨量の確率分布や，降雨量に対する洪水損害の確率分布などが導出できるまで待つ必要があろう。

⑵　投資価値の変動の予測

　ツールは，本質的な関係を示す単純化されたモデルであればあるほど，実用的価値が高い。組織内での幅広い共有を可能にし，環境変化に対して機動的に対応するための判断材料が得られるからである。投資価値評価において，実務上よく利用される回帰分析も，重要な要素を被説明変数として取り上げて，目的とする説明変数（この場合，企業価値）との関係を単純な線形関係で捉えることで迅速な対応に結びつける利点がある。ただ，このような単純な関係式が実務に活用しうると判断する理由は，実務家としての経験知（あるいは肌感覚）からその関係に着目して意思決定しても方向性において問題がないと考えているからである。

　個々の投資先企業の気候変動による移行リスクの影響は，保有資産の座礁資産化の影響や今後のGHG排出量に対する炭素税負担や脱炭素対応に要するコストや技術投資などを個別に予測する必要がある（**第1章2⑸参照**）。

　しかし気候変動以外のESG要素による投資ポートフォリオ価値全体への影響を予測する場合，現時点での企業の開示状況の制約もあり，前述のシナリオ分析を実施することには限界がある。そこで利用可能な情報に基づく分析方法を模索することになる。企業のESGの取組みについて外部の第三者の評価会社が提供するESGスコアの活用を考えてみたい。

　今後金融市場関係者の間でESG要素の投資の意思決定への組み込みが進むなら，実務でよく利用される株式の超過収益率を計算するCAPMモデルの中に，例えばESG β といったファクターを追加することも考えられる。例えば，次頁の算式を想定することによって，今後のESG要素の投資パフォーマンスへの反映状況を観察することも考えられる。

> 任意の株式の期待リターン（＝株主資本コスト）＝リスクフリーレート＋
> 従来β（マーケットリスクプレミアム）＋推定ESGβ（ESGスコアにより追
> 加的に反映されるリスクプレミアム）

　超過収益率がCAPMのような線形回帰式で安定的に説明できるようになるた
めには，市場関係者の投資判断におけるESG要素の考慮が一般化し，その評価基
準が標準化される必要があろう。また，各評価会社によって評価にばらつきが大
きい状況にある。しかしながら，例えばGPIFがFTSEとMSCIのデータを使った
分析を公表している内容からわかるように，ESG評価の調整は以前より進んでい
るようにも見える（図表6－5参照）。

図表6－5 ESGスコア間の相関

ESGスコアの経時的変化

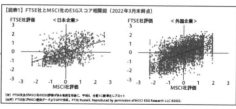

（出典）GPIF2021年度ESG活動報告

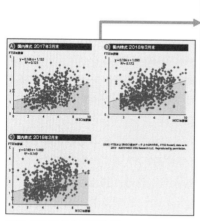

各スコアの評価手法が高度化・標準化されるにつれ，スコア間の相関
は高くなっていくものと予想される。また評価手法が標準化されると
同時にステークホルダーへの浸透も進むものと考える。

**Fama-French 3factorモデルに潜在的なESGファクターを
導入し，ESGスコアの経時的な変化をモニタリング**

（出典）GPIF2018年度ESG活動報告

5　リスク社会における経営管理変革の意義と今後

(1)　経営管理変革の意義

　現代企業を取り巻く環境は，大きく構造的に変化しようとしている。産業革命以降築きあげてきた1つの社会経済発展の基本構造やパターン，方向性が今抜本的に見直されようとしている。

　ESGは経済的価値の向上と財務要素を中心とした企業や市場関係者の意思決定が生み出した社会・経済の歪みの陰に隠れて，関係者によって相対的に軽視されてきた事項といえる。

　新しい価値観や課題に対して古い枠組みで対応することはできない。これが今，長期戦略に基づくビジネスモデルの変革やリスク管理を含めた経営管理の変革が求められている理由である。今後の経営管理の変革の視点を以下にまとめることによって，本書の総括としておきたい。

(2)　統合的思考の展開

　今後の経営環境は関係するシステムが複雑に絡み合って展開していく。そのため，システム間の相互作用を意識して経営課題を俯瞰したうえで理解・分析しなければならない。このプロセスでシステム思考が有用なことは既に述べた。同様に，複数の課題に対処する際，様々な要素による相乗効果を意識しなければ有効な対策は打てない。

　このように異なる事象間の相乗効果を生む相互関係性を相関関係という。戦略推進やリスク管理において関係する要素間の相関関係を理解することがますます重要となっている。戦略論では，このような相乗効果をシナジー効果と呼び，リスク管理論では，分散効果と呼んで重視している。これらの相乗効果をベクトルを使って可視化してイメージを持って理解することが多い（図表6-6を参照）。

　例えば，人的資本を社会・関係資本との相乗効果を意識してその対応策を検討

206

| 図表6-6 | 戦略推進の相乗効果や統合リスクの分散効果の可視化 |

異なる事象の相互の関係性のことを相関関係という。この相関関係を可視化する方法として，ベクトルが有用である。２つの事象の効果の類似性を２つのベクトルが作る角度で表し，その結果統合された力の大きさを対角線の長さで視覚的に示している。

２つの戦略推進の相乗効果（シナジー効果）や，２つのリスク量の統合効果をベクトルで可視化できる。なお，統合リスク量とリスクの単純合計（相関１のケース）との差分が「分散効果」である（統合リスク量と分散効果の関係を示すと下図のとおり）。

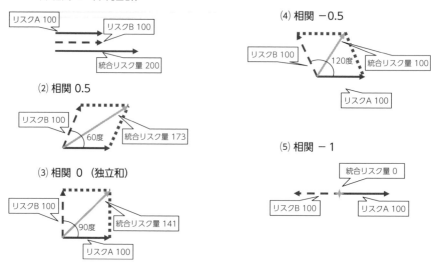

することは，企業価値向上にとってのシナジー追求に必要であろう。また，リスク管理面でも，個々のリスクへの対応効果を見るだけではなく，会社全体の統合リスク量としてどのような分散効果が期待できるかを確認することは，資本の有効活用にとって不可欠といえよう。ESG時代における経営管理において，統合的思考を発展させていくことが重要である。

(3) 共通性と固有性への対応

　対応しなければならない課題について全体を俯瞰してその問題点を把握することが重要である。その中から見えてくる関連システムに共通する課題に対して一貫した対応をとる必要がある。また同時に，個別システムが抱える固有の課題へ

の対応も検討しなければならない。

　このような視点は，かつて金融危機の教訓を踏まえた対策の1つとして取り組んだコンダクトリスクへの対応の中で観察された状況に似ている。コンダクトリスクは，各国の金融当局が二度と同様の金融危機を発生させないように，G20の指揮の下ガバナンス強化の対策を断行中に発生したLIBORのレート操作事件が，その論議の引き金になった。コンダクトリスク論議は，金融機関におけるリスク管理強化の歴史の中で，ユニークな特徴を持つものとして受け止められている。なぜなら，それ以前の金融当局のリスク管理の強化の取組みは，様々な様相を呈するリスクに対して金融機関が独自の形で取り組んでいたリスク管理の実務について，その本質的な概念と要素を整理し，その共通の管理の枠組み（銀行のバーゼル規制や保険のソルベンシー規制など）を提示する形で強化を図るものであった。しかし，コンダクトリスクについては，役職員の行動に大きな影響を及ぼす組織文化を重要な共通課題として提示するものの，具体的対応については組織の持つ固有性を重視する対応を要請する。つまり，金融当局は，コンダクトリスクを明確に定義せず，各金融機関の経営が主体的に定義づけ対応すべきものと整理しているからである。これは，金融機関のビジネスモデルや戦略によって，コンダクトリスクの様相が大きく異なるものとなっているため，標準化することは必ずしも管理強化につながらないとの判断が強かったためと考えられている。

　ESGリスクについても事業の種類，ビジネスモデルや戦略により，その影響には違いがある。企業価値に対する長期的視点からの論議，マテリアリティ論議が展開されている中で，企業はこれまで以上に価値創造ストーリーを明確にし，ESGリスクへの対応を想定する固有のビジネスモデルとの関係の中で具体的な戦略とリスク管理を検討していくことが期待されている。

(4)　動態的管理体系の構築

　ESG時代の戦略推進とリスク管理について考えてみたい。企業活動は将来への働きかけにより付加価値を創造する活動といえる。将来を具体的に確実に予測することはできない。そのため，企業にとって，価値創造のための戦略推進には不確実性（＝企業価値の上方，下方両サイドの変動＝成功と失敗の可能性）を含んでいる。このように戦略推進とリスク管理は表裏の関係にある。

　非財務要素においてもリターン・リスクのトレードオフを考慮しなければならない。ただし，この関係の顕在化には一定の時間を要する。これらの要素が時間の経過によってどのような形で経済的価値に反映されていくのかをモニターする必要がある。1つのイメージを図表6-7に提示しておきたい。

（図表6-7）　動態的経営管理の定期的モニタリング

長期的視点では，上記のプロセスで策定した長期計画，経営管理計画は，その後，策定時の社会的価値，経営環境の前提は変化する可能性が高い。また，ESG要素は，時間の経過に伴い，その重要要素の変化・追加，さらに市場関係者の意思決定への反映状況が浸透していくものと考えられる。➡　定点的に変化の動向をモニタリングし，適宜長期計画，経営管理を変更させる必要がある。

＜期中のモニタリング管理＞
定性的アプローチ：その後の関連情報の進展状況をモニタリングし，当初シナリオにおける重要要素の変化の有無を確認する。実質的な変化が認められる場合は，予想変化を織り込んだ前提の下でシナリオを変更し，再分析する。　➡　分析結果を反映した新たなシナリオを前提に，必要となる修正・追加施策を立案・計画化する。
定量的アプローチ：ESG要素の市場浸透状況を分析する。（例えば，重要なESG要素を抽出し，それを加えたパネル分析による回帰分析を実施し，相関係数に基づく浸透度の把握やESGスコアの変化に基づくESGβのベイズ更新に基づく拡張CAPM分析など）ESG取組み方針を修正する。

＜経営モデルの精緻化・高度化＞
上記期中モニタリングに基づく動態的対応を継続することにより，財務要素，非財務要素に関するKPI（Outcomes）と企業価値への影響（Output）との関係について経験知を蓄積する。　➡企業価値（説明変数）と非説明変数の関係性を組み込んだ経営管理モデル（案）の作成を試みる。　➡当該モデルを使ったユーステストを継続し実効性のある経営管理モデル，管理指標体系を確立する。

　ここで，企業の競争力についても考えてみたい。企業価値と同様に時間軸を意識する必要がある。社会的存在としての企業を意識すればするほど今後は社会・関係資本を意識する必要がある。これは，企業と社会との関係による相乗効果発揮を競争力として重視することを意味する。つまり，戦略推進における新たなシナジー効果や，リスク管理における分散効果を含むレジリエンス効果に着目しなければならない。

⑸　多様な資本の活用

　ESG時代の資本政策は，これまでの財務資本だけでなく，人的資本，社会・関係資本などの多様な資本をいかに長期的戦略の下で活用していくかという点に特徴がある。したがって，戦略事業に対して対応の時間軸を意識して，多様な資本の育成・配分に関する政策を策定する必要がある。その過程で，これらの資本の

相乗効果を戦略やリスク管理の中に組み込んでいくことが重要となろう。

そのプロセスをイメージ化すると**図表６－８**のとおりである。

図表６－８　ESG時代の資本政策

＜戦略・資本政策の検討＞

将来の事業ポートフォリオの成長戦略と資本政策の検討

今後の社会的価値観の変化と経営管理環境を踏まえ，事業の将来性を評価し成長戦略と資本政策（財務・非財務資本の取組み）を検討する。

① 既存事業やスタートアップ事業の将来の事業ポートフォリオ構成の検討（ex.下記マトリクスの使用）

【収益性の視点（キャッシュフロー創出力）】

G	H	I
D	E	F
A	B	C

→成長性

上記マトリクスについて，現時点，将来（中期・長期）の時点のものを作成し，今後の事業ポートフォリオの長期成長戦略を検討する。

② 短期・中期・長期における事業ごとにａ）拡大，ｂ）現状維持，ｃ）縮小に区分し，短期・中期・長期の会社トータルの収益性，成長性を確認する。そのうえで，財務・非財務資本の投入イメージと利用可能な資本総額との関係から最終的な事業ポートフォリオ構成とハイレベルの資本政策のイメージを整理する。

資本政策の具体化

左記で整理した事業ごとの成長戦略を具体化するための価値創造ストーリー（シナリオ）を描き，必要となる各資本を紐づける。

	短期				中期	長期
事業	財務資本	製造資本	人的資本	社会関係資本		
A事業	XXX		XXX			
B事業		XXX	XXX	XXX		
C事業				XXX		
…	XXX					

上記，成長戦略と資本政策を満たすために必要となる資本創出評価を検討する。資本創出のために，必要となる施策（例えば，財務資本の場合は，資本調達，資本配分の修正，非財務資本の場合は，それを形成獲得するための施策）を検討する。

特に，非財務資本の場合は，施策を構成する取組み目標を達成するための重要な活動に関するKPIを設定する。

⑹　開示とステークホルダーとのコミュニケーション

今後のESGに関する開示の流れについて考えてみたい。

ESG情報開示のガイドラインは2010年代後半から乱立していたが，2022年には欧米を中心に基軸となる枠組みを整備しようとする動きが前進した。現在IFRS財団がとりまとめるISSBの開示フレームワークの検討が進められている。また，欧州では，環境などの分類を示す「EUタクソノミー」やESG情報開示の義務化指針となる「企業サステナビリティ報告指令（CSRD）」によって開示の強化が進められている。米国では，SECが人的資本やESG情報開示の枠組み作りを進め

ている。また，SEC登録企業に対するGHG排出量の開示に対する第三者保証が要請されることとなる。これらの動きは，非財務要素に対するグローバルベースの開示要請レベルを引き上げてゆくことであろう。

日本ではESG要素に対する企業の取組みは，統合報告書で開示されることが多い。統合報告書の中で，企業の財務・非財務要素への取組み，企業価値への影響が発信されている。

有価証券報告書での開示が義務化が予定される気候変動と人的資本に関し，企業価値創造との関連での説明が充実されていくものと考える。

⑺　まとめ

社会の変化（特にESG要素への注目）が企業経営を根本的に変えようとしているとの問題意識から本書の検討を進めてきた。経営環境の変化に対応するためには様々な論点が存在する。しかしながら，ESG要素が企業に突きつけた本質的課題は，社会と企業活動の関係および企業価値創造と資本の概念に対して再定義を要請することではなかろうか。

この要請は，企業活動の基本に関わるものであるだけに，パーパスに立ち返って，経営管理の核を占める戦略，ビジネスモデル，リスク管理の見直しを意味する。では，見直しにはどのような視点が必要なのであろうか。一言で述べれば，「動態的視点」にある，と総括できよう。

本書では，気候変動リスクと人的資本に関わるリスクを軸に多面的に検討を行ってきたが，経営管理見直しにおける基本的視点を改めてまとめておくと，図表6－9のとおり整理される。フォワードルッキングに基づく静態的管理からバックキャスティングに基づく動態的管理の導入に向けた企業の挑戦は始まったばかりである。持続的成長への企業の成果を期待したい。

（図表6−9）　ESG時代における経営管理の変革

■ 「持続可能な社会と企業」といった文脈で企業活動を見直すことにより，企業を取り巻く環境や枠組みの再定義が必要となる。
■ ESG時代の経営管理は，まずこの考えに立脚する必要がある。もちろん既存の知見や管理ツールを総入替する必要はないが再構築，強化を急ぐ必要がある。

社会と企業の関係の再定義	企業価値創造と資本の再定義	戦略とビジネスモデルの検証	リスク管理の強化	動態的視点
社会の持続的発展の重視 ↓ 社会の中での企業活動の検証 ↓ 「社会が企業活動に及ぼす影響」と「企業活動が社会に及ぼす影響」の再整理 ↓ パーパス（企業の存在意義），自社の活動とESG要素との重要性の視点から企業活動自体を検証し，必要があれば再定義する	企業の外部にある資本（例えば，自然資本） ⬇ 社会・関係資本 ⬍ 企業の内部にある資本（例えば，財務資本，人的資本，製造資本，知的資本）	価値創造の道筋を短・中期/長期の視点から検証 ↓ 既存の理論や知見を，社会的価値と経済的価値の双方の視点から見直し，検証する ↓ ポジショニング理論（企業の置かれたポジションを重視），資源依存理論（企業の持つ固有の資源を重視）などの視点から長期戦略やビジネスモデルの検証を実施する	企業価値の変動（＝リスク）の要素が多様化し不確実性が拡大 ↓ リスク管理の目的（破綻の可能性を低下させ，価値向上の可能性を高める）自体は不変 ↓ リスクの3要素（ハザード，エクスポージャー，レジリエンス）も不変 ↓ 考慮の対象が非財務要素に拡大し，リスクに未知性の度合が高まる	社会全体が新しいパラダイムに向かって模索しつつ移行している ↓ 企業を取り巻く環境は流動的となる ↓ 動態的環境を所与とした経営管理態勢の構築を急ぐ必要がある

ESGスコアについて

　ESG評価会社は，企業が開示している情報や，直接企業から徴収する調査票を使ってそれぞれの枠組みや定義される項目に従ってESGの取組み状況の評価を行い，ステークホルダーに提供するサービスを行っている。

　ESGへの企業の取組み内容を観察することによって，企業の持続可能性（長期的な成長）や企業価値が推察できるということから実務においてもESGスコアが参照されることが多い。ESGスコアを使って極端な銘柄を排除したり，高いパフォーマンスを挙げている銘柄を抽出するといった閾値として活用しようとすることが多い。資産運用ポートフォリオ管理の中でESGスコアをリスク・リターン評価に直接組み込むには至っていない。

　評価方法は各社によって異なっている。つまり，開示程度に焦点を当てて評価するESG開示スコアと，ESGへの取組みに関するパフォーマンスを評価するESGパフォーマンススコア，両者を評価するスコアが存在している。また，評価対象の情報源として開示資料や情報，さらに独自のアンケートの実施を含めるものもある。このような実態の違いに加え，これらのスコアとESG投資効果の関係の有意性が十分確認されていない現状から，ESGスコアと銘柄の売買判断を完全にリンクさせるのではなく，参考情報として活用しているものと考える。

　ここで信用格付けとESGスコアについて整理しておきたい。債権者の信用力に関する格付けについては，格付会社によって評価手法は異なるものの，債権者が滞りなく債務を返済できる能力を評価するという目的は共有されており，かつ貸出や債券のデフォルト発生に関するデータが蓄積されていることもあり，実務での利用が定着している。しかし一方で，2007年から発生した金融危機においては，サブプライムローンリスクを組み込んだアセットバックセキュリティのような債券に関する評価では高い格付けをつけ，結果論として投資家の判断をミスリードさせる要因となり，同リスクのグローバルな拡張を許す一因となった教訓も忘れてはならない。このことからもわかるとおり，経験もデータも少ない事象における評価には不確実性が存在する点には留意が必要である。

　今後ESG要素の開示が進み，市場関係者の意思決定に密接に連携するようになるとその利用価値がさらに高まってくるものと考える。換言すれば，ESGスコアは参照情報としての価値を有することは間違いないが，関連情報が充実するまでの間は，不確実性を意識した活用が不可欠となる点注意が必要である。現在ESGスコアは，信用リスクに関する格付けのように，各格付会社による評価の枠組みの違いがあっても，各社の評価結果の違いは，1ノッチ差程度というような成熟した段階ではなく，各社の独自性が強い状況にある。

　今後企業の開示が充実しデータに基づくスコアとの検証が進展し，かつ市場関係者の意思決定にESGが浸透することによってESGスコアの評価が充実，精緻化，成熟化することを期待しているが，一定の時間を要するものと考える。

あとがき

　新しい次元に足を踏み入れるには，自身の持つ既存の枠組みから脱却する必要があります。現代物理学が古典物理学を超えていったときの様子に似ています。感覚的世界の物理現象は，ニュートンの運動の法則を基礎とした物理学で説明できました。また感覚的世界は，常識の通用する世界ともいえますので，それを説明する物理学も理解しやすいわけです。ところが，超巨大な世界である宇宙とか，超極微の世界である素粒子の世界は，感覚的世界とは異質の世界といえます。このような世界を説明するのに，古典物理学は通用しません。古典物理学を拡張して，超感覚的世界も説明できるように現代物理学が登場したわけです。

　人はルネサンスの頃から，将来に対する自らの行動を主体的に選択するようになった，といわれます。そこからリスクというものを意識し，それに挑戦するリスク管理の歴史が始まりました。

　企業は具体的な将来を正確に予測できないため，事業の成功と失敗を繰り返し経験してきました。今日の企業のリスク管理は，この失敗の経験を教訓にして強化され体系化されてきたものです。

　企業は，将来の不確実性の特徴やパターンを合理的に予測し経営管理の対象に加え，「リスク」と呼べるものに変えてきたつもりでした。しかし，これまで構築してきたリスク管理に自信を持ったにもかかわらず，さらに様々な危機を経験することになりました。リスク管理の深淵さと冷酷さをわれわれは知っています。そして今，企業とリスクの関係は新たな局面を迎えています。

　社会・環境の劇的変化によって，皮肉にもかつてコントロール下に置いたはずのリスクは変質し，さらに新たな「不確実性」が登場する中で，これまでのビジネスモデル，リスク管理を抜本的に修正せざるを得ないと感じています。経済的価値に加え，社会的価値を意識し，長期的視点から社会，環境についての価値観の変化と企業活動との関係を改めて再整理し経営管理を強化しなければならないことを強く認識しているからです。

　本書は，このような社会の移行時期にあって，動態的経営環境の変化に対応しうるリスク管理について検討することを目的としています。

216

本書の執筆においては，実務家との意見交換，学会や大学での活動から様々な刺激と示唆をいただきました。この場を借りまして感謝申し上げます。

出版においては，株式会社中央経済社の奥田真史氏に，編集全般にわたりお世話になりました。心より感謝いたします。

また，本書の完成を日頃から支えてくれた家族に感謝します。

ESGが惹起した企業の挑戦と模索は今後本格化するものと考えられます。今後，本領域の実務的・学問的検討がさらに進展することを期待するとともに，本書が何らかの参考になれば幸いと考えております。

本書の内容は筆者個人の責任のもとに書かれたものであることをお断りするとともに，ご教示，ご批判をいただければ，幸甚に思っております。

後藤　茂之

索　引

英数

CAPM ……………………………… 196
COSO ERM ……………………… 191
CSV ………………………………… 5
ERM ……………………………… 38
ESGスコア ……………………… 199
ESG投資 …………………………… 8
ESG投資パフォーマンス ……… 199
ESGリスク ………… iii, 4, 32, 163, 178
Fama-French 3 factorモデル ……… 197
IIRC ……………………………… 63
ISO ……………………………… 120
ISO30414 ……………… 119, 120, 130
ISSB ………………… 67, 72, 209
PRI ………………………………… 2
SASB ……………………………… 66
SDGs …………………… 2, 39, 40
SRI ………………………………… 4
TCFD ……………………………… iii
Zoom In/ Zoom Out ……………… 103

あ行

移行リスク ………………………… 99
イノベーションのジレンマ ……… 18
インセンティブ報酬制度 …… 128, 141
ウルリッヒ・ベック ……………… 51
エビデンスに基づく経営 ……… 134
エンゲージメント ………………… 75
エンゲージメントスコア ……… 124
エンドポイント …………………… 88
オープン型のビジネスエコシステム … 138
オペレーショナルリスク ……… 138, 141

か行

科学的プロセス ………………… 108
学習する組織 ……………………… iv
価値創造ストーリー ……… 69, 136, 151
価値創造の相乗効果 …………… 136
ガバナンスリスク ……………… 184
企業価値 ………………………… 67
企業の社会的責任 ……………… 85
危険補償行動 …………………… 176
気候関連財務情報開示タスクフォース … iii
気候変動関連訴訟 ………………… 75
記述情報の開示に関する原則 …… 145
共有価値の創造 …………………… 5
経済的価値と社会的価値の総合的アプローチ
……………………………… 79
幸福 ……………………………… 114
コーポレートガバナンス・コード
………………… 59, 123, 145
国際サステナビリティ基準審議会 …… 67
国際統合報告評議会 …………… 63
固有の時間軸 ……………… 26, 192
雇用機会均等プログラム ……… 115
コンダクトリスク ……… 138, 141, 207

さ行

サステナビリティ ………………… 7
資源依存理論 …………………… 148
自己強化型ループ ……………… 16
自己組織化 ……………………… 34
システミックリスク ……… 32, 34, 46
システム原型 …………………… 28
システム思考 ……………… 10, 16
システム・ダイナミクス ……… 16, 17, 28

持続可能な開発 …………………… 90
持続可能な開発目標 ………………… 2
持続可能な働き方 ………………… 121
シナジー効果 …………… 151, 205
シナリオ分析の構造 ………… 32, 33
資本資産価格モデル ……………… 196
社会・関係資本 ………… 152, 154
社会責任投資 ……………………… 4
社会的インパクト ………………… 163
社会的価値 …………… 5, 40, 63
従業員エンゲージメント ……… 119, 152
純粋リスク …………… 9, 41, 163
情報カスケード …………………… 169
ジョハリの窓 ……………………… 14
ジョブ型雇用 ……………………… 123
人材版伊藤レポート ……………… 116
人的資本 ………………………… 114
人的資本経営 ………… 115, 116
人的資本のROI …………………… 131
人的資本版バランスト・スコアカード … 129
真の不確実性 ……………………… 41
スイスチーズモデル ……………… 11
スチュワードシップ・コード ………… 59
ステークホルダー主義 ……………… 2
ストレステスト …………… 36, 50
スマートグリッド ………………… 43
成長とループの相互作用 …………… 30
責任投資原則 ……………………… 2
戦略的リスク ……………………… 188
戦略のパラドックス ……………… 185
創発的戦略 ……………………… 169
ソーシャルリスク ………………… 74
ソーシャルリスク管理の流れ ……… 179
ソーシャルリスクへの対応 ………… 178
ソーシャルリスク・マネジメント …… 37
組織資本 ………………………… 122
損失余命 …………………… 88, 89

た行

ダイナミックマテリアリティ ………… 72
ダイバーシティ＆インクルージョン …… 143
第4次産業革命 …………………… 111
ダブルマテリアリティ ……………… 71
タンクモデル …………… 21, 22
地球温暖化の統合評価モデル ………… 94
地球の限界 ……………………… 39
地球の循環システム ……………… 104
直線的なシステム ………………… 10
定性的アプローチ ………………… 167
データ品質 …………… 173, 174
適応サイクル ……………………… 27
統合的リスク管理 ………………… 38
動態的管理 ……………………… 171
動態的な経営管理 ………………… 137
動態的リスク管理体制 …………… 166
トリガーポイントマネジメント ……… 193
トレードオフ ……………………… 87

な行

ニクラス・ルーマン ……………… 51
認知的多様性 ……………………… 15
ネイマン・フィッシャー推定 …… 172, 201
ネットワーク効果 ………………… 153

は行

パーパス …………… 2, 9, 122
バイアス ………………………… 87
灰色のサイ ……………………… 15
賠償責任リスク …………………… 100
バックキャスティング ……… 102, 167
バランス型ループ ………………… 16
バランスト・スコアカード ………… 127
ヒエラルキー ……………………… 35
非財務情報の開示基準 …………… 63
非財務要素 ……………………… 7

ビジネスリスク ・・・・・・・・・・・・・・・・・・・・・・ 41, 163
非線形モデル ・・・・・・・・・・・・・・・・・・・・・・・・ 29
非知の概念 ・・・・・・・・・・・・・・・・・・・・・・・・・・ 52
評判リスク ・・・・・・・・・・・・・・・・・・・・・・・・・・ 100
頻度主義 ・・・・・・・・・・・・・・・・・・・・・・・・・・・・ 171
フィッシャー・ネイマン推定 ・・・・・・・・・・ 102
フォワードルッキング ・・・・・・・・・・・・・・・・ 102
不確実性に関する捉え方 ・・・・・・・・・・・・・・ 164
不確実性の類型 ・・・・・・・・・・・・・・・・・・・・・・ 13
複雑なシステム ・・・・・・・・・・・・・・・・・・・・ 10, 11
物理的リスク ・・・・・・・・・・・・・・・・・・・・・・・・ 99
プラグマティズム ・・・・・・・・・・・・・・・・・・・・ 84
ブラックスワン ・・・・・・・・・・・・・・・・・・・・ 15, 84
フランク・ナイト ・・・・・・・・・・・・・・・・・・・・ 41
分散効果 ・・・・・・・・・・・・・・・・・・・・・・・・・・・・ 205
米国サステナビリティ会計基準審議会 ・・・・ 66
ベイズ主義 ・・・・・・・・・・・・・・・・・・・・・・・・・・ 171
ベイズ推定 ・・・・・・・・・・・・ 102, 171, 172, 201
報酬の透明性 ・・・・・・・・・・・・・・・・・・・・・・・・ 115
ホットハウス・アース ・・・・・・・・・・・・・・・・ 94

ま行

マイプロジェクト ・・・・・・・・・・・・・・・・・・・・ 124
マテリアリティ ・・・・・・・・・・・・・・・・・・・・・・ 71
未知の未知 ・・・・・・・・・・・・・・・・・・・・・・・・・・ 14

無形資産 ・・・・・・・・・・・・・・・・・・・・・・・・・・・・ 58
モデルガバナンス ・・・・・・・・・・・・・・・・・・・・ 176
モデルと誤差 ・・・・・・・・・・・・・・・・・・・・・・・・ 176
モンテカルロ・シミュレーション法 ・・・・・ 201

や行

ユーステスト ・・・・・・・・・・・・・・・・・・・・・・・・ 176

ら行

リスク管理 ・・・・・・・・・・・・・・・・・・・・・・・・・・ 82
リスク管理プロセス ・・・・・・・・・・・・ 37, 82, 101
リスクコミュニケーション ・・・・・・・・・・・・ 87
リスク社会 ・・・・・・・・・・・・・・・・・・・・・・・・・・ 51
リスク選好方針 ・・・・・・・・・・・・・・・・・・・・・・ 128
リスクの概念 ・・・・・・・・・・・・・・・・・・・・・・・・ 40
リスクの3要素 ・・・・・・・・・・・・・・・・・・・・・・ 24
リスク・ホメオスタシス理論 ・・・・・・・・・・ 177
リスクマネジャーのアプローチ ・・・・・・・・ 108
臨界点 ・・・・・・・・・・・・・・・・・・・・・・・・・・・・・・ 92
レジリエンス ・・・・・・・・・・・・・・・・・・ 23, 24, 25
レジリエンス戦略 ・・・・・・・・・・・・・・・・・・・・ 35
レジリエンスの構成機能 ・・・・・・・・・・・・・・ 34

わ行

ワークエンゲージメント ・・・・・・・・・・・・・・ 120

後藤 茂之 （ごとう しげゆき）

専修大学大学院客員教授，中央大学大学院非常勤講師，静岡大学非常勤講師。商学実務特論，経営リスクマネジメントの講座，環境リスク・環境バイオにおける金融リスクを担当。

【職歴等】

2015年3月まで大手損害保険会社及び保険持株会社にて，企画部長，リスク管理部長を歴任。損保・生保経営管理業務に従事。その間，日米保険交渉，合併・経営統合，海外M＆A，保険ERMの構築などに参画。2015年4月より，大手監査法人にてリスクアドバイザリーサービスに従事。主として金融・保険会社に対し，経済価値ベースの管理（ERM高度化，IFRS導入），ガバナンス，リスクカルチャー，気候変動リスク，ESG要素の経営へのインテグレーションなどにかかわるサービスに従事，現在に至る。

大阪大学経済学部卒業，コロンビア大学ビジネススクール日本経済経営研究所客員研究員（1996〜1997），中央大学大学院総合政策研究科博士課程修了。博士（総合政策），企業危機管理士。

【主な著書・論文】

・『気候変動時代の「経営管理」と「開示」』中央経済社（2022年，共同編著）
・『リスク社会の企業倫理』中央経済社（2021年）
・『気候変動リスクへの実務対応』中央経済社（2020年，編著）
・『ERMは進化する―不確実性への挑戦』中央経済社（2019年）
・『最新IFRS保険契約』保険毎日新聞社（2018年，第14章執筆）
・『保険ERM基礎講座』保険毎日新聞社（2017年）
・ERM経営研究会『保険ERMの理論と実践』金融財政事情研究会（2015年，第3章共同執筆）
・Insurance ERM for New Generations, The Geneva Association, *Insurance and Finance Newsletter*, No.13 February 2014. P.25,26.
・Building up capital buffers and recognizing judgemental risk, *Asia Insurance Review*, January 2013. P.76,77.
・Behavioral Risk Management for Improper Risk Taking, *Advaces In Management*, Vol.2（4）April 2009. P.7-15.
・The Bounds of Classical Risk Management and the Importance of a Behavioral Approach, *Risk Management and Insurance Review*, Vol.10, 2007. No.2, 267-282.

ESGリスク管理

2023年3月15日　　第1版第1刷発行

著　者　後　藤　茂　之

発行者　山　本　　　継

発行所　㈱中　央　経　済　社

発売元　㈱中央経済グループ
　　　　　パ ブ リ ッ シ ン グ

〒101-0051　東京都千代田区神田神保町1-31-2
電話　03 (3293) 3371 (編集代表)
03 (3293) 3381 (営業代表)
https://www.chuokeizai.co.jp

印刷／三 英 印 刷 ㈱
製本／㈲ 井 上 製 本 所

© 2023
Printed in Japan

●お奨めします●

これまでのものの見方や捉え方が
大きく変わる社会で
企業が生き抜くためには？

リスク社会の企業倫理

後藤　茂之　著

これまでのものの見方や捉え方が大き
く変わる移行過程・社会で企業が生き
抜くためには？　気候変動やサイバー
リスク等の不確実性に対し、どのよう
な考え方が必要なのかを紹介。

第Ⅰ章　企業の社会的責任と倫理

第Ⅱ章　リスク社会におけるリスク管理の強化

第Ⅲ章　倫理とリスク管理の視点からの事例検討

第Ⅳ章　経営が直面する3大脅威の特徴

第Ⅴ章　移行社会に向けた経営管理の強化

●中央経済社●

不確実性にどう向き合い、
どう対応すべきか

ERMは進化する
不確実性への挑戦

後藤　茂之　著

サイバーやデジタル化などにより経
営環境は激変し、経験したことがな
いほどの不確実性にさらされてい
る。不確実性にどう向き合うべきか
を著者の知見をもとに解説した意欲
作。

【本書の構成】

第1章　ERMの発展と強化の方向性

第2章　不確実性へのアプローチとリスク化

第3章　事例にみる不確実性のインパクト

第4章　不確実性をマネージするためのERM

●中央経済社●